重庆工商大学马克思主义学院思想政治理论课建设费资助（611615001）

重庆工商大学人才启动项目资助（经费号：950322035；项目号：2255025）

寻找哲人石

SEARCHING FOR PHILOSOPHER'S STONE

伊利亚德的
思想之钥研究

杨洁 著

中国社会科学出版社

图书在版编目(CIP)数据

寻找哲人石:伊利亚德的思想之钥研究/杨洁著.—北京:中国社会科学出版社,2024.6
ISBN 978-7-5227-3584-9

Ⅰ.①寻… Ⅱ.①杨… Ⅲ.①宗教史—思想史—世界 Ⅳ.①B929.1

中国国家版本馆CIP数据核字(2024)第101563号

出 版 人	赵剑英
责任编辑	刘亚楠
责任校对	张爱华
责任印制	张雪娇

出　　版	中国社会科学出版社
社　　址	北京鼓楼西大街甲158号
邮　　编	100720
网　　址	http://www.csspw.cn
发 行 部	010-84083685
门 市 部	010-84029450
经　　销	新华书店及其他书店
印刷装订	北京市十月印刷有限公司
版　　次	2024年6月第1版
印　　次	2024年6月第1次印刷
开　　本	880×1230 1/32
印　　张	11.25
插　　页	2
字　　数	263千字
定　　价	78.00元

凡购买中国社会科学出版社图书,如有质量问题请与本社营销中心联系调换
电话:010-84083683
版权所有 侵权必究

目 录

前 言 / *1*

第一节 理解"圣显"的必要性 / *1*
第二节 "圣显"的解释史 / *9*

第一章 伊利亚德的影响、生平及"圣显"
思想的形成 / *46*

第一节 学术影响 / *46*
第二节 生平掠影 / *56*
第三节 伊利亚德捕捉"圣显"的时空定位 / *65*

第二章 "圣显"的思想溯源 / *96*

第一节 宗教现象学 / *97*
第二节 罗马尼亚的文化 / *109*

第三节 东方宗教与文化：以瑜伽为中心 / 125

第三章 "圣显"的基本内容 / 134

第一节 "圣显"的语义要素分析 / 135
第二节 "圣显"的三种理解 / 162
第三节 "圣显"的存在论分析 / 175

第四章 "圣显"与"宗教人"意识结构的辩证关系 / 197

第一节 拣选与诠释：意识对于"圣显"的建构 / 199
第二节 真实和伪装："圣显"之于意识的特点 / 222
第三节 "宗教人"与"圣显"的互生互构 / 240

第五章 "圣显"理论对中国传统文化的解释及其成就 / 249

第一节 在中国宗教文化和生活中的表现及其解释 / 250
第二节 "圣显"的理论成就 / 268
第三节 有待进一步探讨的问题 / 290

结　语 / 299

参考文献 / 306

附　录　伊利亚德的主要著作及译著年表 / 343

前言

·第一节·
理解"圣显"的必要性

在20世纪众多杰出的宗教思想家中，美籍罗马尼亚裔的米尔恰·伊利亚德（Mircea Eliade，1907—1986年）[①]便是其中一颗耀眼的明星。他在宗教理论界留下的挑战与贡献令无数宗教学者荐誉，正所谓"任何研究宗教史学的后来者欲超越

[①] Mircea Eliade 的中译名十余种，有依利亚德、艾良德、耶律亚德、艾利亚德、耶利亚德、埃利亚代、埃利阿德等，相关问题评述可参考王镜玲的《在百科全书式的旅途中漫步：一种阅读 Mircea Eliade 的方式》（见［美］米尔恰·伊利亚德：《圣与俗：宗教的本质》，杨素娥译，桂冠图书股份有限公司2000年版，第285页）和姜德顺的《一位著名罗裔学者的十个汉文名字》（2011年5月，http://iea.cssn.cn/btwy/swzj/201105/t20110504_3912775.shtml，2021年5月17日）。此外，Joseph M. Kitagawa、Gerardus van der Leeuw 等人名也同样面临着译名杂多的问题。为了保证人名译名的统一性，本书主要依据卓新平先生编著的《西方宗教学研究导引》（中国社会科学出版社1990年版）中的译法，因为该书涵盖了西方重要的思想家及其相关文献，其中许多译名已被广泛采用。

伊利亚德，必先经过伊利亚德"①。

　　这位宗教研究领域的巨擘，其贡献和影响力横跨了多个维度。不仅以其丰富的宗教学专著、小说和回忆录著称，还主持了十六卷本《宗教百科全书》的编纂，更创办了《宗教史学》和《宗教杂志》两本在学术界具有重要地位的刊物。在芝加哥大学宗教学系，伊利亚德担任系主任一职长达近三十年，其间始终致力于领导并推动"芝加哥宗教学学派"的发展。在他的引领下，该学派在北美乃至全球宗教学理论的发展中占据了主导地位。伊利亚德教授的学术造诣和卓越成就，在近代西方宗教研究领域内堪称翘楚，无人能及。

　　笔者首次接触到"米尔恰·伊利亚德"这个名字，是在阅读他的晚年巨著《宗教思想史》的过程中。该书宽阔的学术视野和精湛的学术分析诱使笔者进一步搜寻其他著作，如《神圣与世俗》《神圣的存在：比较宗教的范型》《萨满教》和《神秘主义、巫术与文化风尚》。读完了伊利亚德的这些经典著作后，笔者发现他有不少观点颇近我国佛、道思想。在与其他研究者交流后，笔者愈加肯定这位西方学者有几分"中国味道"。于是就打算将伊利亚德著作中带有东方特色的"永恒回归"时空观与奥古斯丁《忏悔录》中的时空观展开对比研究，探讨比较东方文化下永恒回归的"圆形"时空观和西方文化下的"流逝型"时空观之间的区别，以及这两类时空观对各自传统和价值取向造成的影响。然而，当笔者将

---

① David Cave, *Mircea Eliade's Vision for a New Humanism*, New York: Oxford University Press, 1993, p.185.

此想法与国内外专家交流后，发现课题操作难度大、研究过于宏观。倘若执意研究"时空观"，那么第一步必然需要搞清楚伊利亚德思想独特之处和核心概念，而这点本身就是一个值得深入的话题。既然如此，何必舍近求远，不直接转向更基础、更具体的核心思想研究呢？况且，研究核心思想实际上会加强对"永恒回归"的理解，因为其核心思想是神圣及其显现。正是神圣及其显现赋予了时空"圣—俗"二分属性，使得具有宗教情结的人萌生出回到神圣的想法，同时非匀质的时空反过来又让"神圣"有机会显现，所以"宗教人"眼中的神圣及其显现总是与具体奇异的二重时空联系在一起，相互成全，不可分而论之。可见，神圣及其显现的问题已是一个重要问题，关联着人为什么会有神圣的观念，神圣如何作用于人，神圣之于人的意义是什么等根本性问题。综合上述因素的考量，笔者决意转向研究伊利亚德更为核心的基础概念——"hierophany"（中文直译"神圣的显现"，本文译为"圣显"）。

首先，"圣显"在伊利亚德的思想体系中占有极其重要的地位。依伊氏所见，所有宗教现象和类似于宗教的现象都有共同的结构——"圣显"，人类历史上发生过无数的"圣显"（复数，hierophanies），它们将现实经验分成了"神圣的"（sacred）和"世俗的"（profane）两个部分，使得人类在世俗生活中有机会选择另一种被其视为"神圣"的生活方式，这为宗教的产生和发展提供了土壤。基于"圣显"这一核心概念，伊利亚德继而提出了"世界之轴""永恒回归""天国的乡愁""对立冥合"等其他重要理论。"永恒回归"的理论指出神话和仪式是原始宗教反复纪念"圣显"初发时刻的一种方式；①"天国的乡愁"②表明古代宗教人有一种回归"圣显"初发阶段的渴望；"对立冥合"③的说法揭示了"圣显"的本质，即神圣总是同时在善良与凶恶、创造与毁灭等对立范畴中彰显；"世界之轴"④是由"圣显"在世俗世界中确立的绝对定点，使人在经验世界中就此获得了目标和意义。由此可见，"圣显"极有可能成为贯穿伊利亚德诸多重要概念的基础理论。倘若我们能够厘清伊利亚德如何理解"圣显"——"神圣是什么及其如何显现"，就能找到解开伊利亚德庞杂思想的

---

① Mircea Eliade, *Shamanism*: *Archaic Techniques of Ecstasy*, Foreword by Wendy Doniger, Princeton: Princeton University Press, 2004, p. xiii.

② 该词在伊利亚德的著作中对应英文是 the nostalgia for paradise 和 the nostalgia for Eden（参见 Mircea Eliade, *The Sacred and the Profane*: *The Nature of Religion*, Translated from the French by Willard R. Trask, London: Harcourt Brace Jovanovich, 1959, pp. 92, 207）。二者区别并不明显，均可表达"宗教人"特有的忧愁，即渴望回归太初时人神共处、亲密交流而不得的忧愁，故一律译为"天国的乡愁"。当且仅当需要专门区分基督教文化时，才将 the nostalgia for Eden 标注为"伊甸园乡愁"。

③ 该词在伊利亚德的著作中对应英语是 coincidental opposite，拉丁语是 coincidentia oppositorum（参见 Mircea Eliade, *The Sacred and the Profane*, p. 156），其字面意思为对立的两种属性总是巧合地体现在同一事物上，故有人试译成"对立统一""对立的同一"，但实际上，伊利亚德曾表示对立属性与特性并不是客观地统一（unite）在某一事物中，而是以一种偶然和巧合的方式显现在某一事物上，并且这种巧合来自不可名状的安排，是一种宗教领域内无法名状的巧合感。因此，如何在汉语翻译中体现出该词所含的特殊意蕴，就有必要认真思考。考虑到柳宗元有言"心凝形释，与万化冥合"（《始得西山宴游记》，见《柳宗元集》，中华书局1979年版，第763页），其中"冥合"一词较好地展现出"coincidental opposite"所包含的不可名状、冥冥之中自有安排的特性。具言之，"冥合"之"合"字表达出两种不同属性的联结合并，其"冥"字又能表达难以预知的玄奥，呈现为一种默契暗合的神秘感。因此，本书拟用"对立冥合"一语来翻译"coincidental opposite"。

④ 该词在伊利亚德的著作中对应的英文为"axis mundi"，与宇宙柱（universal pillar）同义（参见 Mircea Eliade, *The Sacred and the Profane*, p. 36）。

锁钥。

其次,"圣显"在整个宗教学研究中也极具意义。通常而言,"神圣"是理解宗教本质的规定性问题,一切宗教组织和行为活动都是围绕着"神圣"这一核心观念而开展。目前,国际权威词典和百科全书中对宗教的定义也几乎都是以"神圣"为核心概念展开说明。① 神圣及其显现的问题无可避免地成为宗教学家重点关注或者首要研究的课题。伊利亚德也基本接受了这一前提,他无意于深究"至上""终极""神圣"的真伪,毕竟宗教学家的主要任务还是从人类的宗教现象和宗教历史中寻找共同的、普遍的要素,而不是抽象地证明形而上学观念的存在论问题。这就意味着伊利亚德的研究必是要坚持中立客观的科学态度。如果一位比较宗教学家的研究表现出对任何一种宗教的偏爱,那么它将丧失比较工作的客观性和严谨性。因此,尽管宗教的定义众多,神圣的表象浩繁,但所有宗教的神圣在其宗教本性上总是要向"宗教人"显现的,这正是伊利亚德要透过"圣显"来考察宗教现象的原因之所在。换言之,不管怎样称谓宗教核心,也无论宗教核心是否在客观

---

① 例如,英国的《牛津字典》把"宗教"定义为"人类对一种看不见的超人间力量的承认,这种力量控制着人类命运,人类对它服从、敬畏与崇拜";日本的《大汉和词典》指出"由于对自然、超人间的崇高至上神的敬畏和尊崇,通过崇拜、信仰和祭祀活动,以便获得慰藉、安宁和幸福来补人生之不足";德国的《柏特尔斯梅小百科全书》定义其是"宗教是大量历史现象的一种象征标志,这是以人们对超宇宙神祇的体验所做出的特定行为规范方式作为这种象征标志的基础";美国的《大美百科全书》定义它是"以'终极''至上'和'神'为核心的一种信仰和礼仪的模式,人们企图由此凭借通常的现实经验与来世相通,并希望获得有关来世的灵性感受"。参见陈麟书、陈霞主编《宗教学原理》,宗教文化出版社2003年版,第46—47页。

经验的意义上存在着，对于伊利亚德而言，宗教核心总是要在宗教的主观经验和客观历史中表达其自身，从而使得人类的一部分主观经验成为宗教经验，也使得这些宗教经验汇集成客观的宗教历史。

最后，"圣显"也是心理学、语言学等其他学科试图破解的谜团。公元2世纪以后，天主—基督教神学认为神圣只能是上帝（God）及其示现，如通过圣子降临在信仰者的面前，也通过圣灵显现在信仰者的心中。而心理学认为，神圣只不过是一种人脑中神经物质相互作用的综合反映，被视为人的一种心理现象。语言学则认为，神圣虽然无法通过人类的日常语言和正常语法表达出来，却存在着被人体验和领悟的可能性。对这些来自其他学科的解释与观点，伊利亚德都甚为不满，他始终认为领悟与掌握"圣显"的途径只能基于宗教现象及宗教历史的整体性，而像心理学、社会学等非宗教学科对宗教展开"化约论"的解释与讨论，只可能以"盲人摸象"的方式远离蕴含于宗教现象及历史中的不可化约的独特本质。为了解释这种"化约论"的宗教观所带来的支离感与失重感，伊利亚德多次引用昂利·彭加勒（Henri Poincare）的反讽——一位只会用显微镜研究大象的博物学家难道真的可以通晓关于大象的全部知识吗？[①] 也就是说，目前尚未被完整了解与确定的生物

[①] Henri Poincare, *The Value of Science*, New York: Dover Publications, 1958, p. 21. 其他中文译法可参见［法］昂利·彭加勒《科学的价值》，李醒民译，光明日报出版社1988年版，第200页；［美］米尔恰·伊利亚德：《神圣的存在：比较宗教的范型》，晏可佳、姚蓓琴译，广西师范大学出版社2008年版，前言第1页。

(如示例中的大象)在显微镜中所揭示出来的细胞结构与机制,其实同样能够出现在其他多细胞的生物中。即便由此断定这是一个多细胞生物,但也无法完全由此细胞结构与机制断定这就是大象。再退一步说,即使可以确定这个多细胞生物就是大象,那么也不可能完整地理解"什么是大象"。对于大象的全部事实和所有现象,显微镜的视角是不可能给我们带来全部的确切答案。在伊利亚德看来,造成形成这一窘境的原因在于视角尺度的差异,而尺度不同,则其所"视"(即观测、理解)的现象也必然存在差异,正所谓"尺度造就现象"[1]。若从显微镜的视角变换成人的视角,大象至少会展示或显现出动物的现象与优势。这种因局部关注而产生的支离感在人类的自我审视中较容易被摒弃,因为人们始终不愿承认自己仅是一堆细胞的组合体,或是由蛋白质、脂肪等元素构成的集合性生物。因为在作为细胞组合体的局部关注中,人之为人的独特性与崇高性被瓦解,其所引起的意义世界也随之被抹灭。其实,关乎神圣的解释也是如此。如果部分的精神错乱中包含着对神圣现象的病态体验,那么就能由此判定"圣显"是来自精神病患者脑中的胡乱幻想吗?甚至是否可以由此推断出显现神圣的宗教现象就是人类集体性的精神错乱?倘若如此,那么我们就可能与宗教真相失之交臂。其实,无论是人类自我凝视中的崇高感,还是宗教现象中的神圣感,都无法从"化约论"中

---

[1] Mircea Eliade, *Patterns in Comparative Religion*, Translated from the French by Rosemary Sheed, London: Sheed and Ward, 1958, p. xi; Mircea Eliade, *Myths, Dreams and Mysteries: The Encounter between Contemporary Faiths and Archaic Realities*, trans., Philip Mairet, New York: Harper & Row, 1967, p. 131.

得到完整的解释。有鉴于此，伊利亚德提出并强调"圣显"对宗教理解的作用，就显得极为重要。

然而，欧美学者关注伊利亚德的"圣显"议题已有半个多世纪，并已经开始运用"圣显"理论分析各种宗教场所、神话仪式以及遗存在当代世俗生活中的"神圣痕迹"。相较之下，大陆学界对这些课题的关注与研究尚处起步阶段。虽然部分重要议题也有所触及，但是对于如何将伊利亚德的理论与思想妥善地运用到我国当前的宗教现象与当代生活中，尚未得到学术界的深入分析与完整讨论。因此，本课题的意义在于通过对"圣显"理论完整且深入的辨析来减轻目前学界对该理论的忽视局面，以及澄清学术界对该理论的误用，同时引起更多的宗教专业人士对"圣显"理论的重视与运用，当然也希望在一定程度上能够为任何涉及神圣经验的研究提供理论基础。为了避免误会与分歧，保障这项工作的顺利开展，我们考虑将"hierophany"的单数、复数形式均译为"圣显"，以期与伊利亚德使用的宗教现象学透视法下的"神圣自我涌现"与"hierophany"的字面直译"神圣的显现"相吻合。

需要说明的是，"圣显"不代表最完美的译法，因为从下文的分析中我们将发现，来源于宗教现象学的"hierophany"是一扇"双向的门"，既是主动地向人显现，也是被动地为人所显现，"圣显"和"显圣"同时兼具。职此之由，倘若能将"hierophany"创新性译为"圣显/显圣"组合词，那么当是最为妥善的方式，也应当是最为贴近伊利亚德创作这一新词的本意。然而，由于考虑到中文语法与表达的便利性，同时也思忖到与其他衍生词翻译的协调性，我们索性将"hierophany"统译为"圣显",以求方便理解各类衍生词、形近词、近义词。简言之,后文出现的"圣显"一词仅仅是出于方便的不得已之法,其全面的理解应是"圣显/显圣",而不是指一个超越的客观存在物可以完全自由地向"宗教人"表现或隐藏其自身。

·第二节·
"圣显"的解释史

虽然伊利亚德一再坦言"圣显"是为了用来表述神圣显现自身的行为(act)而采用的恰当词汇,并强调不会延伸出更多的其他意思,仅是词源学上的意涵——神圣向我们(宗教人)展现出其自身。[①] 但"圣显是什么""圣显概念源自何处""它和其他现象的区别""人为什么可以认识圣显""圣显与现实生活的关系"等问题又持续地引发学者们的关注与讨论。下文将从"圣显"与护教的关系、"圣显"的词源学、"圣显"与现代生活、"圣显"在中国的理解与运用等几个方面对相关研究展开梳理。

一 批评与反驳:深陷宗教信仰议题的海外研究

1. 争议、回应与论辩

随着伊利亚德在欧美世界声名鹊起,他的新创词"圣显"

[①] 参见[美]米尔恰·伊利亚德《圣与俗:宗教的本质》,杨素娥译,桂冠图书股份有限公司2000年版,第61—62页。

也掀起了讨论和研究的热潮。而这一概念在英语学界引来的并非只有盛誉与追捧，还有猛烈的批评和嘲讽，最先表现出反感的便是神学家。20世纪40—60年代，西方宗教研究者对"神圣"和"绝对真实"有着根深蒂固的偏见，认为"神圣"是独立的实体，其终极存在是"上帝"（God）；而"绝对真实"意味着至高无上和自主存在。正值基督教式的"神圣"研究方兴未艾之际，伊利亚德的许多重要研究当时则被视为充满敌基督教的色彩。部分神学家认为伊利亚德推出"圣显"理论只不过是乔装打扮过的"偶像崇拜之说"，或者是"泛神论"的代名词，严重亵渎了上帝的唯一性以及彻底降解了上帝的绝对地位，进而对伊利亚德的研究嗤之以鼻。实际上，新颖的宗教理论遭到正统神学的指责与批评在保守年代屡见不鲜，比较宗教学的创始人麦克斯·缪勒也曾饱尝此类嘲讽与仇视，毕竟宗教保守势力一直都把持着宗教和神学研究的绝对话语权。

也有一些开明人士发现了伊利亚德"圣显"理论中蕴含着更为深远的价值。正如斯蒂芬·雷诺（Stephen J. Reno）在其文章《伊利亚德"圣显"的渐进视角》中指出，伊利亚德是先用"高级圣显"（superior hierophany）揭开道成肉身之谜，即上帝通过参与人类的历史而完全地自我显现与启示，再以此解释其他不完全启示的"基础圣显"（elementary hierophanies）。[①] 神学家托马斯·阿尔蒂泽（Thomas J. J. Altizer）也认为伊利亚德从未摆脱过罗马尼亚东正教文化的影响，他所

---

① Stephen J. Reno, "Eliade's Progressional View of Hierophanies", *Religious Studies*, Vol. 8, 1972, pp. 153 – 160.

探讨的拜物教中的各类"圣显"就与充满神秘象征的东正教难脱干系。① 不少研究者还指出伊利亚德深受荷兰神学家范·德·列欧（Gerardus van der Leeuw）的影响，因为他们两人都坚持认为：（1）同情是宗教现象学的一个方法；（2）神秘感知和逻辑思维共存于人；（3）宗教不可还原为心理学或人类学等其他学科的解释。② 可见，虽然部分西方宗教学者对伊利亚德的"圣显"理论有所改观，但最终还是判定伊利亚德在为传统宗教辩护，其"圣显"之说也不过是至上神显灵的语词游戏而已。

与上述观点相反，查尔斯·亚当斯（Charles J. Adams）并不认为伊利亚德的"圣显"理论只是替西方宗教辩护，因为伊利亚德的关注点在古代宗教，而古代宗教和现代宗教在方法论上有着巨大的鸿沟，其"神圣辩证法"③ 只能成功地解释古代宗教和原始宗教，而对于现代的犹太教、基督教和伊斯兰教等圣经宗教就缺乏足够的解释力。④ 对此，杰伊·金（Jay

---

① Thomas J. J. Altizer, "Mircea Eliade and the Recovery of the Sacred", *Christian Scholar*, Vol. 45, 1962, pp. 267–289.

② Ivan Strenski, "Eliade's Theory of Myth and the History of Religions", in Lawrence J. Trudeau, ed., *Twentieth-Century Literary Criticism*, Vol. 243, 2011, pp. 84–86.

③ 这通常被视作"圣显"理论的核心方法。而这一方法的表达在伊利亚德的文献至少有三种形式，如"the dialectic of the hierophany"（圣显辩证法）、"the dialectic of the sacred"（神圣辩证法）以及"the dialectic of the sacred and the profane"（神圣和世俗的辩证法），此三者的含义并没有太大的区别，且经常交替使用。参见 Douglas Allen, "Mircea Eliade's Phenomenological Analysis of Religious Experience", *The Journal of Religion*, Vol. 52, No. 2, 1972, p. 170。

④ Charles J. Adams, "The History of Religions and the study of Islām", in Joseph M. Kitagawa, eds., *The History of Religion: Essays on the Problem of Understanding*, Chicago: University of Chicago Press, 1967, pp. 177–193.

J. Kim）有不同的看法，他谨慎地提到尽管查尔斯·亚当斯的解释有一定道理，但依然无法确定伊利亚德"圣显"理论的失败到底是因为假设了普遍化的神圣辩证法，还是因为圣显辩证法（神圣辩证法）的现象学阐释缺乏广泛的可行性，并推断对于伊利亚德的误解很可能来自宗教史学家们的神学偏见。①

面对这些质疑，伊利亚德也曾做过回应。在《神圣的存在：比较宗教的范型》（下文和脚注均简称为《范型》）中，他指出"道成肉身"是高级的"圣显"，仅仅是相较于远古宗教而表现出来的"复杂性""高级性"。在表达"高级圣显"时，伊利亚德并没有使用"only"来强调"道成肉身"是唯一的"高级圣显"，因为印度宗教以及东方宗教（哲学）中也存在"高级圣显"，比如瑜伽、梵我合一、天人合一、仁者天地万物一体、得道成仙等。如果阅读《范型》的序言，还可以发现伊利亚德并不准备给任何宗教现象下定义，也不准备给任何宗教做出等级上的划分，之所以出现"高级圣显"和"初级圣显"，也只是顺从当时流行的进化论说法，即便他本人并不完全认同进化论。② 这或许也是伊利亚德反复提醒和警示西

---

① Jay J. Kim, "Hierophany and History", *Journal of the American Academy of Religion*, Vol. 40, No. 3, 1972, pp. 334–348.

② 伊利亚德这一态度可以参考《范型》的一段话："这样一种布局是十分随意的，它是以宗教现象有一种从最简单到最复杂的进化过程为前提条件的，而这种进化不过是一种无法证明的假设而已。我们还没有遇到一种仅仅包含最基本的神（圣）显的简单宗教……"伊利亚德在此之所以说"最基本"，应该是指朴素、毫不遮掩的样态，无高下等级之分，亦无优劣之意（参见米尔恰·伊利亚德《神圣的存在：比较宗教的范型》，晏可佳、姚蓓琴译，广西师范大学出版社2008年版，前言第2页、正文第17页）。

方文化中心论者应当放弃自我陶醉的优越感和自以为是的原因之一。同时，我们也不能将"圣显"理论视为泛神论的变种，因为伊利亚德反复在《神圣和世俗》中强调自己所秉持的理论是一种"泛本体论"——人们可以从每一种"圣显"中领悟和把握到宇宙和世界的本源性和统一性。无论是西方宗教信仰中的"道成肉身"，还是原始宗教中的灵石崇拜，人们都可以冥契或领悟到蕴藏在宇宙和世界背后的永恒本体（本源）的神圣性。

伊利亚德离世之后，这个话题——"圣显"是不是隐性的护教理论——再次引起关注。公开的质疑和批评在20世纪八九十年代仍未停息，比如认为"伊利亚德是一个伪装起来的神学家，他信仰上帝并以赞同的范式描述所有的宗教，这样他就能巧妙地揭示出基督教是它们当中最真实、最好的形式"[1]。加拿大学者唐纳德·韦伯（Donald Wiebe）便是这些批判者中最直言不讳的一位，他反复声称伊利亚德的"圣显"理论是一种出于基督教思想的宗教偏见。[2] 加拿大文学批评家弗莱（Northrop Frye）和美国学者罗伯特·西格尔（Robert Segal）也持有同样的观点。直到2006年，仍有学者发文指出"圣显"是从"epiphany"（"主显"或"上帝临显"）借来的

---

[1] 参见［美］包尔丹《宗教的七种理论》，陶飞亚等译，上海古籍出版社2005年版，第253页；Ansgar Paus, "The Secret Nostalgia of Mircea Eliade for Paradise: Observations on Method in the Study of Religion", *Religion*, Vol. 19, 1989, pp. 137–150; A. F. C. Webster, "Orthodox Mystical Tradition and the Comparative Study of Religion: An Experimental Synthesis", *Journal of Ecumenical Studies*, Vol. 23, 1986, pp. 621–649.

[2] Donald Wiebe, *Religion and Truth*, Netherlands: Mouton Publishers, 1981.

概念，因而决定"圣显"的两个条件只有在西方宗教信仰中才能得到完全满足。① 安斯加·鲍斯（Ansgar Paus）则发现伊利亚德的"圣显"思想深受东正教的影响，更准确地说，应该是受到东正教拜占庭的圣像理论的影响，所以"圣显"或者宗教图像的本质不是上帝，而其表达出来的意象才是上帝。②

艾伦·多伊恩（Allen Doeing）批评了像斯蒂芬·雷诺这样站在神学立场审视伊利亚德"圣显"理论的做法，因为这类评论难免引起争议。③ 如果站在神学立场，任何人对神圣的研究都离不开本体论假设，即神圣是"独立的实体"（independent entity）、"自在的实体"（autonomous entity）和"超自然现象的独立实在"（independent reality of supernatural phenomena）［马雷特（R. R Marret）、南森·索德布鲁姆（Nathan Söderblom）和爱德华·莱曼（Eduard Lehmann）等都认为神圣应该是独立的实体或实在］，那么基于本体论的假设，"圣显"就应该被理解成超自然现象的独立实在或者说自在实体通过世俗之物（植物、动物或者人等）和世俗现象（如宗教仪式和活动、特殊梦境、幻想等）主动地向人们发出启示。然而，将"圣显"视作"独立实体或实在显现其自身的活动

---

① Cézar Enia, "La dimension historique du sacré et de la hiérophanie selon Mircea Eliade", *Laval théologique et philosophique*, Vol. 62, No. 2, 2006, pp. 330. 此处特别感谢刘国鹏先生对相关法语段落的翻译和解释。

② Ansgar Paus, "The Secret Nostalgia of Mircea Eliade for Paradise: Observations on Method in the Study of Religion", *Religion*, Vol. 19, 1989, pp. 137–150.

③ Douglas Allen and Dennis Doeing, *Mircea Eliade: An Annotated Bibliography*, New York and London: Garland Publishing Inc., 1980.

前言

和现象"的解释同样面临着质疑。一种观点认为超自然现象的本体论有可能使"神圣"从定义上超出自然哲学、理性探究和实证评估的范围,从而无法展开理性研究。① 当许多宗教学者将伊利亚德的神圣概念视作不可批判的假设性存在以及超自然力量的活动之时,人类自身经验的有限性便会导致自身不适合对神圣展开经验性学习,进而无法知道神圣的全部含义。另一种观点则指出伊利亚德的"圣显"解释系统已经脱离了西方传统宗教信仰对于神圣的研究模式。正如罗伯特·贝尔德(Robert Baird)指出,伊利亚德已经明确表示过要理解他所提的"圣显"无须假设一定存在着与宗教或神圣相对应的事物。② 威廉·佩登(William Paden)认为神圣不必借助于任何超自然启示的传统也可以被赋予含义,它是一套遵从自身规则而展现的行为系统,而不是宗教经验所指向且回应的超现实性的实在或实体。③ 近年,布莱恩·伦尼(Bryan S. Rennie)为了证实"圣显"已是超越基督教神学体系的宗教理论,提供了一篇重要的论文——《神圣与神圣性:从伊利亚德到进化个体行为学》("The Sacred and Sacrality: from Eliade to Evolutionary Ethology", 2017)。在文中,伦尼反复强调"神圣"不

---

① Bryan S. Rennie, *Reconstructing Eliade: Making Sense of Religion*, New York: State University of New York Press, 1996, pp. 21-23.

② Robert Baird, *Category Formation and the History of Religion*, The Hague: Mouton, 1971, p. 74.

③ William E. Paden, "Before 'The Sacred' Became Theological: Durkheim and Reductionism", in Thomas A. Idinopulos and Edward A. Yonan, eds., *Religion and Reductionism: Essays on Eliade, Segal, and the Challenge of the Social Sciences for the Study of Religion*, Leiden: Brill, 1994, pp. 202-208.

是神学意义上的，而是基于人性的且具有普遍意义的，同时是主观的，也是客观的，以及是由以往经验为载体（中介）在意识中的反映。但在其他论文中，伦尼却又认为伊利亚德的"圣显"与基督教信仰存在着关联，这不免令人费解。

在基督教信仰逐渐失去解释权的当代社会，越来越少的人坚持认为"圣显"只能局限于特定宗教信仰的解释范围，特别是其他文化传统地区的学者，他们更偏向于伊利亚德的"圣显"理论并非专为上帝所设的看法。例如，日本学者就主张"圣显"可以是一种描述人与自然之间关系的传统感觉，并将其用作复现日本古老建筑神韵的观念，甚至索性将传统的日本文化在现代社会中的表达与运用视为"圣显"。[1] 还有不少学者分析了影院中的观影体验所透露出的结构与"圣显"模式存在类同性，故而将观影活动视为现代社会中弱宗教性的"圣显"。[2] 事实上，在神学解释系统尚未完全丧失影响力的西方或西式社会中，部分神学家的态度越来越宽容，不再坚持强调非宗教性或弱宗教性的"圣显"是一种渎神的论调，反而将"圣显"理论在现代社会中的解释与运用视为上帝的意志和权能借助一般世俗理性自由显现的有力证据。神学家们之所以会有这种判断，一方面在于其论证策略随着全球文明的密切

---

[1] Arata Isozaki, *Japan-ness in Architecture*. Cambridae, Mass: MIT Press, 2006.

[2] 参见 Sheila J. Nayar, *Sacred and the Cinema: Reconfiguring the "Genuinely" Religious Film*, New York: Continuum, 2012; Michael Bird, "Film as Hierophany", *Horizons*, Vol. 6, No. 1, 1979, pp. 81 – 97; Simon Peter Hemingway, Hierophany and Heterotopia: Magic, Moving Picture Theaters and Churches, 1907 – 1922, Ph. D. dissertation, University of Texas at Austin, 2001; Patrick Pagano, Ephemeral Hierophanies, M. A. dissertation, University of Florida, 2005。

交流而改变，从以往专断粗暴的方式转向在其他文化中寻找上帝存在证据的方式，比如，有人指出在五千年前的中国文化中就有关于上帝的信仰。其实，招募不同文化背景的学者多元化论证基督曾出现于不同文化，这项工作自基督教形成之日起就一直在实施。另一方面则在于伊利亚德的"圣显"理论本身就是从众多宗教中抽象出来的共性，自然也包含基督教，从而导致基督教神学家总能从其理论中找到上帝的身影。

2. "圣显"理论的来源问题

西方宗教研究者中不少人坚持认为，"圣显"只有在西方文化的背景下才能得到完整的阐明。如塞萨尔·埃尼亚（Cézar Enia）、凯乌斯·库阿鲁（Caius CuȚaru）都极力为"圣显"理论的一神论背景辩护，却忘记了伊利亚德还是一位比较宗教学家。① "圣显"理论源于对众多宗教及其现象的综合抽象，伊利亚德提出"圣显"的关键性思想资源可能并不是来自西方宗教，而是东方的宗教和哲学，特别是印度的文化和宗教。即便如此，还是有不少神学家一直都没有放弃寻找"可靠"的证据，他们曾以为至少存在着两条重要证据有助于证成这一论点。第一，"hierophany"和"epiphany"的相似性和亲缘性。"Epiphany"是基督教的主显节，伊利亚德在《范型》中提过这一节日，它是基督教纪念贤士、朝拜基督的节日，也是纪念耶稣向世人显现的节日，天主教和新教在每年1月6日，东正教则在1月18日或19日。由此来看，"epiphany"与"hi-

---

① Caius CuȚaru, "Eliadian Reflections on the Spirituality of the Romanian People", *TEO*, Vol. 79, No. 2, 2019, p. 46.

erophany"的结构相似,而且"epiphany"是上帝透过圣灵自由地在世俗中显现。但是,这个理由的牵强之处在于,以"phany"为词根的单词并不只有"epiphany"和"hierophany",伊利亚德还提到了"kratophany""theophany"以及后来者新创的"ontophany"等。同时,也无法从结构的相似性推断出创造这些同根形近词的时间先后。倘若从"phany"起源于古希腊词根"phainein"(显现)来看,诸词语的溯源方向也应该是古希腊文化,而不是后来的基督教文化。由是可知,基督神学家论证"圣显"源于"epiphany"的证据存在明显的缺陷。第二,一些学者认为"圣显"中的两个关键要素——"神圣(hiero)与显现(phany)"必须在基督教背景中才能被准确理解,借此说明"圣显"和上帝创世、显灵和召唤才丁卯相合。但问题是,伊利亚德在多处反复强调过世间万物皆可成为"圣显"。如果说"圣显"是为基督教而量身定做的概念,那么不就表明世间万物都只能在基督徒信奉的上帝之光的普照下而得以存在和生长吗?其所含的"西方基督教中心论"未免过于露骨,不值一驳。

与上述基督神学家的探讨不同,另一些研究者则从宗教社会学、现象学、心理学等视角来探求"圣显"的来源。威廉·帕登认为伊利亚德的"圣显"理论得益于涂尔干学派。[①]首先是因为在寻找宗教现象特征时,涂尔干最早阐发过"神

---

① William E. Paden, "Before 'The Sacred' Became Theological: Durkheim and Reductionism", in Thomas A. Idinopulos and Edward A. Yonan, eds., *Religion and Reductionism: Essays on Eliade, Segal, and the Challenge of the Social Sciences for the Study of Religion*, pp. 202–208.

前言

圣与世俗"的理论——一切已知的宗教现象，无论简单的还是复杂的，皆可划为"世俗的"（profane）和"神圣的"（sacred）两大类。其次，涂尔干学派还提出神圣未必需要借助超自然的启示传统，也可以因为个体或者群体的需求向人们显现，比如对图腾仪式的社会性需求令氏族群体也能感受与领悟到图腾仪式所蕴含的神圣性。因此在涂尔干学派的理论中，"圣显"只不过是一种由于内在需求而被动的显现，而不强调"圣显"必须预设神圣先在的人格性，普通事物亦可表达神圣性。他在《宗教生活的基本形式》（1912）就提到过绝不能将神圣事物简单地理解为神或者精灵的人格存在，石头、木头、房子以及所有的仪式也具有这种性质，简言之，任何事物都可以成为神圣的事物。考虑到伊利亚德在《神圣与世俗》（1957）中也说过任何事物都可以成为某些个人或团体的"圣显"的类似看法，因而有学者认为伊利亚德坚持"任何事物都可以潜在地激发神圣性的复归"的说法和涂尔干提出"神圣事物的本性对于其所属群体来说完全是偶然"的说法，几乎相同。① 但在原始先民的生活中，每一个与众不同的、形态独特的、完美或者巨大的自然事物都会因其有别于同类事物而反映出神圣属性，比如巫术——宗教的权能。② 这就表明"圣显"不应该仅出现在任意随机的群体选择中，而且还会出现

---

① William E. Paden, "Before 'The Sacred' Became Theological: Durkheim and Reductionism", *Religion and Reductionism: Essays on Eliade, Segal, and the Challenge of the Social Sciences for the Study of Religion*, pp. 198–209.

② ［美］米尔恰·伊利亚德：《神圣的存在：比较宗教的范型》，晏可佳等译，广西师范大学出版社2008年版，第11页。

在客观对象的属性中。对此,伊利亚德讨论与使用"圣显"的概念比涂尔干更强调这一概念既能展现事物的价值,也能展现事物的力量。另一个问题是,伊利亚德曾在《古代宗教中黑暗的象征》中指出远古时代图腾、符号和仪式本身就伴随着"圣显"。① 也就是说,神圣不必通过群体需求而产生,因为诸如图腾、符号和仪式等实在本身就具有天然的神圣性,它们在彰显神圣的同时还揭露出宇宙论意义上的真实性,特别是符号(symbols)对许多前辩证法、前哲学的词汇表现出了"超越"和"自由"。② 伦尼敏锐地发现这种说法似有循环论证之嫌:如果我们假定某些行为是宗教性的,那么它就会涉及神圣,而神圣本身又总是关乎着宗教行为的,所以不好分辨宗教行为与神圣的因果性。③ 同理,若认为图腾、仪式、神话或者梦境等皆是一种"圣显",而做出该认定的理由却是图腾、仪式、神话或者梦境等都关涉着神圣及其表达,这无疑是一种无谓的"乞题"——X 是"圣显",由于 X 与神圣有关。

为了寻找解答"任何事物是不是可以成为'圣显'",

---

① 该论文的法语原文为 Mircea Eliade, "Le symbolisme des ténèbres dans les religions archaïques", *Polarités du symbole*, Études Carmélitaines, Vol. 39, 1960, pp. 15 – 28;英文可参见 Mircea Eliade, "The Symbolism of Shadows in Archaic Religions", in Diane Apostolos-Cappadona, ed., *Symbolism, the Sacred, and the Arts*, New York: Continuum, 1992, pp. 3 – 16; D. Allen and D. Doeing, *Mircea Eliade: An Annotated Bibliography*, New York and London: Garland Publishing Inc., 1980, p. 66; Douglas Allen, *Myth and Religion in Mircea Eliade*, New York: Routledge, 2002, p. 173。

② Mircea Eliade, *Myth, Dreams and Mysteries: The Encounter between Contemporary Faiths and Archaic Realities*, p. 122.

③ Bryan S. Rennie, "The Sacred and Sacrality from Eliade to Evolutionary Ethology", *Religion*, Vol. 47, 2017, p. 664.

"'圣显'是否借助人的主体性因素（如主观性需要、意志、想象）"等问题的途径，一些研究者如查尔斯·朗（Charles Long）、大卫·凯夫（David Cave）、伦尼等试着将注意力转向伊利亚德一直关注的"人"的视角。在伊利亚德看来，一位合格的宗教史学家应有的学术立场便是既不假设独立神的存在，也不宣扬自身的价值取向，而是一切都回归人自身的存在中。有鉴于此，许多研究者都回到如何理解人在宗教现象和历史中的作用与意义的立场上来掌握伊利亚德的理论，自然也包括"圣显"理论。查尔斯·朗认为伊利亚德宗教理论核心是"宗教人"（Homo religiosus）。由于伊利亚德曾在《宗教历史》创刊之际发表了一篇非常有名的论文《宗教历史与一种新人文主义》（1961），所以大卫·凯夫认为准确理解伊利亚德"圣显"理论的切入点应该是新人文主义。在讨论伊利亚德的第一部自传性小说 *Romanul Adoledcentului Miop*（中文应译为《近视少年的日记》）[1] 时，伦尼就曾指出伊利亚德虽然不相信存在独立的、本体论的灵魂，但主张人对自身拥有灵魂的感觉却是真实的，也就是说，主体意识在心理层面总是被人们真实地意识到，所以源自灵魂的神圣性既不是内在于自身的，也不是外在于自我的，而是两者兼容的复合体。[2] 这一论调难免不让人想到奥托和荣格的理论。

---

[1] 该小说英译本为 *Dairy of a short-sighted adolescent*, trans., Christopher Moncrieff, with Reference to an Original Translation by Christopher Bartholomew, London: Istros Books, 2016。

[2] Bryan S. Rennie, "Caveat Lector: On Reading Eliade's Fiction as Corroborating an Understanding of Religion", *Storia, Antropologia e Scienze del Linguaggio XXXI* (2-3), 2016, pp. 37-68.

一部分研究指出"圣显"的概念受益于奥托《论神圣》中"holy"（神圣）概念。奥托认为宗教史是"holy"的彰显过程，伊利亚德的各种各样的"圣显"也体现了"神圣感"（holy），但是二人不同之处在于"holy"是先验的、历史的，"hierophany"是经验的、自然的、不断被追忆和颂扬的本体的显现，并必然由"神圣（圣显）辩证法"所决定。[①] 史密斯、艾哈迈德·法扎尔（Ahmed Fzaal）等人也认为伊利亚德可能以奥托之言而述涂尔干之意，用奥托对"神圣感"的描述来展现涂尔干更为中立和积极的"圣/俗"二元动力论。[②] 所以伊利亚德综合了涂尔干和奥托两人理论之后的"圣显"所呈现出的"神圣感"就不是单一的情感，而是"圣/俗"二分张力下向人们彰显出来的合敬畏、惊奇、真实、神圣为一体的复杂情感。

如果说伊利亚德曾受过涂尔干的影响，这不足为奇，因为伊利亚德在法国学术传统中接受教育，而法国的宗教社会学早已广泛地接受了涂尔干的研究方式。但两人的研究还有着本质上的不同：涂尔干讨论宗教神圣时总是从外在的社会性及社会性需求出发，而伊利亚德更多地强调从人与世界关系的本体论视角以及作为宗教整体内生结构的方式来讨论神圣性，而不是将神圣性诉诸描述社会性及其需求的假设性要件。因此，伊利亚德的神圣概念与奥托的用法更为相似，所以在"圣显"时，人与世界的关系从世俗的生存结构中断裂而矗立起世界与人的

---

① Jay J. Kim, "Hierophany and History", *Journal of the American Academy of Religion*, Vol. 40, No. 3, 1972, pp. 334–348.

② Jonathan Z. Smith, *Map is Not Territory*, Leiden: E. J. Brill, 1978, p. 91.

前言

新原点、新坐标与新结构等,并令人感到某种本质上完全不同的、有着惊人力量的东西。

虽然伊利亚德神圣概念在内涵上与奥托的用法相似,但两者之间的差别也被一些学者所捕捉到。一部分研究者认为伊利亚德在《神圣与世俗》(1957)中明显比奥托更进一步,不像奥托将神圣感诉诸人的先验意识,神圣是人类意识的综合,"圣显"是由人的意识作用出来的效果,超越于对某神圣之物的认识之上,不同于一块普通的、经验性存在的石头。[1] 因此所有"圣显"都是信徒意识中的抽象观念,就像世间虽然没有"绝对"或者"无条件"的自然之物,但是人心是能够构想出"绝对"或者"无条件"的自然之物。有研究者认为伊利亚德在形式上是康德主义,他曾尝试将神圣理解成真、善、美一样的自主的经验形式。[2] 人们对美的感受是真实的,这与选择无关,而仅仅是感知的物理特性。在对神圣的感知中,人们并不需要回应独立的神圣本体,本体却向人们传递信息,从而使得人们处在威廉·詹姆斯所说的"noetic"(认识论上的真实,语言、智力未曾通达的真理状态)中。[3] 倘若放在一神

---

[1] Daniel Dubuisson, *The Western Construction of Religion: Myths, Knowledge, and Ideology*, Baltimore: Johns Hopkins University Press, 2003, p. 171; 另见 Flavio A. Geisshuesler, "A Parapsychologist, an Anthropologist, and a Vitalist Walk into a Laboratory: Ernesto de Martino, Mircea Eliade, and a Forgotten Chapter in the Disciplinary History of Religious Studies", *Religions*, Vol. 10, 2019, pp. 1–22.

[2] Carl Olson, "Mircea Eliade, Postmodernism, and the Problematic Nature of Representational thinking", *Method and Theory in the Study of Religion*, Leiden: Brill, 1999, pp. 357–385.

[3] William James, *The Varieties of Religious Experience*, London: Fontana, 1960, p. 367.

论的叙述传统中,这种感知还可以表达为宗教信徒对"上帝思想"的洞察,通过自己的意识理解神圣的"特殊"行为,并被迫做出某种反应,从而神圣性成为经验看不见的因果总和。也有学者进一步认为,"神圣"的感知虽然发生在个人认知中,但很大程度上取决于集体文化意识,这是因为神圣从潜藏在人类文化意识深渊里的宗教记忆中被召唤到个人心灵。①这令人想起荣格的集体无意识理论,可是伊利亚德始终不承认"圣显"借用了荣格的"心灵整体"(psychic totality)的概念。

3. "圣显"在现代生活中的运用问题

随着"圣显"理论的深入研究,越来越多的学者开始运用"圣显"理论解释现实生活中的宗教和类似宗教现象。在伊利亚德时代,法国学者率先论证了"圣显"在民族志中个体文化的运用。② 随后,罗马尼亚著名的历史学家和文学理论家阿德里安·马里诺(Adrian Marino)的 *Hermeneutica Lui Mircea Eliade*(《米恰尔·伊利亚德的诠释学》)③ 通过比较,还原和重建了伊利亚德的诠释学,其中讨论了"圣显"如何普遍地运用于人文学科。日本的铁井庆纪、御手洗胜、小南一郎等学者在"圣显"的理论运用与创造性诠释方面也颇有建树,特别是在中国古典文学中神话形象的分析上造诣颇高,例

---

① Cézar Enia, "La dimension historique du sacré et de la hiérophanie selon Mircea Eliade", *Laval Theologique et Philosophique*, pp. 319 – 344.

② Alejandra Siffredi, "Hierophanias y concepciones mítico-religiosas de los Teheulches meridionales", *Runa* (Buenos Aires) 12 (1969 – 1970), pp. 247 – 271,转引自 Mircea Eliade, ed., *The Encyclopedia of Religion*, Vol. 6, pp. 313, 317。

③ 原文为罗马尼亚文,次年由 Jean Gouillard 翻译成法语 *L'herméneutique de Mircea Eliade*(Paris: Gallimard, 1981)。

如铁井庆纪的《昆仑传世试论》(1975)和《中国神话传说的圣俗对立》(1983)、御手洗胜的《神仙传说和归墟传说》(1954)、小南一郎的《西王母和七夕传承》(1984)。在后伊利亚德时代①，大批学者将现有生活方式和文化现象等直接纳入"圣显"理论的解释范围内，对现代与当代社会文化展开宗教式分析和理解。由于运用"圣显"理论的资料繁多，笔者从典型宗教场景和非宗教场景两大类对重要资料展开评述。

第一，在现代生活下对传统宗教场域的解释与运用。"圣显"是伊利亚德在分析宗教领域中的仪式、行为和观念而引出的观念。既然古代宗教是伊利亚德研究人类宗教的阿基米德点，那么从古代宗教得出来的"圣显"理论也应该适用于现代的宗教行为。在这种思路下，不少外国学者将"圣显"的理论用来分析其所见所闻的宗教现象，主要集中在宗教场所、宗教舞蹈和音乐、宗教禁忌等范围。

过去存留至今的宗教场所往往被视为神圣存在的典型场域，伊利亚德在《范型》中也有专门的章节讨论"地方的圣显"(local hierophanies)。② 因此，很多学者运用伊利亚德的圣显理论探索其熟悉的教堂、祭坛和圣所等场域中"圣显"问题。对于基督教、犹太教和伊斯兰教而言，心中的圣所莫过于耶路撒冷城。这座承载着如此丰富的宗教经验与如此重

---

① "后伊利亚德时代"是指 1986 年伊利亚德去世后，由其弟子或其他认同者继续推进伊利亚德的宗教理论研究的时代。该划分仅针对伊利亚德的学术影响和传承范围。

② 参见［美］米尔恰·伊利亚德《神圣的存在：比较宗教的范型》，第 346—364 页。

要的宗教历史的圣城，每年都有成千上万的仰慕者前来朝圣。不少文章对耶路撒冷城的神圣性进行分析，但其中最具有特色的当属《突然的圣显：对十二世纪拉丁朝圣记述中耶路撒冷城市景观的话语权重议》一文。该文提出了"双重圣显"（dual hierophany）的问题，认为圣城围墙内的世俗生活对于墙外的人来说是一种"圣显"，而对墙内的世俗生活而言，墙内的空间因独特的神圣历史而被视为另一种"圣显"。该文采用了不同的视角来分析圣城耶路撒冷的"圣显"，并用伊利亚德的"圣显辩证法"（the Dialectic of Hierophanies）来思考耶路撒冷对拉丁朝圣者的意义，最终认为圣城在12世纪的朝圣活动中表现出"双重圣显"的倾向，并长期受到圣城内部的神圣空间、城市内外的世俗空间以及两者之间的关系的影响。[1]

如果说耶路撒冷是因为重要的宗教纷争而久负盛名，那么另一种"圣显"则更为常见地体现在各民族文化中因独特的自然环境而造就的天然圣所。从伊比利亚半岛（the Iberian Peninsula）圣所中升起的太阳，也是一种"圣显"。[2] 在每年的春分时刻，从圣所中升起的阳光刺破笼罩在大地上的黑暗，向人间洒下光明，这种神奇而美妙的时刻总是能让人们感受温暖与希望，并在无限希冀中凝聚出跨越时空的神圣属性。特定

---

[1] Hammad B. Qureshi, "A Hierophany Emergent: The Discursive Reconquest of the Urban Landscape of Jerusalem in Latin Pilgrimage Accounts from the Twelfth Century", *Historian*, 2014, Vol. 76, No. 4, pp. 725–749.

[2] Carmen Rueda, "A Solar hierophany at the Iberian sanctuary of Castellar (Jaén)", *Archivo Español de Arqueología*, 2014, Vol. 87, pp. 91–107.

处所中出现的阳光在特定的时节向人们传达温暖与希望，让人们周期性地感受生命与力量。而且这种周期性的自然节律并不仅仅停留在感受与思想上，而是以伊比利亚历法的方式凝固在当地人的日常生活与历史中。伊比利亚人除了从圣所阳光中感受神圣的宇宙节律，还会从洒落在圣所中的各种光斑形状中领悟构建其宗教生活的仪式与内容。可见，伊比利亚人的历法和仪式并不是自己任意创建的，而是受到宇宙自然的启发，富有天然的神秘性和正确性。

伊比利亚圣所若是因自然规律而充满神圣性，那么模仿自然的人造住所则更加体现了人的主动创造力。《日本的建筑学》一书借鉴了伊利亚德讨论神圣空间时的说法，认为原始人建筑房子是宇宙象征的"圣显"，并提出日本传统建筑的灵感来自三种"圣显"，分别是"梦中神谕"（dream oracles）、"灵魂附体"（spirit possession）和"佛祖显灵"（raigō）。也就是说，日本建筑师受到三种"圣显"的启发，将自然规律下的"圣显"进行模仿和再创造，象征性地转化为自己生存的小宇宙——日本建筑。而当人们住在具有象征意味的"小宇宙"时，那么也就分享了这份来自神秘宇宙的神圣性。①

宗教场所中的"圣显"实际上指的是神圣时空的展现。传统神圣场域在历史的流逝中也会面临着很多问题，比如场域的神圣性因人们的遗忘和不再关注而渐失神圣性。《再见教父》一书的作者理查德·舒恩赫尔（Richard A. Schoenherr）

---

① Arata Isozaki, *Japan-ness in Architecture*, trans., Sabu Kohso, Boston: MIT Press, 2006.

就指出曾经的天主教的神职人员不仅有等级,也有神圣性,因而也是"圣显",但许多受过教育的外行认为神职是一种时代错误,一种特权角色,可以由同样训练有素的和忠诚的非神职人员来填补,如此行动会使真正的牧师减少,使天主教堂失去往日的荣光,逐渐褪去"圣显"的光芒。①

与神圣场所的神圣性可能遭遇流逝的困境不同,禁忌传闻中的迷信习俗却能口耳相传,持续绵延,这主要得力于其中弥漫着一种令人畏惧的神秘力量。一旦不遵守禁忌或者超越习俗红线,则很可能招致远古的神秘力量的报复。《罗马尼亚传统文化中神圣空间的思考》一文就从习俗禁忌的视角描绘了伊利亚德的家乡罗马尼亚的民间习俗和禁忌。② 其中提到罗马尼亚传统社会中的神秘空间,如村庄周边、郊区、祖先坟墓以及十字路口等,都具有神秘的、恐怖的力量。根据当地的传闻,人们应当对于这些空间有所忌讳和敬畏。该文所反映的民间习俗和禁忌展现出罗马尼亚流传至今的集体心理,可以为我们分析罗马尼亚本土文化中的神秘主义提供不少素材。这不仅让我们了解罗马尼亚独特的传统文化,也让我们找到了促成伊利亚德自小对神秘主义产生广泛兴趣的文化因素。

最后,在现代生活中更为常见的当属以宗教题材为主要内容的影视、音乐和舞蹈。在传统宗教习俗下,音乐、舞蹈、表

---

① Richard A. Schoenherr, *Goodbye Father: the Celibate Male Priesthood and the Future of the Catholic Church*, New York: Oxford University Press, 2002.
② Anca Ceausescu, "Considerations on the sacred space in the traditional Romanian culture", *Journal of Humanities, Culture and Social Sciences*, Vol. 2, No. 1, 2016, pp. 77–87.

演通常发生在宗教仪式中,如大量的由巫觋向鬼神祈祷和献祭的舞蹈,并且会伴随着呼唤鬼神的音乐。当代习俗依然保留着许多仪式表演,如切诺基人的舞蹈和特定节日里演奏音乐。威廉·道格拉斯·鲍尔斯(William Douglas Powers)以伊利亚德的"圣显"理论作为分析视角,引入人类学的观察数据,科学地透析出切诺基人(Cherokee)舞蹈表演的宗教及社会内涵。正如作者所描述的那样,舞蹈描绘了神圣的历史,"舞蹈将入侵者描述为切诺基社会的卑鄙无耻威胁"[1]。劳伦斯·沙利文(Lawrence E. Sullivan)在1984年的一篇文章《神圣音乐和神圣时间》中指出宗教仪式、传统文化中的音乐实质也是一种"圣显"。[2] 当这些内容搭载上现代科技形式在电视、电影中显现出来时,就成为具有宗教意味的影视作品。2019年由凯文(Kevin Contento)执导的短片电影《圣显》讲述了三个男孩在刚刚收割过的甘蔗地里捕猎兔子的过程中,遭遇了一只站电线杆上的雄鹰,由此遁入"圣显"心境。不幸的是,其中一个男孩开枪打死了这只象征神圣的鹰,唯一可能改变他们生活的神圣世界也就不复存在。以上材料说明了"圣显"在古今的宗教传统中均有所保留,依然可以用来解释当今的宗教现象、民俗传说和禁忌,并且现代生活中的"圣显"并非

---

[1] William Douglas Powers, *An Eliadean Interpretation of Frank G. Speck's Account of the Cherokee Booger Dance*, Portland: Edwin Mellen Press, 2003. 同样运用"圣显"理论分析舞蹈的文章还有 Steven R. Thomsen, Quint Randle & Matthew Lewis, "Pop Music and the Search for the Numinous: Exploring the Emergence of the 'Secular Hymn' in Post-Modern Culture", *Journal of Media and Religion*, Vol. 15, No. 3, 2016, pp. 146 – 155.

[2] Lawrence E. Sullivan, "Sacred Music and Sacred Time", *The World of Music*, Vol. 26, No. 3, Sacred Music II, 1984, pp. 33 – 52.

只能发生在原始仪式及其模仿中，而是已经随着新科技的运用，如各种传递宗教意象的影视技术和通信技术进入人们的日常生活与交往中。

第二，在现代生活下对非宗教场域的解释与运用。当"圣显"理论还可以用于描述宗教范围之外的现象时，表明"圣显"理论的扩展已经迈出了重要一步，也就意味着"圣显"不再是宗教的专属代名词，而是可以发生在日常生活中的"百姓日用"。那么非宗教场域下的"圣显"主要表现在哪些方面呢？

由于现代生活下"圣显"可以通过各种宗教意象的影视技术或通信技术来达到，于是《圣显和异托邦》和《神圣与电影》便对在观影中的视听所造成的"圣显"现象进行了理论分析。《圣显和异托邦》这篇博士论文通过比较伊利亚德"圣显"理论和福柯"异托邦"理论之间的异同，指出影院在均质经验化的世俗生活中撕裂出并矗立起异于自然时空的神圣性；影院中播放的影片就会变成中断和超脱"常人化"思维的世俗神话；影院内明暗交错的光影又会营造出一个类似庙宇的圣俗共存的空间；荧屏上的时间流启发了超自然和形而上的隐喻和明喻，这一切都以超越现实的类神圣化方式对世俗现实展开了形式上甚至内容上的批判。当特定时空下的观影体验流溢到现实生活中，作为勾起批判性回忆的载体——明星就会以神圣化的方式出现在人们的日常生活中，成为批判现实和世俗的理想化偶像，而影院的电影则成为世俗的神话。[①]《神圣与

[①] Simon Peter Hemingway, *Hierophany and Heterotopia*: *Magic, Moving Picture Theaters and Churches, 1907 – 1922*, Ph. D. dissertation, University of Texas at Austin, 2001.

电影》同样是一部讨论神圣和电影业的著作,作者希拉·纳亚尔(Sheila J. Nayar)认为宗教经验不是外在的上帝,而是现实的经验和意识的源头,"圣显"(hierophany)不是形态学上的显现而是具体历史的显现。① 两位作者都向我们解释了当今的影视明星容易成为新时代偶像的根本原因在于现代生活中的"圣显"与古代神圣现象的发生条件有着类似的结构,所不同的则是现代人的"圣显"主要受到主体的经验和意识结构影响,而不是由外在的超自然神明所决定。

伊利亚德的学生布伦特·史密斯(Brent Smith)进一步指出,"圣显"受到主体的经验和意识结构影响的根本原因在于人的记忆再现。史密斯在《宗教研究与跨学科目标》一书中有专门章节研讨"作为跨学科概念的圣显",认为"圣显"主要表现为人们能够在异时空条件下从记忆中再现和再创出往昔特定时空和场所的认知与感受。② 史密斯据此现象提出了一个新单词"重叠阈",与希拉·纳亚尔同样强调记忆与感知对"圣显"具有重要作用的观点不谋而合。由是可知,"认知"和"记忆"也是形成"圣显"不可或缺的因素。伊利亚德在《神话,梦和神秘》一书中曾通过论及儿时观察房中绿色窗帘的神秘经验与流亡期间故乡时常从回忆中冒起以安抚心灵的经历,来验证人们的认知和记忆确实起到了激发"圣显"的效用。无论是客观实体,还是语言、声音都能在头脑中形成记忆,待有危机或是

---

① Sheila J. Nayar, *The Sacred and the Cinema: Reconfiguring the "Genuinely" Religious Film*, New York: Continuum International Publishing Group, 2012.
② Brent Smith, *Religious Studies and the Goal of Interdisciplinarity*, London and New York: Routledge, 2020, p. 83.

困顿之际重现于脑海,这些零碎的印象也会成为一种"圣显"。但是认知和记忆的研究方向偏向于认知心理学,与寻求普遍意义的不可化约的"圣显"研究还存在着明显的差距。

现代生活中的"圣显"除了在影视方面较为常见外,也被运用到政治学和文学的分析中。《播下神圣的种子》是一部典型的观察政治现象的著作,作者阿尔托拉·米尔卡(Aaltola Milka)创造性地运用了伊利亚德的"类宗教"(quasi-religious)思想和"圣显"理论,直言不讳地指出政治就是一种类宗教,政治语言的运用与表达在很多时候类似于造神,而参与政治就相当于投身"圣显"活动。类宗教的语言有助于使人构想出高于现况的境遇(sublime level),而政治宣传也需要帮助人们制造出美满的未来想象。阿尔托拉·米尔卡严格按照伊利亚德宗教现象学中的时空结构、神圣的方法论、"圣显"和力显(kratophany)的构架来分析美国政治的结构、现象和产生的效果。① W. 兰斯·本奈特还提到,政治口号中的忠诚、认同感均为类宗教的"圣显",由此认为神话学越界到政治学,正为政治活动提供着重要的观念工具。② 此外,《诠释学、政治与宗教史:约阿希姆·瓦赫和米尔恰·伊里亚德的争论遗留问题》一书也提及了"圣显"与政治的关系。③ 在文学方

---

① Mika Aaltola, *Sowing the Seeds of Sacred: Political Religion of Contemporary World Order and American Era*, Leiden·Boston: Martinus Nijhoff publishers, 2008.

② W. L. Bennett, "Imitation, Ambiguity, and Drama in Political Life, Political Religion and the Dilemmas of Public Morality", *The Journal of Politics*, Vol. 41, No. 1, p. 107.

③ Christian Wedemeyer and Wendy Doniger, *Hermeneutics, Politics, and the History of Religions: The Contested Legacies of Joachim Wach and Mircea Eliade*, New York: Oxford University Press, 2010.

面，还有作者将"圣显"写进了具有哲理的散文中。例如，在《论圣显》一文中，作者讲述了因偶然知晓"圣显"（hierophany）一词而抒发心中的感受，并提到神圣国度的显现就是神圣进入我们的平凡世界，所有的"神显"（theophany）都是"圣显"（hierophany），但不是所有的"圣显"（hierophany）都是"神显"（theophany）。① 由此可见，在跨学科的运用中，"圣显"理论不仅可与影视、艺术相关联，还可以结合政治学、传播学和文学进行创新发展。②

然而，"圣显"在理论上也存在着不少争议。《形态学和历史学》（*Morphology and History*）的作者乔纳森·史密斯（Jonathan Z. Smith）认为"圣显"虽然不是来自上帝（God）的概念，但是有柏拉图和普罗提诺的影子。史密斯描绘了"圣显"的示意图：神圣逐层表现在宇宙形态、生物—宇宙形态和地方形态三个层次，并由此形成了前符号系统，通过人的想象形成可视化的符号、神话和仪式。③ 托马斯·克里斯托弗·西伊（Thomas Christopher Seay）则认为伊利亚德的"圣

---

① Karen An-hwei Lee, "On Hierophany", *Poetry*, Vol. 204, No. 1, 2014, p. 44.

② 黄增喜博士提到目前多数研究者囿于自己的学科领域，难以发现伊利亚德之于跨学科研究的重要性，尚未形成将其宗教理论与文学、民俗学、民间文学、艺术史、文化史等相关学科进行理论拓展的自觉意识，因而并没有充分展示它的应用价值。参见黄增喜《伊利亚德的"神圣经验"及其文化追索》，博士学位论文，中国人民大学，2017年，第32页。

③ Jonathan Z. Smith, "Acknowledgments: Morphology and History in Mircea Eliade's 'Patterns in Comparative Religion' (1949 – 1999), Part 1: The Work and Its Contexts", *History of Religions*, Vol. 39, No. 4, 2000, pp. 315 – 331; "Acknowledgments: Morphology and History in Mircea Eliade's 'Patterns in Comparative Religion' (1949 – 1999), Part 2: The Texture of the Work", *History of Religions*, Vol. 39, No. 4, 2000, pp. 332 – 351.

显"理论和谢林的"直觉说"异曲同工。① 另一些学者还指出,"圣显"不是一个完善的理论,需要引入其他理论进行补充,比如约翰·达多斯基(John D. Dadosky)的博士论文《宗教认识的结构:通过洛内甘的意识理论对伊利亚德的神圣观念的辩证解读》就试图用洛内甘(Lonergan)的意识理论为"圣显"学说奠定更为坚实的理论基础,进而弥补伊利亚德在创造性诠释学上的不足。② 但安卡·波波阿卡·朱兰(Anca Popoaca-Giuran)却认为"圣显"理论本身就具备丰富的创造性,正如伊利亚德已经通过大量的文学作品来告诉人们:作为现代人,其实已经具备了一种显著的优势,那便是当人们在潜意识中感知和感受到古代生活的宗教含义后,就有可能自我创造出属于自己的带有神圣意涵的意义世界,从而在个人生命的维度上丰富和传承着人类源初生活中的神圣意义,并视其为"个人的圣显"。③

由此可见,"圣显"理论还存在争议,如果不细致谈论"圣显"理论的内涵、结构和意义,那么有关"圣显"的运用就极易流于表面。换言之,现代人所认为的神圣事物均可以用

---

① Thomas Christopher Seay, *Friedrich Schelling: Soteriological Redemption and Ontological Renewal in the Intellectual Intuition of the Life of Life*, M. A. dissertation University of Arkansas, 2017.

② John Daniel Dadosky, *The Structure of Religious Knowing: a Dialectical Reading of Eliade's Notion of the Sacred through Lonergan's Theory of Consciousness*, University of St. Michael's College (Canada), 2001. 该博士论文于2004年出版,书名为 *The Structure of Religious Knowing: Encountering the Sacred in Eliade and Lonergan*, Albany: State University of New York Press, 2004.

③ Anca Popoaca-Giuran, Mircea Eliade, *Meanings (the apparent dichotomy: scientist/writer)*, Ph. D. dissertation, University of London, 1998.

"圣显"来定义，但是现代生活中的神圣事物是怎样发生的，揭示了何种意象，对现代生活产生了何种影响则需要进行细致的研究。当然，倘若一篇文章只是借用"圣显"单词来表达其所认为的神圣现象或事物，而对"圣显"不做细致讨论，并不影响其解释力。因为"圣显"本身就是一个宗教现象学的概念，它可以将任何令人惊奇、敬畏的神圣现象整合成一个整体系统进行理解，统称为"圣显"。可是，一旦人们开始轻率地运用"圣显"展开宗教现象和文化的解释，却不谈及或者无视"圣显"的核心、存在方式等基本问题，那么其所运用的"圣显"理论难免缺乏稳固的根基，从而无法进一步发展"圣显"理论，更不能为不断涌现的新宗教现象做出令人信服的解释。

二 从忽视到关注、由关注到重视：正在跟进的中国研究

1962—1977年，日本学界已经译出十余部伊利亚德的著作。韩国学界也从1977年开始陆续翻译伊利亚德的成名作。[①]相比日韩，中国对于伊利亚德思想的引介和研究则起步较晚。中国大陆在20世纪80年代末、90年代初因萨满教的研究热潮才开始注意到伊利亚德，但他的首部译著却不是引起国人兴趣的《萨满教》，而是《神秘主义、巫术与文化风尚》（1990）。《萨满教》的翻译工作因各种原因一再搁浅[②]，最终

[①] Douglas Allen and Dennis Doeing, *Mircea Eliade: An Annotated Bibliography*, New York and London: Garland Publishing Inc., 1980, p. 235.

[②] 姜德顺、纳日碧力戈、孟慧英、刘宁波曾于1989年合力翻译《萨满教》，参见孟慧英《伊利亚德萨满教研究的基本特点及其影响》，《世界民族》2010年第6期。

延至2018年才有中译本面世。其实,《萨满教》中含有大量的"圣显"概念,倘若当初国内学者能够借萨满教的研究风潮一鼓作气译出此书,那么国内学界对"圣显"的关注与理解兴许有所不同。《神秘主义、巫术与文化风尚》虽也谈及"圣显",但是早期译者对于这一新创词比较陌生,先后将"hierophany"译为"教义""神"和"宗教秘义阐释学",颇令人不解。盖因翻译上的困惑以及该书的知名度远逊于《萨满教》,造成伊利亚德的"圣显"理论早期未能在20世纪90年代引起国内学者的足够重视。

2000年之后,海峡两岸的共同努力促使伊利亚德的译著越来越多。中国台湾地区率先完成了《宇宙与历史:永恒回归的神话》(杨儒宾,2000)、《圣与俗——宗教的本质》(杨素娥,2001)以及大部头《世界宗教理念史》(2001)[①]的翻译。大陆学者也陆续拉开了翻译序幕,使伊利亚德的重要著作逐渐与大陆读者见面,诸如:《不死与自由:瑜伽实践的西方阐释》(武锡申,2001)、《神圣与世俗》(王建光,2002)、《宗教思想史》(晏可佳、吴晓群、姚蓓琴,2004)、《神圣的存在:比较宗教的范型》(晏可佳、姚蓓琴,2008)、《萨满教:古老的入迷术》(段满福,2018)、《熔炉与坩埚》(王伟,2019)、《永恒回归的神话》(晏可佳,2022)、《探寻》(晏可佳,2022)、《形象与象征》(沈珂,

---

[①] 《世界宗教理念史》共有三卷:卷一为《从石器时代到埃勒乌西斯神秘宗教》(吴静宜、陈锦书译,2001);卷二为《从释迦牟尼佛到基督教的兴起》(廖素霞、陈淑娟译,2015);卷三为《从穆罕默德到宗教改革》(董强译,2015),均为商周出版社出版。

2022）。

截至 2022 年，国内学界已翻译出十部著作，虽然这十部译著只是伊利亚德所有作品（含小说、戏剧）中的一部分，但皆为宗教学领域的经典书目，推动了汉语学者对伊利亚德宗教思想的研究。据中国知网统计，2011 年、2015 年和 2018 年分别是大陆有关伊利亚德思想研究收获较多的年份。"超星发现"的数据统计也表明，自 1989 年到 2019 年的三十年来，与伊利亚德相关的各类学术成果呈现出整体上升的发展趋势。可见，国内对伊利亚德研究成果的丰富程度与其译著问世之多寡呈现正相关。随着伊利亚德越来越多的著作被译出，我们逐渐地发现这些著作中几乎随处可见"圣显"（hierophany）的字眼。特别是《神圣与世俗》和《神圣的存在：比较宗教的范型》这两部大量阐述"圣显"的书籍，让国内学者认识到各宗教现象中的"圣显"现象乃为伊利亚德宗教理论的特色之一。"圣显"遂引起了国内学者的重视，已被越来越多的宗教学、民俗学、神话学、哲学领域的专家和学者借以分析国内具有宗教意涵的事物和现象。据我们梳理，运用场景主要有以下三类。

第一类，常见于表述民俗文化中的各种神圣象征物。《萨满女神的显圣物——东北虎崇拜的文化谜底》一文指出，"虎"是史前萨满显示自己力量和表现女神创造力量的一种"显圣"（hierophany）符号。[1] 叶舒宪先生反复提及"玉"是

---

[1] 张丽红：《萨满女神的显圣物——东北虎崇拜的文化谜底》，《吉林师范大学学报》（人文社会科学版）2018 年第 1 期。

中华民族的"显圣物"（hierophany）。①伊利亚德的《萨满教》也确实提到了"玉"属于"圣显"的范畴。此外，还有宗教仪式中的服饰、法器，以及体现神圣性的灵山大川、日月星辰、教堂庙宇等。由于"圣显"是作为一种象征物而被提出的，因此"hierophany"在民俗学、神话学的研究中常被译为"显圣物"。然而在其他学科中，"hierophany"则有不同的理解。金泽先生在《如何理解宗教的"神圣性"》一文中指出"神圣"不是一种物，而是在特定时空场所中被人类赋予的属性，正是因为"神圣"的存在，人类的世界和行为才有了动力。②朱东华先生认为"hierophany"是现象学的范畴，应该在现象学中理解，故译为"显圣"。③黄增喜博士认为，"显圣"很容易被中文读者与"显灵"关联起来，这样的话，神圣临在的事物、事件或现象俱成为一个主动者，"hierophany"不应该是主动者，故译为"圣显"。④总言之，如果译成"显

---

① 参见叶舒宪《玉石：中华创世神话中的宇宙"显圣物"》，《中国社会科学报》2019年8月5日第4版；《创世、宇宙秩序与显圣物——四重证据法探索史前神话》，《百色学院学报》2019年第3期；《图说中华文明发生史》，南方日报出版社2015年版，第73页；《金枝玉叶——比较神话学的中国视角》，复旦大学出版社2012年版，第223页。

② 金泽：《如何理解宗教的"神圣性"》，《世界宗教文化》2015年第6期。

③ 朱东华：《从"神圣"到"努秘"：鲁道夫·奥托的宗教现象学抉微》，宗教文化出版社2007年版；《宗教学学术史问题研究》，清华大学出版社2016年版。笔者与朱东华先生和卓新平先生交流后一致认为宗教现象学中的"hierophany"应是"双向的门"，即圣显和显圣是同时进行的，只有在"圣显/显圣"的译法中才能得到完善的理解。但为了方便叙述与遵循学界习惯译法，本书中的"hierophany"对应的中文词语皆是"圣显"。

④ 黄增喜：《伊利亚德的"神圣经验"及其文化追索》，博士学位论文，中国人民大学，2017年，第77页。

圣物"就会局限 hierophany 的适用范围，正如《从依利亚德的理论探究布列顿歌剧〈彼得葛莱姆〉》一文所言，歌剧的第二幕便是"圣显"时刻，它产生了"神圣性与世俗性并存的二元现象"，建立起"非同质"结构的神圣空间，使剧中写实的题材呈现出"无时间观"的神圣时刻，将悲剧升华至神圣层次。如果将 hierophany 理解为"显圣物"，那么我们就很难理解这样一种说法：歌剧的高潮时刻是"显圣物的时刻"。所以 hierophany 的译名问题并不是可有可无的争论，其中的译名体现出了不同理解：实体化之物还是非实体化的存在？神圣是主动地显现还是被动地显现？如果理解不同，则很难建立起"圣显"理论的大厦。

第二类，仪式、空间和场所中的"圣显"。伊利亚德曾指出每一个神圣的空间都意味着一个"圣显"（hierophany），即神圣对空间的切入，这把一块土地从其周围的宇宙环境中分离出来，并使它们有了品质上的不同。[①] 因此，不少学者便利用"圣显"理论去分析宗教场所和宗教仪式。例如《湘西苗族祭"滚年"仪式神圣空间观念解析》一文对祭祀活动中空间的神圣性展开了分析，指出所谓神圣场所应该由椅子、凳子、案几、牺牲等"显圣物"（hierophany）组成。[②]《论神圣空间的审美意涵》一文讨论了神圣空间所具有的信仰和美学上的双重含义，认为神圣空间虽然是物理空间，但是通过文化、经验和敬畏感的积淀，人对物理空间产生了超越生理感知的心灵感

[①] 米尔恰·伊利亚德：《圣与俗：宗教的本质》，第76页。
[②] 蒋欢宜：《湘西苗族祭"滚年"仪式神圣空间观念解析》，《青海民族研究》2017年第3期。

应，是发生空间审美的先决条件。同样，该文作者也将 hierophany 译为"圣显物"，用来表示神圣之物在信仰者精神世界中的自我揭示，而整个神圣空间的审美活动就建立在人与"圣显物"的互动中。① 在神圣空间内，伴随宗教仪式的音乐也同时具有审美和信仰、神圣与世俗的双重含义，如《广宗玉皇醮会音乐文化的神圣与世俗》一文所述："戏台借助'蓬莱岛'门槛的符号象征意义，具有了世俗审美之外的神圣性，成为显圣物信仰场所，使其在空间上中断并超越了世俗空间。"②

对信徒而言，任何宗教圣地、宗教场所都是一个强烈而富有意义的空间，因而教堂、庙宇、神山等地与其他场所有本质上的不同。《葛洪著作中的山与早期道家》讨论了"山"以"圣显"或"扬威"（一种力量的显现）向信徒展现其所拥有的神圣意向。③ 不过，"扬威"这一表述过于个性化，有些含糊。其实，hierophany 与 kratophany 是一对形近义近词，前者是一般意义上的神圣显现；后者特指以力量的形式凸显神圣，而"力显"（kratophany）只不过特定方式的"圣显"（hierophany），并且"圣显"在外延上包含"力显"。

第三类，"圣显"在中国哲学和文学中的创新运用。曾译过伊利亚德的《宇宙与历史：永恒回归的神话》（2000）的杨儒宾先生娴熟地运用伊利亚德的理论阐释中国哲学中的

---

① 张俊：《论神圣空间的审美意涵》，《哲学与文化》2019 年第 1 期。
② 李雨濛：《广宗玉皇醮会音乐文化的神圣与世俗》，《歌海》2019 年第 5 期。
③ 马思勘、姜虎愚：《葛洪著作中的山与早期道家》，《魏晋南北朝隋唐史资料》2018 年第 2 期。

神秘主义。他在《唤醒物学——北宋理学的另一面》和《气的考古学——风、风气与玛纳》两文中指出,"气"是中国文化史上极为重要但也难以界定的词汇,同时又认为"精气"的神秘性功能可追溯至玛纳(mana)这一极早的宗教概念。玛纳带有"圣显"和"力显"的作用。"气"的前身源于极早的神秘之力,后来才发展成重要的心性论与形而上学的概念。杨儒宾先生的大胆创新开创了"圣显"在中国哲学领域中的运用,也为本书的理论运用部分提供了很好的借鉴。姜宗强先生的《论道教对李白文学创作的正面影响》就尝试用伊利亚德的"圣显"理论分析道教神仙信仰对李白创作的潜在影响。该文提到李白游仙诗中的神仙世界——山水、外物、古今,完全可以被视为宗教人心灵世界的"圣显",故而进一步指出李白诗歌创作的动力除了来自政治生活层面之外,还有内在宗教精神层面的价值追求;只有将李白视为伊利亚德所称的"宗教人",才能完整地理解李白的人格及其诗作中的孤独与伟大。[①] 但其中"圣显这种超凡脱俗的神秘品质并非自有的,而是宗教人的宗教经验给予的"说法仅仅是针对"宗教人"和"圣显"之间的表面联系,至于哪些人是"宗教人","圣显"何时会发生等问题,作者并没有深入探究。而这些恰恰是我们要论证的问题,我们将在正文中指出"宗教人"是人类固有特性之一,并且"圣显"世人皆有。

---

① 参见姜宗强《论道教对李白文学创作的正面影响》,《甘肃社会科学》2006年第1期。

此外，一些期刊论文和学位论文还讨论过影响"圣显"的因素。《圣俗辩证的体现——伊理亚德的宗教象征体系之介绍》一文首先概述了伊利亚德宗教现象学的思想基底，并介绍了"圣显"经验与宗教象征之间的关联，进而向我们解释超越性的神圣如何透过世俗之物显现出来。[①]《象征：伊利亚德宗教思想之轴纽》指出了"圣显"与象征的关联，认为象征作为一种枢纽，不仅联结了"圣—俗"的对立面，而且促进对立面彼此转化，于是"圣显"发生了。[②] 相关的博硕士论文亦讨论到伊利亚德的神圣思想、"圣显"、神圣辩证法及宗教现象学等主题。[③]

概言之，通过梳理近些年国内的文献资料，我们发现伊利亚德的"圣显"概念已经逐步得到了不同领域学者的认同与运用，但从目前的使用情况来看，也暴露出两个问题：一是"hierophany"的翻译问题。20世纪90年代的译著中"hierophany"被译为"神""昭圣""圣化现象""神圣显象""神圣示现""宗教秘义阐释学""神显观念"或"神性的显现"。近些年，"hierophany"经过学者们的不断扬弃，渐渐收敛在"显圣物""神显"和"圣显/显圣"这三组译法中。由

[①] 余秀敏：《圣俗辩证的体现——伊理亚德的宗教象征体系之介绍》，《教育暨外国语文学报》2005年第1期。

[②] 蒋淼：《象征：伊利亚德宗教思想之轴纽》，《世界宗教文化》2014年第3期。

[③] 相关内容参见王永海《神圣在实在中显现："宗教人"生存的基本样式》，硕士学位论文，中央民族大学，2004年；杜娟花：《伊利亚德神圣思想与其现代性研究》，硕士学位论文，内蒙古大学，2017年；吴福友：《伊利亚德的宗教现象学之研究》，博士学位论文，复旦大学，2006年；何叶：《神圣与世俗的辩证法——伊利亚德宗教现象学研究》，博士学位论文，北京大学，2015年。

于"显圣物"的译法便于用来形容传统文化中的具体事物，因而该译法经常出现在民俗学、民族学和神话学的研究领域。"神显"的译法在《神圣的存在：比较宗教的范型》（下文简称《范型》）和《宗教思想史》被译出之后也得到了部分宗教学者的认同，被更灵活地用来表示具象性以及抽象性的神圣事物。而"圣显"或"显圣"的译法在中国台湾、韩国以及近些年大陆研究文献和译著中占有一席之地。其实，翻译的前提在于译者的理解，不同译法又会导致读者的不同理解。鉴于"hierophany"的翻译可能对传播和理解有所干扰，故而有必要讨论"hierophany"的真实含义，以防止不同的汉译可能造成理解上的混乱。这意味着在"hierophany"的翻译未达成统一之前，仍值得我们持续探讨。

二是"hierophany"的运用范围问题。相比于国外学者已经将"圣显"运用于影视、运动、政治等各个生活场景中，国内的使用范围则相对保守，主要是在典型的宗教领域内讨论神圣问题。虽然"圣显"一词始于伊利亚德对原始宗教的研究，但并不意味其只适用宗教领域内的神或神圣事物的解释。按照伊利亚德的说法，他以原始宗教为起点是为了合理推导出人类行为和意识的普遍性特征，进而为当代失落的精神文化提供解释和原创动力。在过度世俗化的现代社会中，虽然神灵掌控的领域正在急剧缩减，但是人对于神圣（或者说超越性意义）的追求却没有消失。这意味着"神圣"不仅用于指示神灵，而且还可以用来表达一切让人感受到超越意义的事物和现象。所以伊利亚德称自己是在最广泛的意义上使用"圣显"，正如他说，一切事物和感官活动都可以成为"圣显"①，国家、社会阶层和民族也能成为"巨大的圣显"（tremendous hierophanies）。② 可见，"圣显"除了出现在典型的宗教领域外，还可以用于类似宗教形式的心理领域、政治领域、经济领域和文化领域的解释。如果我们将其限制在宗教领域，反而会极大地缩小其解释力和解释范围。因此，"圣显"还有极大的阐释空间等待后来者挖掘。

最后，无论是翻译问题，还是范围问题，实质上都是内涵的理解问题。由于国内对于"圣显"理论的研究已经落后于欧美国家。自20世纪50年代起，欧美学者就开始对"圣显"的确切内涵展开了讨论，他们在理论方面的努力已经为"圣显"在宗教和类宗教（quasi-religious）的运用中打下了扎实的基础，正如前文提到的跨学科研究、日常生活的类宗教研究、文学和影视中的"圣显"研究等。国内对"圣显"理论的关注与研究才刚刚起步，且不说中国学界在理论细节的辨析与深究上远不如欧美研究扎实，目前对"hierophany"的翻译和语意结构的理解尚未达成统一，更别说与其他近似思想的比较和批判性分析。因此，当下的一些研究无论是对"圣显"的概念的解释与辨析，还是运用"圣显"的理论分析宗教现象与现实生活，总会不自觉地冒出拿来主义的魅影。而避免拿来主义的通用做法可以先对"圣显"进行普遍可操作的界定，

---

① Mircea Eliade, *Myth, Dreams and Mysteries: The Encounter between Contemporary Faiths and Archaic Realities*, pp. 85–87.

② Mircea Eliade, "Australian Religions: An Introduction, Part I", *History of Religions*, Vol. 6, No. 2, 1966, pp. 108–134.

再建立起通用的"圣显"应用程序,然后按照通程式展开相关对象的研究。但是这种操作通常又容易忽略"圣显"的意识理论,因为伊利亚德说"圣显"并不是完善具足的理论,还需要其他人运用诠释学理论继续补充。虽然其已经在著作中试图阐述这种诠释,并根据材料进行了实际说明,但是现在还需要他人来系统化这种诠释。[①] 从国外的研究来看,已经有人用福柯、洛内甘的理论继续扩充"圣显"理论,而国内研究却缺少此类理论的嫁接与补充。当然,从另一个角度来看,也正因为"圣显"有待完善的特点,反而给了它不断发展和创新的可能性。

[①] *Mircea Eliade, Journal II, 1957–1969*, Trans., Fred H. Johnson Jr., Chicago and London: University of Chicago Press, 1989, p. 313.

第一章

伊利亚德的影响、生平及"圣显"思想的形成

"知人论世"几乎是从事人物思想研究的一般性习惯。虽然说伊利亚德在宗教学专业领域内名声正隆,但也并不是所有宗教研究者对他的一切都有了解,更遑论一般读者。因此,对伊利亚德的学术影响和生平率先做出交代,不仅有利于深入且全面地了解伊利亚德其人其事,而且还有利于后文对其"圣显"思想的讨论。

·第一节·
学术影响

2011年,一部纪录片《伊利亚德:他的名字和使命》在美国上映。这部纪录片精彩地概述了出生于罗马尼亚的著名宗教史学家、思想家、小说家和诗人米尔恰·伊利亚德分别在欧洲、印度和美国的人生经历,并且记录了其在芝加哥大学宗教

第一章
伊利亚德的影响、生平及"圣显"思想的形成

系任教的重要时刻。该纪录片在视觉上引发观众跟随伊利亚德的视角去思考人生奥秘、人之灵性、神圣事物和神圣现象。2010年12月,西班牙电视台曾推出过介绍伊利亚德的纪录片。卡斯蒂利亚拉曼查大学(Universidad de Castilla-La Mancha)的教授杰拉尔多·洛佩斯·萨斯特雷(Gerardo López Sastre)在纪录片中专门展示了伊利亚德的文学作品及其在印度求学生活的照片。这部纪录片不仅形象地传达出伊利亚德的宗教思想,而且还强调了伊利亚德将东方学研究与西方学术方法论的创造性运用。[1] 现今,罗马尼亚政府更是将伊利亚德视为罗马尼亚文化的形象代言人和国际传播者,不仅在首都中心的曼图莱萨教堂附近为他塑雕像,而且还设立了伊利亚德学术研究基金。如果说缪勒是宗教学的创始者,那么伊利亚德无疑是20世纪将宗教学发扬光大的传奇人物。伊利亚德出生于20世纪初欧洲政治角力夹缝中的东欧小国——罗马尼亚。在饱受战争摧残的年代里,伊利亚德虽总是颠沛流离,但流亡中亦不忘坚持写作,致使其学术成果的数量让绝大多数后学望尘莫及。据里科茨统计,他一生总共发表过一千五百多种著作和论文[2],享有"当代的詹姆斯·弗雷泽爵士"的称号。[3] 其经典

---

[1] 参见 Cristina Scarlat, "APPENDIX 1-Mircea Eliade: Preamble to the Hermeneutics of Reception, The Transposition of Eliade's Literary Works into Other Artistic Languages. A Short History", *Postmodern Openings*, Year 2, No. 8, 2011, p. 152。

[2] 米尔恰·伊利亚德:《神圣的存在:比较宗教的范型》,译者导言,第3页。

[3] [美]伊万·斯特伦斯基:《二十世纪的四种神话理论:卡西尔、伊利亚德、列维-斯特劳斯与马林诺夫斯基》,李创同、张经纬译,生活·读书·新知三联书店2012年版,第107页。

著作更是畅销海内外，被广泛译为英语、法语、德语、意大利语、葡萄牙语、土耳其语、捷克语、希腊语、罗马尼亚语、丹麦语、瑞典语、塞尔维亚-克罗地亚语、匈牙利语、挪威语、日语、汉语、韩语、孟加拉语等，而且数部小说也被先后搬上荧屏，如电影《弥勒蕙》（1988）、《我叫亚当》（1996）、《克里斯蒂娜小姐》（2006）、《没有青春的青春》（2007）。

1956年，在法国已经小有名气的伊利亚德受邀加入芝加哥大学，自此有力地推动了芝加哥大学宗教系的建设，并逐渐成为宗教学界芝加哥学派的领军人物，甚至可以说定义了20世纪下半叶的宗教研究。服务芝大期间，他不仅创办了海内外闻名的《宗教史学》（History of Religions）和《宗教杂志》（Journal of Religion），还担任美国宗教研究学会（ASSR）主席，编撰出三大卷①的《宗教思想史》，并且还主编了在世界范围内颇具影响力的、长达十六卷的《宗教百科全书》。他还为芝加哥大学培养了第一批宗教史学方向的博士，有力地推动了美国宗教学的发展和繁荣。可以说，伊利亚德对于宗教学界的贡献不仅极大地丰富了宗教学的研究范围和视野，同时还激发了其他专业人士的创作灵感。在蒙特利尔电影节上展出的唯一一部罗马尼亚电影《欧洲刑警》（2010）获得了评委会的特

---

① 伊利亚德晚年不断恶化的身体状况影响了第四卷的写作，至离世前亦未能完成第四卷的写作。该书的英语版、法语版、土耳其版、中国台湾版、大陆版均是三卷本，但德语本根据伊利亚德的手稿进行了补充，将第三卷分为上、下两册出版。

第一章 伊利亚德的影响、生平及"圣显"思想的形成

别表彰,导演感慨道:"《欧洲刑警》的灵感来自伊利亚德小说中的宇宙观。"1993年,罗马尼亚伊茨文学博物馆展览了一幅油画作品——克里斯蒂娜小姐,其灵感正是来源于米尔恰·伊利亚德的同名小说。① 纵观伊利亚德的一生,从东欧小国到世界舞台,他的成功不可谓不传奇。即便他曾因"二战"期间在罗马尼亚追随极右翼运动而有所毁誉,但他对世界宗教学界做出的贡献使其批评者也不得不佩服:"我对伊利亚德的努力、对他的事业、对他广博的知识以及他所寻求解决的中心问题的紧迫性深表示由衷地赞赏。"②

伊利亚德的宗教思想得到了国际学界的广泛认同,并表现出以下特色:第一,研究领域广博宏大,从人类学、文学批评到宗教研究,从神话学、哲学到宗教学,伊利亚德几乎都有涉猎③,故被称为"百科全书式"的宗教学家。退一步讲,即便作为宗教学专家,伊利亚德的研究也是涉及面广、跨度大,并不存在严格的科学与人文的分隔。这是因为在当时罗马尼亚的学术体系下,科学和艺术文化并没有极其明确的界线,两者并行不悖,相互包含。④ 这种学术传统造就一批横跨多个领域的

---

① Cristina Scarlat, "APPENDIX 1-Mircea Eliade: Preamble to the Hermeneutics of Reception, The Transposition of Eliade's Literary Works into Other Artistic Languages. A Short History", *Postmodern Openings*, pp. 151, 146.

② Jonathan Z. Smith, "Acknowledgments: Morphology and History in Mircea Eliade's 'Patterns in Comparative Religion' (1949–1999), Part 2: The Texture of the Work", *History of Religions*, p. 35.

③ [美]伊万·斯特伦斯基:《二十世纪的四种神话理论:卡西尔、伊利亚德、列维—斯特劳斯与马林诺夫斯基》,第107页。

④ Mircea Eliade, *Journal II, 1957–1969*, p. ix.

重要学者,比如尼古拉·伊奥尔加(Nicolae Iorga,1871—1940年)[1]、米哈伊·爱明内斯库(Mihail Eminescu,1850—1889年)[2]等人既是某领域的学者同时也是成功的小说家。

第二,在写作风格上,他的学术作品充满了浪漫的富有想象力的文学表达,从而导致他的表达总是闪烁其词[3],不仅缺乏严肃的哲学思辨,而且也缺少令人信服的证据。这些指责对于伊利亚德而言可能有些冤枉,因为他一直反对以哲学、社会学、心理学和神学的方式研究宗教,例如他常常批评列欧和奥托的宗教学研究充斥着神学和哲学的味道。[4] 如果以哲学、社会学、心理学和神学的方式去理解和研究宗教,那么宗教研究将不可避免地沦为化约论的思想产物。故而伊利亚德一贯主张需要从宗教本身的角度来理解和研究宗教。即便在宗教史学的研究中,他也坚持让学者不要拘泥于浩瀚的文字记录,应当充分地利用想象力去模拟和契合远古和古代宗教人的生活背景和社会条件,然后再根据历史线索推理出

---

[1] 他是罗马尼亚的历史学家、政治家、文学家、评论家、诗人和剧作家、阿尔巴诺学家,也曾是民主民族主义党(PND)的创始人之一,曾任会议议员、众议院议会议长和参议院议员、内阁大臣,并在1931—1932年间担任总理。其人多才多艺,语言天赋极高,精通约12门外语,开辟了罗马尼亚人的起源研究,促成了罗马尼亚图像学、后殖民和跨文化研究的诞生。

[2] 罗马尼亚浪漫主义男诗人,文学组织"青年社"的成员,专门负责搜集摩尔罗瓦地区的民间创作,代表作 *Luceafărul*(《晨星》)。伊利亚德的小说经常引用米哈伊·爱明内斯库的名言。

[3] E. R. Leach, "Sermons by a Man on a Ladder", *New York Review of Books*, Vol. 7, 1996; I. Strenski, "Mircea Eliade, Some Theoretical Problems", in A. Cunningham, ed., *Theories of Myth*, London: Sheed and Ward, 1974, pp. 40–78.

[4] Mircea Eliade, *The Quest: History and Meaning in Religion*, Chicago and London: The University of Chicago Press, 1969, p. 58.

第一章 伊利亚德的影响、生平及"圣显"思想的形成

宗教事件发生的因果关联。伊利亚德小说式的宗教学研究能够成功的原因在于：一方面，他坚持采用"让宗教回到其自身""同情地理解宗教"的宗教现象学方法，只对宗教的"本质""根源""基础"加以研讨和比较，不对宗教的价值做出评断①，从而摆脱了过度拘谨的理性思辨，可以更加自如地利用文学的、想象的方式去描述宗教现象；另一方面，伊利亚德认为宗教史学家应该像小说家一样，需要不断地面对着由陌生和神秘的意义世界所构成的神圣的空间结构和时间单位②，所以宗教史学家可以用小说、散文的方式模拟和还原当时的宗教现象，通过浪漫且富有感染力的言语将读者和听众带回到古代和远古宗教现象发生的时代和场景中，让人们直面某一宗教现象的全部面貌，从整体上观察它、感受它、理解它和欣赏它。这让伊利亚德的文字表现出极其强烈的代入感，总在不知不觉中牵动着读者的思绪。③

第三，在理论贡献上，他为宗教学的发展提出了许多伊利亚德式（Eliadian）的宗教理论和概念，如"世界之轴""永恒回归""天国的乡愁""历史的恐惧"。"世界之轴"是伊利亚德分析神话时反复出现的主题，用于象征和表达世界的中心，是神圣世界和世俗世界分开后的必然结果。神圣世界包含了所有的价值，世俗世界只有通过"圣显"才能获得目的和

---

① 卓新平：《西方宗教学研究导引》，第 81 页。
② Mircea Eliade, *Tales of the Sacred and Supernatural*. trans., William Ames Coates, Philadelphia: Westminster Press, 1981, pp. 12–13.
③ Mircea Eliade, *Ordeal by Labyrinth*, *Conversations with Claude-Henri Rocquet*, trans., D. Coltman, Chicago: University of Chicago Press, 1982, pp. 48–49.

意义。这里的前提条件是，世俗时空是平顺的、线性的、漫无目的流逝的，无法为人的生活指出有意义的定向，而"圣显"的空间则可以为人们建立起一个神圣的、不动的定点，为无色的自然生命涂抹上意义的色彩。"圣显"的空间成为"世界之轴"，以此为中心的周围世界和世俗生活空间便由此沾染和分享着那亘古未变的神圣气息。根据伊利亚德的解释，宗教人总是期待居住和生活在"世界之轴"的附近，因为"世界之轴"是与神（圣）沟通的地方，是建立秩序的支柱。这也就意味着"圣显"总会出现在"世界之轴"的附近，而距此中心愈近，分享和体验神圣的可能性就愈大。反之，那些远离"世界之轴"的区域和空间也就被神圣所疏离和抛弃，无法成为神圣祝福和成全的世间。对于这样的区域和空间，宗教人不仅在精神上是陌生的，在实践上也是畏惧的。

"永恒回归"一直都是宗教、神学、哲学老生常谈的话题，通常指人们总是通过宗教的行为和仪式叙述或重现神话事件（"圣显"事件）。[①] 但伊利亚德的创见在于他认为宗教行为不只是在思想上纪念和行为上模仿历史上的"圣显"，而更加强调在当下生命和生活中唤醒在历史"圣显"中的结构和精神，即复活"圣显"或让"圣显"再度降生。伊利亚德说："模仿神或神话英雄的模范行为，或者仅仅讲述他们的冒险，古代人就将自己从世俗时间中脱离出来，回到了属于神和英雄的神圣的时间。"[②] 伊利亚德称此为"永恒回归"，以区别于

[①] Mircea Eliade, *The Sacred and the Profane: The Nature of Religion*, pp. 68–69.

[②] Mircea Eliade, *Myths, Dreams and Mysteries: The Encounter between Contemporary Faiths and Archaic Realities*, p. 23.

第一章
伊利亚德的影响、生平及"圣显"思想的形成

哲学上的"永恒回归"——朝向原型的不断运动。排除了哲学上的"永恒回归"后,伊利亚德还将古代宗教思想中的"周期性"的时空观归因于"永恒回归"的信仰,例如新年的寄寓就在于每个践行周期性新年仪式的人都会再度开启新世界。根据伊利亚德的说法,人们觉得有必要定期回到起点,把时间变成一个圆,这样一来,每一次结束都是新时间的开始,在某种程度上帮助了"宗教人"逃避来自令人恐怖的线性历史时间的焦虑。[1]

"天国的乡愁"是指在传统社会中,人们普遍相信事物的力量源于它的开始,其现实价值也暴露在首次出场中。根据伊利亚德的理论,"原始人只对开始感兴趣"[2],人与神圣首次同时在场——太初的"圣显"——通常都会记录在神话传说中,因此,对宗教人而言,神话时代便是充满神圣的时间,也是一切价值源头的时间,所以后世的许多宗教行为都表现出"对于神圣起源的怀念",表达了重返天堂和恢复"神—人"关系的渴望。然而,怀念"神—人"的和谐关系不是要主张人们回归古老传统中的生存模式,而是通过追忆人的起源(即先于人的实际存在的基本条件)寻找古代人如何以宗教的方式首次实现精神觉醒。[3] 同理,也就可以考察现代人如何在当前的生存条件下重建"圣显",再次发现新人文主义。所以

---

[1] Mircea Eliade, *Myth and Reality*, trans., Willard R. Trask, New York: Harper and Row, 1963, pp. 47–49.

[2] Mircea Eliade, *Myths, Dream and Mysteries: The Encounter between Contemporary Faiths and Archaic Realities*, p. 44.

[3] Christian Jochim, *The "Nostalgia for paradise" in Mircea Eliade's Quest for Homo Religiosus*, B. A., dissertation University of British Columbia, 1974, p. i.

53

伊利亚德提出"天国的乡愁",目的是通过研究前现代的宗教行为来唤醒同时代人的宗教敏感性,让"圣显"成为沟通现代人和古代人感受神圣、真实和意义世界的最直接、有效的方式。

"历史的恐惧"是指现代人的思想和行为活动总是因对历史和时间的恐惧而表现出了某种神话行为的"痕迹"。因为现代人和古代人面临着同样的境况:尽管现代人声称自己是非宗教的,却在线性的历史进程中找不到永恒的价值,总是希望同时间斗争,以便从"死亡时间"(事物被毁灭的时间)中解脱,所以现代人也时常感到"历史的恐惧",因而同样强烈地需要神圣的时间和永恒的回归。[1] 由于"历史""时间"是抽象的概念,为了使读者感同身受地了解时间和历史的恐惧,伊利亚德以刚经历过的世界战争为例。当现代人面对暴力和危险的历史事件时,这种"历史的恐惧"变得特别尖锐。恐怖的事件已经发生,作为历史事件的一部分,经过灾难的人却没有得到丝毫安慰。"现代人如何能忍受历史上的灾难和恐怖——从集体驱逐、屠杀到原子弹爆炸——如果视而不见,就看不到任何迹象,也就没有任何超越历史的意义。"[2] 伊利亚德观察到,古代人可以在重复的神话事件中寻找神圣的价值和生活的意义,但现代人已经否认了这种神圣,容易陷入相对论或者虚无主义的历史观中,因此现代人必须自己创造价值,其目的是克服历史带来的恐惧感。

---

[1] Mircea Eliade, *Myth and Reality*, pp. 192 – 193.

[2] Mircea Eliade, *The Myth of the Eternal Return*, trans., W. R. Trask, New York: Harper Torchbooks, 1959, p. 151.

第一章
伊利亚德的影响、生平及"圣显"思想的形成

《神话，梦和神秘》在第六章中就提到当代人可以创造出新的"圣显"来获得生命的意义和价值，并以此来抵抗世俗时间无情的流逝，让生活围绕着意义旋转，让人生在神圣的定向中燃尽。

由上可知，伊利亚德宗教思想总是运用文学想象的方式，为每一个宗教概念呈现出一种画面感，其中"圣显"是贯穿在每个宗教术语中的基础性概念，因为每一种宗教现象背后都闪耀着神圣的自我显现、自我彰显。为了清晰、简单地表达"神圣自我显现"的事实，伊利亚德引进了"圣显"一词，该词是表述神圣现象的最小单位，因其本身不包含超过字面之上的额外含义才被伊利亚德用来描述宗教现象的核心。虽然"圣显"一词看似平凡无奇，却起到了奠基性的作用，支撑着伊利亚德的整个宗教思想体系。正如前言提到，"圣显"不仅在伊利亚德思想体系中占有重要地位，与伊利亚德宗教思想中的其他概念密切关联，而且在整个宗教学研究中也极具意义，因此，研究"圣显"可以方便我们快速抓住伊利亚德的核心思想，还可以帮助我们理解他的整个宗教理论，并且在实践上为解决当代人的精神困顿提供了一套宗教学的新方案。也就是说，当理解了神圣是什么以及"圣显"的实质时，我们就可以发现各类宗教崇拜、宗教禁忌以及类似于宗教的狂热行为现象背后的人类性问题。然而，"圣显"理论的提出以及举世瞩目的学术成就均离不开伊利亚德曲折的人生经历和逆境中的自我奋进，故有必要简述伊利亚德曲折的人生经历和"圣显"在其人生不同阶段的赋义。

寻找哲人石

·第二节·
生平掠影

米尔恰·伊利亚德1907年3月9日出生于罗马尼亚的军人家庭，是军官格奥尔基·伊利亚德（Gheorghe Eliade）的第二子。父亲有着摩尔达维亚人多愁善感的性格，母亲则继承了奥尔特尼安人的热情奔放。全家人早年居住在名为拉姆尼库尔-萨拉特（Râmnicul-Sărat）的乡村，到了伊利亚德的适学年龄，又搬到首都布加勒斯特。儿时无拘无束的田野生活让伊利亚德养成了观察昆虫、植物的习惯，这也奠定了他日后喜爱写作的基础。伊利亚德考入当地有名的斯皮鲁—哈雷特中学（Spiru-Haret high school）后，便充分发展了他对于自然科学的兴趣。在12岁时，他根据观察和幻想写下了关于动物的故事集——《蚕的天敌》（The Enemy of the Silkworm）。他的写作能力很快就得到外界的认可，14岁那年的文章《我如何寻找哲人石》（How I Found the Philosopher's Stone）获得了当地的文学奖。① 后来，这篇文章发表在当地非常有名的青少年杂志 Ziarul Ştiinţelor Populare（《科普期刊》）上。此番荣誉极大地激励了少年伊利亚德——这个已经有些近视的小男孩朝着自然

---

① 《警言短歌第二十一首》："让一男一女为你组成一个圆形，从这个圆形，会生成一个等边四方形。在此基础上，你会画出一个三角形，围绕着三角形的所有边，又会画出一个圆形：这就产生了哲人之石。由于世事繁杂，你的思想难以立刻理出头绪，如果你掌握了几何定理，你就会明白一切。"参见米尔恰·伊利亚德《熔炉与坩埚：炼金术的起源和结构》，王伟译，段恩锡、刘俐校译，陕西师范大学出版社2019年版，第96页。

第一章 伊利亚德的影响、生平及"圣显"思想的形成

科学、幻想和哲学的方向奋勇前行。在晚年回忆录和采访录中，只要一谈起《我如何寻找哲人石》一文，伊利亚德就会骄傲地说起在同龄组中只有他的文章富有哲学意涵，也正是这次获奖经历让他养成了每天写日记、不定期向期刊投稿的习惯。

伊利亚德中学时代的文章大都聚焦于昆虫学、炼金术、东方学等视角以及书写喀尔巴阡山脉之旅的个人经历。由于广泛涉猎炼金术、神话和宗教等方面的知识，伊利亚德渐渐地喜爱上了意大利学者帕皮尼（G. Papini）、V. 马基奥罗（V. Macchioro）以及英国学者麦克斯·缪勒和弗雷泽。为了追寻学术偶像，伊利亚德在1923年至1925年间便专门学习了意大利语和英语，其间还写出了第一部自传体小说 *Romanul Adoledcentului Miop*（《近视少年的日记》），主要讲述了他的中学经历。

1925年10月，伊利亚德以优异的成绩考入了布加勒斯特大学哲学系，遇到了他的恩师奈伊·约内斯库（Nae Ionescu）。约内斯库主编的杂志《词》（*Cuvântul*）是当时罗马尼亚知识分子交流思想的重要的文化阵地，伊利亚德在校期间平均每周都为该杂志供稿一两篇，其内容涵盖了对艺术家和学者的简评、东方学著作的书评、宗教哲学和旅行见闻等。在恩师的帮助下，伊利亚德也创立了刊物 *Revista Universitară*（《大学杂志》），但因其猛烈批评了尼古拉·伊奥尔加的作品，该刊只出版了三期就被迫停刊。

1927年因毕业旅游的机会，伊利亚德第一次前往意大利，在佛罗伦萨见到了帕皮尼，在罗马见到了布奥内蒂（E. Buonaiuti）、潘齐尼（A. Panzini），在那不勒斯见到了V. 马基奥罗。见识

了这些国外的名流之后，伊利亚德很快就完成了他的第二部自传体小说 Gaudeamus（《纵情狂欢》）。这部小说主要描述了像他一样在"一战"期间成长起来的"新一代"，流露出复兴罗马尼亚民族文化、恢复社会秩序的伟大宏愿。就当时的国际社会环境而言，纳粹德国在欧洲日渐崛起，而地处东西欧要冲的罗马尼亚即将成为国际政治和战争的角斗场。自此，罗马尼亚的政治渐渐地陷入混乱与缠斗中。以科德里亚努（Corneliu Zelea Codreanu）为首的极右势力打着"大罗马尼亚主义"（Great Romaniaism）的旗号，从事政治暗杀、屠杀犹太人、反对共产主义等恐怖活动，罗马尼亚国内一时间人心惶惶。另一边，极左势力也蠢蠢欲动，罗马尼亚共产党（PCR）的强硬派经常组织和发动罢工，制造了震惊世界的布加勒斯特国会爆炸案，并一直从事着反对右翼政党的活动，同时筹备和建立起反法西斯阵线。① 此时，"左右"思潮和运动都以各自最大的力量冲刷着罗马尼亚的社会，使得罗马尼亚陷入混乱无序，就如同伊万·斯特伦斯基所写："就在20世纪30年代最初的年月里，军团与法律之间的紧张对峙日益加剧，因而伊利亚德在《群氓》中提到的那种无政府状态迸发出来。"② 所谓"群氓"指的是罗马尼亚战后的新一代团体。除此之外，反犹的新势力随时随地做好了袭击或洗劫犹太教会堂的准备。③ 可见，在卡

---

① ［英］尼古拉·克莱伯：《罗马尼亚史》，李腾译，东方出版中心2010年版，第180页。
② ［美］伊万·斯特伦斯基：《二十世纪的四种神话理论》，第159页。
③ Mircea Eliade, *Autobiography Vol. I: 1907 – 1937, Journey East, Journey West*, trans., Mac Linscott Ricketts, San Francisco: Harper and Row, 1981, p. 301.

第一章 伊利亚德的影响、生平及"圣显"思想的形成

罗尔二世统治时期的30年代,"一战"后的罗马尼亚失去了可供效法的精神典范。但作为罗马尼亚新一代的知识分子,伊利亚德自觉地担起了复兴罗马尼亚文化的重担。他的硕士论文题目便是"从马尔西利奥·费奇诺到乔尔丹诺·布鲁诺的意大利哲学"(Italian Philosophy from Marsilio Ficino to Giordano Bruno),通过考察意大利文艺复兴的先驱人物,来为罗马尼亚的"文艺复兴"开辟道路。

按照常理,伊利亚德应该选择前往意大利深造,他却选择了印度。因为一方面其家庭财力不足以支撑伊利亚德去往西欧国家学习,同时他也没有申请到法国、瑞士、英国等高等学府的奖学金,而印度的卡辛巴扎尔王公曼陀罗·钱德拉·南迪(the Maharaja Manindra Chandra Nandy of Kassimbazar)和加尔各答大学达斯古普塔(Surendranath Dasgupta)教授则给予伊利亚德积极回复,并向其承诺提供五年的奖学金。更令伊利亚德欣喜的是,罗马尼亚政府也资助了一笔可观的资金。[1] 另一方面,印度的瑜伽和神秘主义也深深地吸引着伊利亚德。由于毕业论文的需要,去印度访学也可谓合情合理的选择。所以经过综合考虑后,伊利亚德选择了印度。

1928年秋季,伊利亚德在罗马尼亚混乱的时期只身前往印度,寄宿在英裔印度人的公寓。次年春季开学,他就开始跟随达斯古普塔教授研习梵文、瑜伽和印度哲学。然而好景不长,印度国内也爆发了大规模的动乱。1929年12月31日,

---

[1] Mircea Eliade, *Autobiography Vol. I: 1907 – 1937, Journey East, Journey West*, p. 145.

国大党拉合尔年会通过争取印度独立的决议，授权甘地领导新的不合作运动。1930 年 3 月第二次非暴力不合作运动拉开序幕，英印之间的冲突升级，很多白人留学生也跟着受到冲击。伊利亚德搬离了原来的住所，暂时住进了达斯古普塔的家中，并每天早上花上一小时分析波颠阇利的《瑜伽经》。是年 6 月至 7 月，伊利亚德开始跟随达斯古普塔学习《奥义书》。

由于多种原因，如资助短缺、求学瑜伽术未果、与导师的意见不合、对导师之女暗生情愫等，伊利亚德最终与导师达斯古普塔分道扬镳。1930 年 9 月，伊利亚德就启程前往喜马拉雅山脚下的里希盖什（Rishikesh）修道院，跟随斯瓦米·希瓦南德（Swami Shivananda）进行了六个月的瑜伽实践。①1931 年伊利亚德回到布加勒斯特服兵役，同时开始撰写自己的博士论文。1933 年，伊利亚德获得了布加勒斯特大学的哲学博士学位，并在奈伊·约内斯库的帮助下顺利留校。在接下来的七年里，伊利亚德完成了两件大事：一是与离异的妮娜·毛赖什（Nina Mareş）结婚，并在婚后与妮娜一起抚养她与前夫所生的女儿阿达吉萨（Adalgiza）；二是将他的部分著作付梓，既有小说，也有学术著作，并创办了一本研究宗教史的学术杂志——《扎莫西斯》。

1939 年 9 月第二次世界大战爆发，罗马尼亚皇室为了巩固自身的权力和寻求解决领土争端的助力，派遣了一批知识分子前往法国、德国、英国展开外交。伊利亚德正是以文化专员

---

① Douglas Allen and Dennis Doeing, *Mircea Eliade: An Annotated Bibliography*, New York and London: Garland Publishing Inc., 1980, p. xv.

第一章　伊利亚德的影响、生平及"圣显"思想的形成

（cultural attaché）的身份跟随罗马尼亚皇家使团，先后访问了伦敦、牛津、里斯本等地。在这一时期，他的主要工作便是社交和写作。伊利亚德原本打算做好两三年的文化专员就回家乡、回到书房，继续从事他一直坚持的知识分子事业，以书为伴，以学术为志业。然而1940年4月他被派驻到英国伦敦，当年9月德国对英国本土实施大轰炸，他又随使团转移至牛津，12月24日，再次被遣至葡萄牙做文化顾问。1942年8月，他只在罗马尼亚待了几天，就被盖世太保和特勤局的人盯上了。[1] 万般无奈下，他匆忙带着生病的妻子逃到里斯本附近的渔村。1944年，尼娜不幸离世，痛失爱人的悲伤、长期失眠的苦楚和神经衰弱时时刻刻地笼罩着和折磨着伊利亚德。为了逃避悲痛的时光，伊利亚德重拾旧笔，奋力著述，完成了《神圣的存在：比较宗教的范型》的初稿 *Traité d'histoire des religions*。

事实上，伊利亚德有家不能归的窘迫局面跟当时的政治环境密切相关。1945年前后，由于"二战"的结束，世界上不少国家纷纷陷入新政治秩序的重建中，罗马尼亚亦不例外。罗马尼亚在第二次世界大战中的立场与行为左右摇摆，前期由于收复失地的压力走向"轴心国"一方，与德国合作换来保护，避免苏联的蚕食；后期因"轴心国"的败退以及坚持战争到底的安东内斯库政府被国内反对势力所推翻，从而迅速倒向"同盟国"一方。德国的战败令向来主张支持德国的安东内斯

---

[1] Mircea Eliade, *Journal II, 1957–1969*, trans., Fred H. Johnson, Jr. Chicago: University of Chicago Press, 1989, p. x.

库政府在罗马尼亚遭到了由国家民主集团（National Democratic Bloc，NDB）所建立的新政府的全面清算。结束安东内斯库政府统治的主力、米哈伊国王的助手康斯坦丁·瑟奈泰斯库（Constantin Sănătescu）就以总理身份接管了新一届政府，而原来政府的主要掌权人——扬·安东内斯库和米哈伊·安东内斯库均被移交给罗马尼亚共产党。① "二战"后，许多国家都陷入两大意识形态——以美英为主的资本主义和以苏联为首的共产主义——对各自国家控制权的争夺中，罗马尼亚更是深陷其中，因为西方的同盟国将解决罗马尼亚一切事务的决定权完全交由苏联。在这风云激荡的时刻，罗马尼亚国内的共产主义在莫斯科和苏联红军的支持下准备完全接手罗马尼亚政府，他们选择放弃寻求与正在执政的国家民主集团之间的合作，而转向联合对共产主义友好的政党，并组建起对抗现有政权的全国民主阵线（NDF）——主要由罗马尼亚共产党、社会民主党、格罗查的农民阵线、爱国者联盟、爱国防御联盟和在罗马尼亚的匈牙利工人联盟组成。自 1944 年 10 月的"托尔斯泰"会议后，罗马尼亚共产党积极努力地透过媒体、军队和文化活动来巩固自身在政府中的权力和影响力，进而逐步掌握了经济、财政部门等重要的政府部门。② 此时的罗马尼亚已经不是伊利亚德早年为之努力的故乡，因为其心中的罗马尼亚民族精神已经在国内外的政治变革和动荡中消磨殆尽。而不久前的丧妻之痛依然萦绕心间，在这熟悉而陌生的故乡面前，难抚其忧、难

---

① ［英］尼古拉·克莱伯:《罗马尼亚史》，第 172 页。
② ［英］尼古拉·克莱伯:《罗马尼亚史》，第 185 页。

第一章
伊利亚德的影响、生平及"圣显"思想的形成

慰其怀。面对这逐渐陌生的故土,伊利亚德再难唤起对美丽新世界的期待。复兴罗马尼亚民族文化和精神的宏愿和激情亦随着他个人生命的困顿和美丽新世界的陌生化而愈发淡薄。此时,每每忆起已故的亡妻,就不免想到他们曾经一起抚养过的女儿阿达吉萨。对亲人的想念让伊利亚德决定不再留在日渐陌生的故土,转而前往巴黎与阿达吉萨一起生活。再回到巴黎,也已物是人非,为了生活,伊利亚德不得不四处求职。最终在乔治·杜梅齐尔(G. Dumézil)教授的帮助下,伊利亚德在索邦高等研究院谋得一职,主要向学生讲授《范型》的前三章和有关"永恒回归"的内容。

1946年到1947年,伊利亚德开始尝试法语写作,在期刊 *Critique and Revue de l' Histoire des Religions*(《宗教史的批判和考察》)上发表了第一篇法语文章。之后便将《范型》《瑜伽术》《永恒回归的神话》依次译为法语。1948年,伊利亚德和其他流亡在外的罗马尼亚籍文人,如萧沆(E. M. Cioran)、尼古拉斯·赫雷斯库(Nicolas Herescu)等人一起创办刊物 *Luceafărul*(《晨星》)①。《晨星》一名取自罗马尼亚浪漫主义诗人米哈伊·爱明内斯库的代表作《晨星》,寓意流亡在外的罗马尼亚人对国家美好前途的希冀和憧憬。1950年起,伊利亚德有机会在欧洲的大学演讲。受著名的宗教史学家拉斐尔·佩塔佐尼和朱塞佩·图奇的邀请,伊利亚德前往罗马大学作宗教学的演讲。事业逐渐稳定后,43岁的伊利亚德与同在法国

---

① Luceafărul 在英文世界又译成"The Morning Star","The Evening Star","The Vesper","The Daystar",or "Lucifer"等,所以若从英译再转译成中文,就会可有"晨星""昏星""暮星""启明星"的译法。

的罗马尼亚籍女子克里斯蒂娜·科特雷斯库（Christinel Cotrescu）再度步入婚姻的殿堂，享受家庭的温馨。同年八月，伊利亚德第一次参加了在瑞士的阿斯科纳（Ascona）举办的埃拉诺斯（Eranos）会议。这次会议的主要宗旨便是致力于深化人文和宗教研究。参加这次会议的著名学者还有荣格（C. G. Jung）和范·德·列欧。次月，伊利亚德又在阿姆斯特丹参加了宗教史学的国际会议，结识了许多学界名人。

1951年至1956年，伊利亚德获得了纽约博林根（Bollingen）基金会的研究资助①，又陆续参加了在罗马举办的宗教学会议、在慕尼黑举办的关于东方学的国际会议以及在罗马举办的宗教史学国际会议。伊利亚德在此期间积极投身于各类宗教学的学术活动中，从而在欧洲学术界赢得了巨大的学术声望。在这些机缘下，伊利亚德于1956年启程前往美国，继任约阿希姆·瓦赫（Joachim Wach，1898—1955年）的教职，成为芝加哥大学宗教史学的教授。1956年10月到11月，他登上了芝加哥大学的哈斯科尔讲座的讲台，主讲《生与再生》，奠定了其在英语学界的学术地位。1958年，伊利亚德夫妻受北川三夫（J. M. Kitagawa）之邀前往日本东京，参加第九次宗教史学的国际会议；1960年前往德国马尔堡（Marburg）参加新一届的宗教史学国际会议。1973年5月被选举为奥地利科学院成员，同年8月在土耳其参加了宗教史学国际会议。随着伊利亚德与

---

① 博林根基金会是根据1945年的大学出版社（University Press）建立的教育基金会。它以荣格在瑞士的乡间住宅博林根塔（Bollingen Tower）命名。资金由美国慈善家保罗·梅隆（Paul Mellon，1907—1999年）和他的妻子玛丽·康诺夫·梅隆（Mary Conover Mellon）提供，但该基金会于1968年失效。

国际的交流越来越多，名声越来越大，其原先的罗马尼亚文和法文著作也在游历的诸国中被广泛翻译和讨论。直到1986年4月，《宗教史学》杂志发出了伊利亚德的讣告，标志着一代宗教学巨星从此陨落。同年10月，伊利亚德的合作导师杜梅齐尔也离开人世。两位宗教学大家的相继离世，令人无限惋惜。

纵观伊利亚德艰难曲折、丰富多彩而又传奇的一生，他已经广泛地经历了许多人在有限的生命中难以遇到的人、事、物，这也为他理解世界各地的宗教和文化提供了充足的经验材料，同时也潜移默化地促使他形成属于自己的宗教理解。而"圣显"无疑是他的宗教理解中最为深刻也最为活跃的理论。虽然思想源于生活的说法未必普遍适用，但对于考察"圣显"思想的形成，这却是一种极有价值的思路。因此，接下来便需从伊利亚德的人生轨迹中寻找出"圣显"思想形成的脉络。

·第三节·
伊利亚德捕捉"圣显"的时空定位

伊利亚德不同时期的学术著作和回忆录均反复地提及"圣显"。他的部分小说虽未直接运用"圣显"一词，但在许多场景中体现出"圣显"的意涵。然而，"圣显"在不同时期、不同处境的含义和面向均有所不同，比如流亡在外时，故乡在伊利亚德的回忆中是一种"圣显"；研究人类早期宗教行为和现象时，图腾崇拜和自然崇也被视为一种"圣显"；考察基督教时，上帝的道成肉身更是一种"圣显"。如果仅仅在远古和古代的宗教行为中讨论"圣显"，恐怕不能完整地掌握伊利亚德赋予它的全部意涵。因此，我们还需要全面梳理"圣显"在伊利亚德生命历程中出现的每一个有意义的时刻。事实上，完整且准确地把握"圣显"思想的最有效方法就是了解它的使用历史和语境，正如伊万·斯特伦斯基就曾提到"历史背景是开启伊利亚德思想形成的'钥匙'"①。故而本节将从伊利亚德在不同时期赋予"圣显"的不同意义开始，把握"圣显"可能被运用的多重场景。

但我们如何确定不同时期的时间点呢？从目前已出版的资料来看，对神圣的结构和"圣显"形态最为系统阐释的著作当数《范型》。《范型》是伊利亚德迄今最有影响力的著作之一，也是他花费十年阅读、体验和思考的结晶，这部经典著作为其后的学术创作奠定了基础。每当论及神圣及其显现形态的问题时，伊利亚德总是会说"我已经在《范型》中讲过"，"可以参阅我早年写的《范型》"。② 而且他在《范型》前言中就已明言未来的研究规划——先写《神圣与世俗》，再写《宗教思想史》。③ 事后，伊利亚德著述历程也几乎完成了这一学

---

① ［美］伊万·斯特伦斯基：《二十世纪的四种神话理论：卡西尔、伊利亚德、列维-斯特劳斯与马林诺夫斯基》，第 109 页。

② 参见米尔恰·伊利亚德《萨满教：古老入迷术》，段满福译，社会科学文献出版社 2018 年版，第 21 页；Mircea Eliade, *Myth, Dreams and Mysteries*, pp. 163, 188。

③ 伊利来德在"作者前言"中说："在考察如许数量充足的材料之后，我们就可以准备另外再写一本书，去讨论其他一些宗教史问题了：'神圣的形式'、人与神圣的关系以及人类如何对待神圣（仪式等）、巫术和宗教、灵魂和死亡的观念、被祝圣者（祭司、巫师、国王、入会者）、神话、象征和表意符号等，为宗教史奠定基础的可能性，等等"，参见米尔恰·伊利亚德《神圣的存在：比较宗教的范型》，第 3 页。

第一章 伊利亚德的影响、生平及"圣显"思想的形成

术计划。由此可见，《范型》在伊利亚德思想体系中起到了奠基性的作用。因而有理由认为这本书是伊利亚德从文学创作走向宗教学研究的转型之作。该书出版于 1949 年，是根据伊利亚德在布加勒斯大学以及后来在法国索邦高等研究院（the École des Hautes Études of the Sorbonne）的演讲稿改写而成。由于伊利亚德在布加勒斯大学的任职时间是 1933 年至 1939 年，由此可以推断"圣显"的概念至少在伊利亚德就职于布加勒斯特大学之际（1933 年）即已形成。[1]

伊利亚德的另外两部作品也可以佐证"圣显"的概念至少是在 1933 年形成。一部是 *Soliloqvii*（《独白》），另一部是《瑜伽：论印度神秘主义的起源》。据丹尼斯·多恩因（Dennis A. Doeing）推测，《独白》（1932 年）所表达的内容——人渴望超越自己、超越他人，但又始终受限于自身的"人之悖论"——可视为伊利亚德著作中"圣显"迹象的最初标志。[2] 而《瑜伽：论印度神秘主义的起源》（1931 年，下文简称《起源》）[3] 的部

---

[1] "虽然我们不能确定准确的时间，但可以最早追溯到 1933 年"，参见 [美] 伊万·斯特伦斯基《二十世纪的四种神话理论：卡西尔、伊利亚德、列维-斯特劳斯与马林诺夫斯基》，第 183 页。

[2] Dennis A. Doeing, "A Biography of Mircea Eliade's Spiritual and Intellectual Development from 1917 to 1940", Ph. D. Dissertation, University of Ottawa, 1975, p. 96.

[3] 该书改写自伊利亚德的博士论文，第一版为英语（1931 年），后翻译依次为罗马尼亚语（1932 年）和法语（1936 年）。法语版为 *Yoga: essai sur les origines de la mystique indienne*, Paris: Librairie Orientaliste Paul Geuthner, 1936。参见《不死与自由：瑜伽实践的西方阐释》，武锡申译，中国致公出版社 2001 年版，前言第 8—9 页。另参见 Douglas Allen and Dennis Doeing, *Mircea Eliade: An Annotated Bibliography*, p. 8。

分内容被重定为一本小册子《瑜伽术》①，里面写道："人之所以能够接触到神圣仅仅是因为一次圣显。"② 几年后，《起源》重新修订为《瑜伽：不死与自由》③，其中亦写道："由于戈拉克纳特（Goraknāth）神的声望，古代印度的各种地方性圣显被重新评估，融合为新的神秘宗教的综合，该综合又影响了土著印度所有的文化层面。"④

由上述可知，"圣显"的概念在伊利亚德任职于布加勒斯特大学之际（1933年）就已经形成，并随着伊利亚德的不断思考而大量涌现在其后的著作中，如《范型》《神圣与世俗》《萨满教》《神话，梦和神秘》《图像和符号》《符号，神圣和艺术》《宇宙与历史：永恒回归的神话》等。⑤ 据此，我们可

---

① Mircea Eliade, *Techniques du Yoga*, Paris: Gallimard, 1948。该书是由乔治·杜梅齐尔提议给伽利玛出版社出版，最初标题为"瑜伽入门"。然在1945年底，伊利亚德又花了约2个月的时间修订此书，不过其中主要内容与1936年的《起源》保持了一致。参见 Liviu Bordaş, "Mircea Eliade as Scholar of Yoga: A Historical Study of His Reception (1936–1954)", Irina Vainovski-Mihai, ed., *in New Europe College Ştefan Odobleja Program Yearbook 2010–2011*, Bucharest: New Europe College, 2012, p. 39。

② Mircea Eliade, *Technici Yoga*, Bucureşti: univers enciclopedic, 2000, p. 192.

③ Mircea Eliade, *Le Yoga: Immortalité et liberté*, Paris: Payot, 1954.

④ 参见米尔恰·伊利亚德《不死与自由：瑜伽实践的西方阐释》，第342页。

⑤ 不少学者认为"hierophany"一词没有出现在伊利亚德的早期作品中，而是首次出现在1949年的《范型》中。大卫·凯夫进一步提到，圣俗层面断裂的观念（此为"圣显"的典型特征）应该在20世纪30年代晚期出现。吴福友博士认为是在1936年之后，伊利亚德才开始使用"神显"（hierophany）这一术语。相关内容可参阅 Mac Linscott Ricketts, *Mircea Eliade the Romanian Roots, 1907–1945*, New York: Columbia University Press, 1988, p. 878; David Cave, *Mircea Eliade's Vision for a New Humanism*, New York: Oxford University Press, 1993, p. 36; 吴福友：《伊利亚德的宗教现象学之研究》，博士学位论文，复旦大学，2006年，第72页。然而，根据《Soliloqvii》(1928年)、《起源》(英文版，1931年)以及伊利亚德所说的"本书（《范型》）中大量的形态学和方法论的推论，都是我在布加勒斯特大学研习宗教史时课堂讲座的内容"这段话，本书认为"圣显"的观念应该在20世纪30年代早期出现。

第一章
伊利亚德的影响、生平及"圣显"思想的形成

以将伊利亚德在布加勒斯特大学到法国高等研究院这段创作的黄金时期（1933—1956年）确定为"圣显"概念使用的中心时期。那么在1933年之前的时间，也即伊利亚德求学印度的时期，以及促使他前往印度的大学时期，甚至青少年时光，都可以划为"圣显"概念的探索期。1956年以后在美国芝加哥大学任教的时期就可以顺势确定为"圣显"概念的沉淀期。

一 初步探索：印度求学时的精神之旅（1928—1933年）

既然伊利亚德求学印度的经验直接激发了他对于"圣显"的理解，那么他究竟经历了什么事情才会萌生出"圣显"的感悟？这些经历对于"圣显"概念的形成又有哪些推动？对此，我们将以伊利亚德的回忆录、采访录为主要文本依据，结合印度之旅的写实小说，探索印度经历对伊利亚德"圣显"思想的启迪。

大学毕业后，伊利亚德的朋友大都选择前往法国深造，而自己却选择跋涉印度求学。[1] 按照伊利亚德的说法，求学印度的主要原因是为了撰写关于意大利文艺复兴时期从马尔西利奥·费奇诺（Marsilio Ficino）到G. 布鲁诺（Giordano Bruno）哲学思想的硕士论文（licentiate thesis）。只不过，文艺复兴的选题还需要补充东方哲学的内容，因为推动文艺复兴的驱动力是古希腊和古罗马的古典时代文学和艺术，但古希腊和古罗马的文艺思想来源又离不开东方世界的精神和理念的输入。这就

---

[1] Mircea Eliade, *Autobiography Vol. I: 1907 – 1937, Journey East, Journey West*, trans., Mac Linscott Ricketts, Şan Francisco: Harper & Row, 1981, p. 151.

寻找哲人石

意味着除了理解东方的思想与文化,伊利亚德还需要阅读大量前苏格拉底思想和希腊哲学的书籍。因此,他大量收集了赫耳墨斯神秘学(Hermeticism)、神秘主义(occultism)和炼金术等文献,以及它们与东方世界关联的材料作为其论文的补充部分。[①] 实际上,伊利亚德并不只是因为论文需要才对东方学说感兴趣,中学时期的文章《我如何发现哲人石》一文就已经表现出他对于东方神秘主义的浓郁兴趣,由此激发了他大学期间继续探索神秘学。[②]

神秘主义、神秘学、炼金术隐匿了数个世纪,直到文艺复兴之后才重新回归学界,带来了积极影响或控制自然的观念,引起了许多科学家对魔法与相关技术的关注与实践。[③] 伊利亚德硕士论文研究的对象——布鲁诺、坎帕内拉以及他喜爱的歌

[①] Mircea Eliade, *Autobiography Vol. I: 1907 – 1937, Journey East, Journey West*, pp. 144 – 146.

[②] "哲人石"(Philosopher's Stone)被认为是炼金术士的追求目标之一。炼金术士通过物质转化,把物质从层级较低的境界提升到更高境界,直至在最高境界时提取出来的物质便是哲人石。相传哲人石不仅是制取黄金的关键,而且是破解存在之谜、揭秘长生不老的关键,因此它强大的魔力在数百年间让无数探险家、神秘主义者以及科学家痴迷不已。但伊利亚德认为,如果只关注"哲人石"在状态和性质方面的物理转化,那么炼金术士就会沦为早期化学家。而事实上,炼金术士不能够单纯地被理解为自然科学家,因为他们最终目的并不是探索自然物质的真理,而是像宗教人士一样追求"物质—精神"方面的升华。所以伊利亚德在回忆录中很自豪地述说自己在中学时期就已经发现了这一"秘密"。因此,《我如何发现哲人石》具有标志性意义,当该文获奖后,伊利亚德就从之前喜欢的昆虫学(entomology)转向了文学,开始爱好写昆虫学题材的幻想小说,如《红蚂蚁国的五只金龟子之旅》。参见 Mircea Eliade, *Autobiography Vol. I: 1907 – 1937,*, p. 57。

[③] "巫术与炼金术神秘主义不仅在意大利的文艺复兴中,而且在哥白尼新天文主义的胜利中,即在太阳系日心说中所起的重要作用。"参见米尔恰·伊利亚德《神秘主义,巫术与文化风尚》,第 75 页。

第一章
伊利亚德的影响、生平及"圣显"思想的形成

德,均是受到神秘主义影响的科学家和哲学家。在神秘学中,宇宙万物皆有精神性,人可以通过操控自我精神与宇宙万物交感,实现"神我合一"的灵性之旅。而操控精神需要冥想、巫术的技巧和反复操练的毅力来实现。这就使得如何找到操练的途径和技巧变得较为迫切。伊利亚德从其收集的参考文献中发现了努力的方向:神秘学的参考文献大多翻译自梵文、中文和波斯文。① 因为伊利亚德在大学里学习过梵文,就联系了自己认识的两位梵文教授卡洛·福米奇(Carlo Formichi)和朱塞佩·图奇(Giuseppe Tucci)②,并从两位教授那里获得了有关印度思想的书籍和达斯古普塔(Surendranath Dasgupta)教授的著作《印度哲学史》。"达斯古普塔"这个名字对于伊利亚德而言是比较熟悉的,因为不久前他刚入手了一本由达斯古普塔教授叙写的瑜伽方面的书籍。至此,我们可以看出,青年时期对于神秘主义的兴趣以及毕业论文的迫切要求使得伊利亚德将注意力转向了东方,而瑜伽精神、瑜伽术和印度哲学恰好为伊利亚德探索神秘主义提供了一个合适的切入口。

在伊利亚德的积极准备下,他于1928年11月开启了印度求学之旅,计划在五年之内学好梵文并能深入了解印度哲学中的奥秘。③ 1928年12月21日,伊利亚德到达了马德拉斯

---

① Mircea Eliade, *Autobiography Vol. I: 1907–1937, Journey East, Journey West*, p. 85.

② Giuseppe Tucci,生卒年为1894年至1984年,意大利东方文化学者,罗马大学教授,研究佛教史。当伊利亚德流落巴黎时,图奇及时伸出援手,为其纾困。

③ Mircea Eliade, *Autobiography Vol. I: 1907–1937, Journey East, Journey West*,, p. 150.

(Madras)①，拜会达斯古普塔教授。按照达斯古普塔的建议，伊利亚德须先在加尔各答大学学习梵语和印度哲学史。1929年1月到6月，伊利亚德待在加尔各答大学开始学习梵语，其间创作出小说 *Isabel și apele Diavolului*（*Isabel and the Devil's Waters*，《伊莎贝尔与恶魔之水》）②，该书的内容反映了伊利亚德居旅印度后的迷茫，而故乡的美好时光总是闪现在他脑海，甚至扰乱了他的新生活，这使得在其心中居家时空和旅印时空形成了强烈反差与对比，渴慕家乡的冲动与困守印度的压抑造成他极其反常的心理状态，类似于他后来反复提及的"神圣和世俗"的断裂感——对故乡的渴慕希冀总是从围困他乡的现实中隆起，且在客居他乡的挤压和托举中不断神圣化，此时强烈的思乡之情已浮现出"圣显"的迹象。

　　经过一年的理论学习，伊利亚德自认为已经掌握了印度宗教史和哲学史，进而将兴趣投向带有神秘主义倾向的实践，特别是能够体现印度哲学神韵和触及神秘经验的瑜伽术。可是，伊利亚德修行瑜伽的愿望并没有从一开始就得到达斯古普塔教授的肯定。1930年印度发生内战，包括加尔各答大学在内的许多学校纷纷关闭。伊利亚德也随之无处安心学习和写作，于是向达斯古普塔教授表达了生活和学习上的困难，并再次流露出练习瑜伽的热切期盼。在伊利亚德的再三请求下，达斯古普塔最终同意让伊利亚德来自己家中跟随自己学习瑜伽冥想术。

---

　　① 南印度东岸的港口城市，现已更名为"金奈"。
　　② Mircea Eliade, *Isabel și apele Diavolului*, Bucharest: Națională Ciornei, 1930。该书是伊利亚德出版的第一部小说，文中以第一人称的口吻讨论了原罪和恶的问题。伊利亚德回布加勒斯特大学开设的第一门课就是关于印度哲学中恶的问题。

第一章
伊利亚德的影响、生平及"圣显"思想的形成

实践期间，伊利亚德通过练习瑜伽冥想感受到了宇宙的真理，认为"梵"就是一种通过冥想让宇宙精神在修行者的心中"圣显"，于是他决定选择"瑜伽技术的比较史"这一课题作为其博士论文的研究方向。

由于伊利亚德和达斯古普塔教授一家人朝夕相处，且经常与教授的女儿讨论问题，日久生情，渐渐地爱上了教授的女儿。但这场恋情的火苗尚未燃起，就被达斯古普塔教授果断地掐灭了。伊利亚德事后根据这段没有结果的恋情写成了一部小说 Maitreyi（《弥勒蕞》）①。这部小说一举让伊利亚德成了罗马尼亚文坛的新秀，奠定了其文坛地位。文中的主人公艾伦和弥勒蕞以"生命的交换"和"融入宇宙"的方式交换了爱的表达。起初，弥勒蕞在艾伦看来很平常，但最终他对她的行为既迷恋，却又迷惑不解。伊利亚德借艾伦之口向西方读者呈现出一种特殊的异域价值观和印度精神——原来爱情也可以上升到宇宙层面，让人感受到神圣性。爱情作为"圣显"的主题在伊利亚德的另一部小说《禁林》中表达得更加畅快，男、女主角虽已是生死相隔，却又因爱重逢。

与达斯古普塔教授分道扬镳后，伊利亚德独自前往喜马拉

---

① Mircea Eliade, *Maitreyi*, Bucharest: Cultura Națională, 1933. 该小说在1938年后出现了各种版本，分别被称为《弥勒蕞》《印度之恋》《孟加拉之夜》。关于这段恋情的介绍可以参阅 Rebecca Carpenter, "Competing Versions of a Love Story: Mircea Eliade and Maitreyi Devi", in Edited by Marjorie Stone and Judith Thompson eds., *in Literary Couplings: Writing Couples, Collaborator, and the Construction of Authorship*, Wisconsin: The University of Wisconsin Press, 2006; 李建欣：《宗教史家米亚科·伊里亚德》，《世界宗教文化》1997年第4期；何钧：《印度情事——〈孟加拉之夜〉与〈永生不死〉》，《书城》2016年12月。

雅山，与来自世界各地的修道者一起修炼瑜伽。在喜马拉雅山上，他与印度同学一样，身着白色修道服，每天爬山、冥想。这段苦修经历被伊利亚德写成 Intr'o mânăstire din Himalaya（《喜马拉雅山上的修道院》）的回忆录①，其中表达了他对印度哲学中人与自然和谐共存理念的认同。自然总是充满神圣性，所有人都可以通过苦练瑜伽来实现与宇宙（自然）的合一。因此，瑜伽可使"我"与梵达至精神上的统一，成为另一种形式的"圣显"。若非中途回国，伊利亚德恐怕还将按照五年计划继续在喜马拉雅山上修行。

伊利亚德离开印度后的另一本著作《独白》面世。② 这部著作虽然篇幅短小，但是非常重要，因为它收录了伊利亚德在印度学习时的青涩格言，其中提到的"真理""神秘""奇妙""宇宙意识"等概念，已经流露出他思想中东西方文化融合的哲学沉思。然而，将东西方文化融合的思考模式在当时西方，特别是在浓厚的基督教文化背景下会被视为偶像崇拜。因为偶像崇拜的一个重要表征就是万物有灵、自然皆神，从而直接冲击着基督教一神论，挑战了上帝的至上唯一性，弱化甚至抹杀了耶稣基督完美的神性。其实赴印前，伊利亚德就对各种偶像崇拜心存疑惑，但学成回国后，他相信印度哲学中的永恒回归，也相信人与自然的梵我合一，更相信在东正教未进入罗马尼亚之前，罗马尼亚本土文化中普遍存在着的宇宙宗教的"偶像崇拜"。正是这次印度之旅让伊利亚德发现了罗马尼亚

---

① Mircea Eliade, *Intr'o mânăstire din Himalaya*, Bucharest: Cartea Românească, 1933.

② Mircea Eliade, *Soliloquii*, Bucharest: Carte cu Semne, 1932.

第一章　伊利亚德的影响、生平及"圣显"思想的形成

民间文化中隐秘之处散发出一种宇宙论的基调。① 因此，伊利亚德开始寻找印度文化和罗马尼亚文化中的共性，并用印度哲学来解释被基督教意识形态占领之前的罗马尼亚本土文化中的宗教思想和神秘主义。他开始从宇宙本体论来思考：为什么要在此地建房子、建村落？从宇宙本体论层面来思考：为什么一些东西在特定时候是神圣的？诸如此类。但在以东正教为主流意识形态的罗马尼亚现代社会，人们普遍认为万事万物发展的最终原因只能是上帝的权能和意志。这就导致在罗马尼亚甚至整个欧洲社会，仅极少一部分人能够理解伊利亚德，正如他所说，自己虽然回到了西方世界，但反而更像是一个生活在异教徒之中的异乡人，只能孤独地沉思神圣。②

由此可见，印度之旅成为改变伊利亚德世界观的精神试炼（spirit exercise）。他从中领悟并学会了东方的思维方式，不再以基督教上帝作为理解世界的起点、终点以及唯一方式，而是从各类事物之中寻求宇宙的神圣意义。但在西方文化看来，这种思考方式包含着明显的泛神论和偶像崇拜。可是伊利亚德明确指出东方文化中"圣显"不是一种普遍的偶像崇拜论，而是本体意义上的本原论。③ 在印度文化中，瑜伽修行时"梵"的显现、爱情的神圣感、登山时的神秘体验、与修道者练习密宗性爱时的独特经历等，都被赋予了一种超越世俗理解的宇宙

---

① Mircea Eliade, *Journal III, 1970-1978*, trans., Tersa Lavender Fagan, Chicago: University of Chicago Press, 1989, p. 179.
② Mircea Eliade, *Ordeal by Labyrinth*, Wnversations with Clande-Henri Rocquest, p. 57.
③ 米尔恰·伊利亚德：《神圣的存在：比较宗教的范型》，第429页。

性意义。这些感受和体验都难以被归纳为唯一神的全能显现，而是对该类事物最初发生时候的远古回忆，正如伊利亚德所说，这些都可溯源到一种天地未分、宇宙混沌时的力量，从而感悟到远古的生命秘密和快乐。① 东方文化让伊利亚德找到了神秘主义最重要的元素——生命渴慕的宇宙意义。当宇宙意义闪现于人心时，神圣就自然而然地出现，即"圣显"。因此，伊利亚德关于"圣显"的原初领悟以及把握就在印度的精神试炼中第一次成型。② 然而，此时的"圣显"处于初步思考的阶段，只是感觉上的思乡之情、爱情和瑜伽的感受，并未涉及宗教学意义上的神圣是什么，以及神圣如何显现等问题。

二 创作传播：欧洲"流亡"时讲学著述（1933—1956年）

通过在印度收集的资料并结合瑜伽的实践经验，伊利亚德于1933年向布加勒斯特大学提交了博士论文《印度冥想的心理学：瑜伽研究》（"The Psychology of Indian Meditation. Studies on Yoga"，也就是后来的《起源》）③。按照伊利亚德的说

---

① Dennis Doeing, A Biography of Mircea Eliade's Spiritual and Intellectual Development from 1917 to 1940, pp. 220 – 221.
② Dennis Doeing, A Biography of Mircea Eliade's Spiritual and Intellectual Development from 1917 to 1940, p. 96.
③ 根据艾伦和多因恩的观点，伊利亚德1930年博士论文的题目应是"瑜伽术的比较史"（"The Comparative History of Yoga Techniques"），大卫·凯夫却认为伊利亚德的博士论文是《印度冥想的心理学》（1932年，"The Psychology of Indian Meditation"）。参见David Cave, *Mircea Eliade's Vision for a New Humanism*, New York: Oxford University Press, 1993, p. 10; Douglas Allen and Dennis Doeing, *Mircea Eliade: An Annotated Bibliography*, New York and London: Garland Publishing Inc., 1980, p. xv。

第一章 伊利亚德的影响、生平及"圣显"思想的形成

法,他的研究已经获得了印度学家们的认同①,现在希望自大的西方人能够虚心地理解"异西方"文化的价值,进而重新评估西方文化在人类历史中的地位与作用。在伊利亚德看来,被西方误解的东方文化,如"偶像崇拜"等,对身处乱世的包括罗马尼亚在内的西方社会具有许多正面价值,至少比西方文化更具备安慰苦难心灵的作用,更能够为西方年轻人提供充满创新力的精神食粮。

就罗马尼亚当时的社会环境而言,政治混乱,人心思变,原有社会秩序遭到破坏,传统价值面临着覆灭的危险,而新文化、新价值和新生活并没有表现出任何降临的迹象。新青年的代表伊利亚德正在努力寻找新的观念来推动罗马尼亚的精神文化建设。与许多西方前辈一般,从马可·波罗到利玛窦,从莱布尼茨、白晋、张诚至马戈尔尼,从汤因比、荣格、海德格尔到普里高津,② 伊利亚德同样把目光投向东方寻求智慧的新火种,他说:"如果要了解整个人类的存在之根以及人类命运,光是了解自己文化传统是远远不够的,所以首先要研究旧约、美索不达米亚、埃及、地中海世界、印度。"③ 东方智慧让人重新反思人与社会、人和自然应有的相处方式,因此伊利亚德的解决之道便是借助印度宗教和智慧来破开误入歧途的西方文

---

① [美] 米尔恰·伊利亚德:《不死与自由:瑜伽实践的西方阐释》,前言第9页。
② [美] 尼古拉斯·韦德:《信仰的本能:人类宗教进化史》,陈华译,电子工业出版社2017年版,第XV页。
③ Mircea Eliade, *Ordeal by Labyrinth*, *Conversations with Claude-Henri Rocquet* p. 19.

化，引入新的人文主义来浇灌枯竭的西方心灵。①

但是这种援外补内的文化拯救策略没有得到普遍认可，伊利亚德的友人更建议他继承和发展罗马尼亚或欧洲自己的传统文化，而不是借用外来的文化来改造本土的文化。② 这种传统派也大有人在，如伊利亚德的恩师奈伊·约内斯库就在罗马尼亚农民传统与农业文化用力甚深。这点对伊利亚德亦有所触动，他发现罗马尼亚前基督教时期的乡村文化和印度文化颇具共通之处，二者对各种神圣事物都有着显著的崇拜之情，例如罗马尼亚因吸血鬼的传说衍生出了许多对付吸血鬼的巫术、仪式和法器。此外，农业文化下的丰产崇拜、女神崇拜也在民间习俗中广泛流行。所以伊利亚德逐渐意识到复兴罗马尼亚文化之源在于理解本土文化的根本特性，而本土文化的特色则需要通过文化比较才能更清楚地展现出来。因此，伊利亚德在布加勒斯特大学讲台上只要逮住机会，就会大力宣讲关于东西方文化异同的思考。

新学期伊始，作为助教的伊利亚德给学生讲授印度哲学中"恶"的问题。其实关于"恶"的思考，早在他印度时创作的小说《伊莎贝尔与恶魔之水》中已有提及，如恶魔之水和生命之水在不同文化下如何选择的问题。1933年到1939年在布加勒斯特大学的任教期间，他陆续开设了"东方宗教中的拯救思想""奥义书和佛教""宗教象征主义""佛教史"等课程。印度哲学中的主体问题又涉及各种各样的神圣在印度宗教

---

① Mircea Eliade, *Ordeal by Labyrinth*, *Conversations with Claude-Henri Rocquet* p. 19.
② ［美］伊万·斯特伦斯基：《二十世纪的四种神话理论》，第136页。

第一章 伊利亚德的影响、生平及"圣显"思想的形成

中显现。通过对比东西方文化的异同，他发现了多神论的印度宗教和一神论的基督教在不少方面存在着类似形态。这些宗教形态是什么、有何共同之处等问题均为"圣显"概念浮出水面做好了铺垫。授课之余，伊利亚德结合早年的生活经验，将对神圣及其显现的初步思考付诸笔端，呈现出许多重要的论著。接下来，我们尽量依照其著作出版的次序来梳理"圣显"如何慢慢地渗入伊利亚德的创作和思考中。

1934 年出版的论文集 Oceanografie（《大洋广记》）[①] 就开始提到与"圣显"相近的单词"hierofanţi"（圣职者，英文 hierophant）。[②] 该词在《范型》第 42、第 45 节中也有出现。"圣职者"是专门向信众解释神圣的奥秘和晦涩难懂的原理的阐释者，也是将宗教信众引入神圣之境的精神导师。在喜马拉雅山上，带领伊利亚德修行的导师便可称得上是"圣职者"。这类引领和指导他人体验超越性——如瑜伽修行中体验梵我合一与冥想中感受物我两忘——的人通常被视为"圣显"的中间人和引路者。这表明伊利亚德将"圣显"引入关于瑜伽的理解和感受中。1935 年出版的《群氓》讨论了底层民众在政治意识形态的影响和控制下如何表现出极端的民族主义。民族主义可以让群氓获得生活和行动的信心，从而克服身处混乱世界的恐惧。过度强烈的政治活动（如极端民族主义）就可能

[①] 与尼娜（Nina）结婚后，窘困的财政状况迫使伊利亚德将其在印经历写作出版，一本是 Oceanografie，另一本是他的游记 India。

[②] Mircea Eliade, Oceanografie, Bucharest: Cugetarea, 1934, p. 199.

成为政治理念或神秘主义的意识形态的"圣显"。① 由此可见，伊利亚德在政治思考中也不自觉地引入了"圣显"的视角。1935年8月，伊利亚德在柏林开始从事关于"炼金术"和"巴比伦宇宙观"的写作，不久后以罗马尼亚语出版成 *Alchimia Asiatică*（英语为 Asiatic Alchemy，《亚洲炼金术》，1935年）和《巴比伦宇宙观和炼金术》（1937年）。其中出现了不少关于"圣显"的论述，比如冶金的禁忌说明了冶炼代表着神圣的性结合②，马萨伊人和其他含米特人（Hamite）对铁表现出类似于宗教圣物般的态度——铁既是危险的，也是有益的，而铁匠有时成为神圣的使者，代神牧守人间，成为地区的首领。③ 在伊利亚德看来，古代冶炼工、铁匠、炼金术士总是以一种神奇的宗教方式而非世俗性的化学方式与物打交道，所以他们的工作从来都是神圣的，并当物质丢失了神圣性时，化学才应运而生，这也就意味着神圣与世俗的连续性出现了断裂。④ 1939年出版的论文集 *Fragentarium*（《片段》）还系统讨论了以象征、未知恐惧、乡愁、真实性、神圣与世俗、苦难为主题的思想随感。而这些主题都在伊利亚德集中讨论"圣显"中被大量地运用，比如"圣显"的主要方式就是象征。⑤

---

① 参见 Anca Popoaca-Giuran, *Mircea Eliade: Meanings (the Apparent Dichotomy: Scientist/Writer)*, Ph. D., University of London, 1998, p. 127。
② [美] 米尔恰·伊利亚德：《熔炉与坩埚：炼金术的起源和结构》，第38页。
③ [美] 米尔恰·伊利亚德：《熔炉与坩埚：炼金术的起源和结构》，第72页。
④ [美] 米尔恰·伊利亚德：《熔炉与坩埚：炼金术的起源和结构》，第2—3页。
⑤ 详细讨论请见本书第三章第三节。

第一章
伊利亚德的影响、生平及"圣显"思想的形成

1936年,伊利亚德前往巴黎的期间,创作了充满罗马尼亚气息的奇幻小说《克里斯蒂娜小姐》[1],这部小说以罗马尼亚民间文化中的吸血鬼为创造元素,将克里斯蒂娜刻画成一位具有维纳斯般柔美气质的吸血鬼。碍于吸血鬼的身份,克里斯蒂娜经常在现实和梦境两个国度之间穿行,她乘坐复活的马车,穿着粉裙,拎着小伞,带着紫罗兰的芬芳出没于爱人伊戈尔(Egor)和侄女西米娜(Simina)的梦中,她在梦中与爱人交欢,又在梦中控制别人的思想,她正是通过梦境中的"圣显"让寻梦者感受到了真实又虚幻的时空落差。为了彰显"圣显"的矛盾特征,伊利亚德还为克里斯蒂娜的角色安排了悲剧又不寻常的前生故事:在1907年血腥的农民起义时期,一个放荡的年轻女孩克里斯蒂娜为保性命而允许犁耕者分走她的财物,包括强奸她的肉体。她没有死于犁耕者的绞杀,却断魂于丈夫情人之手,从此就流传着吸血鬼克里斯提娜的传说。[2] 由克里斯蒂娜美丽、纯洁和放纵的行为悖论而产生的神话传说,又影响了后来一连串诡异事件,其所蕴含的意象可以从《神秘主义、巫术与文化风尚》中得到相应的解释:"为了克服恐怖的危机而漫无目地过度性交,最终使集体陷入了神话般的开端。"[3]

然而,伊利亚德早年对于"圣显"的理解既并不明确,

---

[1] 原文为罗马尼亚文 Domni şoara Christina,英语为 Mistress Christina。参见 Mircea Eliade,"Mistress Christina",*Mystic Stories*,Bucharest:East European Monographs,1992,pp. 1 – 135。

[2] Mircea Eliade,"Mistress Christina",*Mystic Stories*,pp. 37 – 38.

[3] Mircea Eliade,*Occultism*,*Witchcraft*,*and Cultural Fashions*:*Essays in Comparative Religions*,Chicago and London:University of Chicago Press,1976,p. 88.

也不清晰，只是朦胧地感觉到一种神奇且不可思议的普遍存在，比如神圣和世俗总是同时存在；回忆时会产生时空断裂的奇妙感；死亡也是一种再生……这些感受都以文学的形式表现于他早年的小说中。若非世事难料，伊利亚德恐怕不会有更深入的思考。由于战争和政治的原因，伊利亚德一再"流亡"（exile）。准确说来，这种流亡的经验类似于亚历山大犹太人的"流散"（Diaspora），但是犹太人的"流散"还有跟故土——巴勒斯坦的辩证联系，而伊利亚德的"流亡"却一直是罗马尼亚命运的一部分而已。① 流亡经历使他对神圣主题有着越来越强烈的体会。终于在旅居法国时，他将过往的思考付梓成书，以法文出版。这些法语著作一时间令其名声大噪。"圣显"一词也在1949年因《神圣的存在：比较宗教的范型》（*Patterns in Comparative Religion*）的热销而广为人知。

其实，《范型》的创作并非一帆风顺。据伊利亚德回忆，他原本打算将在布加勒斯特大学的讲课稿写作成书，书名拟为*Introducerea în istoria religiilor*（*Introduction to the History of Religion*，《宗教史导论》）②。但因颠沛流离，写书计划就此搁浅。可是，这一愿望一直存在。伊利亚德回忆说："我大约每星期回伦敦两次，会与外国新闻记者见面，并且找出使馆能够收到的新闻……其余时间我就读书、做笔记，并构思一部综合论述宗教形态和历史著作的写作计划。而这种综合乃是我在响彻警

---

① Mircea Eliade, *Ordeal by Labyrinth*, *Conversations with Claude-Henri Rocquet*, p. 90.

② 随后又称为 *prolégomènes à l'histoire des religions*（*prolegomena to the History of Religions*，《宗教史绪论》），也就是《范型》的初稿，下文简称《绪论》。

第一章 伊利亚德的影响、生平及"圣显"思想的形成

报声的防空洞里面突然灵光闪现的。"[1] 1940 年至 1944 年，在欧洲漂泊的岁月里，他先后在大英博物馆、牛津大学图书馆安静地阅读写作，找到了丰富的宗教素材，为其专注于宗教学著述奠定了基础。依照他的设想，比较哲学的准备工作完成后，就可以着手宗教的比较研究。[2] 1945 年落脚法国后，伊利亚德用法语在讲台前讲了他对于《宗教史导论》的思考，并小班讲述了"神圣形态学"（Morphology of the Sacred），其授课内容就构成了《范型》的前三章。[3] 同时，他还将在索邦高等研究院的演讲稿汇编成册，名为《绪论》。这一部分工作受到了合作老师 G. 杜梅齐尔的赞赏，并在他的建议和推荐下，以 *Traité d'histoire des religions*（《宗教史论》）为题，由杜梅齐尔作序，在法国鼎鼎有名的伽利玛（Gallimard）出版社发行。这本《宗教史论》就是我们后来熟知的《范型》的初本。在《范型》中，伊利亚德着重分析了被基督教传教士视为异端的图像（icons）和偶像（idols）所具有的神圣意义。对原始人而言，图像或者偶像是神圣的一部分，是神圣的化身。即便是天主教，神像（holy images）也在以世俗的方式讲述耶稣诞生的契机和神圣激情的奥秘。[4] 纵贯地来看，《范型》悉数研究

---

[1] 参见米尔恰·伊利亚德《神圣的存在：比较宗教的范型》，导读第 2 页。

[2] Mircea Eliade, *Autobiography Vol. I: 1907–1937, Journey East, Journey West*, p. 146.

[3] Mac Linscott Ricketts, "Mircea Eliade and Terror of History", in Mihaela Gligor, ed., *Mircea Eliade Between the History of Religions and the Fall into History*, Cluj-Napoca: Presa Universitară Clujeană, 2014, p. 48.

[4] Mircea Eliade, *Journal I, 1945–1955*, trans., Mac Linscott Ricketts, Chicago: University of Chicago Press, 1990, p. 29.

了"神圣显现"各种形态，从宇宙结构到宇宙生物层面，再到具有特殊性的地方层面，最后到普遍存在的神话和图像等各种神性事物的象征层面，充分展示了"圣显"形态学上的丰度。

几乎与《范型》同时出版的《永恒回归的神话》也是脱胎于索邦高等研究院的讲课稿。1947年，伊利亚德在索邦高等研究院开设了"永恒回归的神话"这门课。该课的内容被整理成《永恒回归的神话》一书，于1949年出版。该书较为充分地论述了"圣显"理论的主要内容，如神圣存在的模式、自然法则、天启、神话中永恒回归的结构等相关内容。

凭着这两部著作在学界的影响力，伊利亚德总算是在法国学术界站住了脚。自此之后，伊利亚德积极演讲、参会、著书，传播他的宗教学思想，其中自然包括受其器重的"圣显"学说。1950年，伊利亚德被请去罗马大学演讲，后又辗转到瑞士，在阿斯科纳的埃拉诺斯（Eranos）会议[1]上见到了荣格、列欧和其他文人墨客。在与众多学术名流的深入交流中，伊利亚德迎来其学术生涯的高潮，在1951—1956年创作出一系列享誉学界的宗教学名著，如《萨满教》《形象与象征》《熔炉与坩埚》以及宏大叙事的小说《禁林》[2]。这些著述中

---

[1] 自1933年以来，埃拉诺斯（Eranos）是一个致力于人文和宗教研究以及自然科学的学术讨论小组，该会议每年在马焦雷湖（Lago Maggiore），帕皮奥学院（Collegio Papio）和瑞士阿斯科纳举行。

[2] 该小说最初由罗马尼亚语写成，名为 Noaptea de Sânziene。后翻译成法语 Foret interdite, Ioan Cusa, paris, 1971。1978年翻译成英文 The Forbidden Forest, trans., M. L. Ricketts and Mary Park Stevenson, Notre Dame: University of Notre Dame Press, 1978.

第一章 伊利亚德的影响、生平及"圣显"思想的形成

包含了大量的"圣显"论述,下面将逐一分析其中的关键。

1.《萨满教》① 是伊利亚德根据1946年到1951年间在法国、意大利、瑞士的讲座和平时发表的文章编撰而成,其中包含了大量关于萨满教中"圣显"形态的论述。该书认为,萨满使用的服饰、器物、仪式以及出神状态都应视作"圣显"的形式。正如因为巫觋穿上萨满服后,才会被视为一个通灵小宇宙的化身,所以萨满的服饰就应当被视为"圣显"。② 当然,这种观点来自伊利亚德对以往关于萨满教的过度轻视与化约论式研究的批判。在伊利亚德看来,学术界关于萨满教的研究走向化约论,将萨满教相关现象和事实还原为其他学科的研究对象,如普通心理学(正如有人轻易地将萨满视为犯有心理疾病的人),完全脱离了宗教现象学与宗教史学的语境。为此,他感到了强烈的纠正冲动,如其所言:"我必须将萨满教在宗教史的视角中展现出来,而不是作为一种心理疾病的表现。"从其著述来看,他纠偏萨满教研究的方向应该是要以历史本有的面目朝向神圣显现与面向宗教本身。

2.《形象与象征》认为符号的象征思维方式是自主的认知模式,有其自身的认识结构。同时因为象征在宗教现象中总是遵循着其自身逻辑,故可以从宗教象征的现象中寻绎出可普遍化的结构。这个普遍化的象征结构其实并不受其象征内容的限制,且在形式上具备长期性,甚至永久性。而在伊利亚德看

---

① 该书的法语书名为 Le Chamanisme et les techniques archaïques de l'extase,后被重新修订并扩增为英文版 Shamanism: Archaic Techniques of Ecstasy,即中译本《萨满教:古老的入迷术》。

② Mircea Eliade, *Journal I, 1945 – 1955*, p. 91.

来，这种具有永久性的结构便是"圣显"，诚如所言"圣显表达于符号象征之中，从而形成了需要前反思语言诠释的结构"。在原始先民漫长的生存史上，人们不断学习使用符号来象征性地讲述其生存经验之外或之上的故事。这些故事又不断地调动着先民的无边想象，令其体验到世俗之上的世界，并最终将其视为生存的彼岸和生活意义的发祥地。这让伊利亚德相信包含着"圣显"结构的想象、符号和象征是人类生存繁衍的必要条件。

3.《熔炉与坩埚》（*Forgerons et alchimistes*）是伊利亚德研究炼金术的收官之作，其中系统探讨了炼金术的相关问题，如神秘仪式、牺牲献祭、神圣铁匠等。该书在不同部分恰当地运用了"圣显"学说，对炼金过程与炼金术士心理内容展开了分析，如"所有数不清的精灵、侏儒、神怪、幽灵都是神圣显现（'圣显'）的表征，矿工介入地下生命就是对神圣显现（'圣显'）的亵渎""原始矿工和西方炼金术士都认为自然就是显圣物（'圣显'）"。① 总的来说，伊利亚德认为炼金术及相关神秘文化能够为我们理解昔日人类寻找生命意义以及对抗死亡的行为提供难得的线索。换言之，炼金术不能单纯地还原为化学技术，炼金史也不能化约成化学发展史，两者还将是或者更应该是人文精神发展史，是人类从自然中追寻生命意义的"圣显"史，所以金属的发现以及冶炼技术的提升不只是为了改变人类的物质生活，更应该深刻地意识到它还将重塑

---

① ［美］米尔恰·伊利亚德：《熔炉与坩埚：炼金术的起源和结构》，第33、140页。

人类的意义世界和精神世界。

4.《禁林》(*Forêt interdite*)是由伊利亚德罗马尼亚语的手稿(*Noaptea de Sânziene*)翻译而来。这部文学作品以布加勒斯特动荡不安的岁月为大背景,讲述了知识青年对于战争的恐惧,对于爱情的向往。整部小说展现和运用了许多宗教主题的观念,如神圣与世俗、"圣显"、历史的恐惧、象征的意义和结构、宗教意义的隐藏和伪装。其中,"圣显"是以爱情的方式表达出来。一方面表现出"为爱惊奇"。与伊莱亚娜(Ileana)的交往中,主人公斯蒂芬(Stephen)发现她与众不同,不染凡尘,如此独特,如此奇异,让他在惊异中撞见爱情,深陷爱河。[①] 这种突然被爱击中的奇妙感觉让斯蒂芬仿佛得到了爱神的眷顾,如同爱神向其"圣显"一般。另一方面表现成"为爱牺牲"。故事以伊莱亚娜和斯蒂芬的死而告终。双双赴死成了他们婚姻的特殊仪式,也是他们实现永爱的唯一途径。[②] 简言之,爱情是神圣的,在惊异中发现爱,在牺牲中成就爱。因此,作为"圣显"的爱情是一种生死一如的真挚情感,既可由爱而生,亦可因爱而亡。

三 沉淀凝练:赴美后的学术回应与反思(1956—1986年)

1956年,伊利亚德在芝加哥大学哈斯科尔讲座上的内容

---

① Mircea Eliade, *The Forbidden Forest*. trans., M. L. Ricketts and Mary Park Stevenson, Notre Dame: University of Notre Dame Press, 1978.
② 罗密欧和朱丽叶、梁山伯和祝英台、刘兰芝和焦仲卿也讲述了此类悲剧性的爱情故事,故事人物均用死亡讲诉他们真挚的情感,这种悲壮爱情的本身就具有仪式功能,让读者感受到爱情的神圣和伟大。

"入会仪式的范型",后结集出版为《生与再生》(*Rirth and Rebirth*)。与《神圣的存在:比较宗教的范型》研究思路一般,该书也试图从各类宗教现象和宗教活动中找出共同的结构。《生与再生》倾向于分析原始文化中的仪式、组织等宗教的外延性因素的结构,而《范型》倾向于探讨原始文化的内在核心因素——神圣及"圣显"结构。由此可见,伊利亚德的写作是有计划、有步骤、有逻辑地向前推进。通过对原始文化中入会仪式的分析,伊利亚德指出原始社会根据其神话祖先或超自然生物向他们揭示的超自然或超自然模式来理解成人仪式和各种专门仪式。入会仪式象征的基本内容是死亡、重生或复活。几乎在所有宗教中,有生必有死,有死必有重生。构成这种轮回式生死观的观念条件乃是神圣的介入。由生到死,这是自然的生命规律,也是对生命的无情背叛和抛弃。就其本性而言,生命总是欲求其生生不息。故此,人们对生命与活力的眷恋和尊重,让人们总希望通过想象创造一些方法和方式来超越这份无情与背叛。因此,人们在自然生命之后,用想象续上他们另一段生命——由死复生的神圣生命。从自然主义的角度来看,这段生命无疑不会存在。可是从人文精神的视角来看,这段生命又是无比重要。其重要性不是发源于自然生命的永续,而是来自超越自然状态下的生命通过分享神圣性而复生长存。神圣在人们想象的"再生"中显现。人们透过"再生",触目到了"圣显"。人类如何在"重生"中分享到这份神圣呢?伊利亚德在分析古代宗教时,发现一种普遍的方式,就是模拟神圣的宇宙创生过程。在古代先民看来,宇宙的出现是无比神圣的,生命的出现是创世的投影,故而"重生"也应该

第一章
伊利亚德的影响、生平及"圣显"思想的形成

是创世再分享。所以在解释各种入会仪式时,伊利亚德指出,宗教人都相信他们正在重新经历神圣历史——从混沌(chaos)到宇宙(cosmos)的创世过程,其意义在于使人的存在得以可能,阻止人返回动物般的存在。① 伊利亚德据此认为,倘若当代人远离了传统宗教社会中的仪式和入会仪式的象征,从而感受不到神圣的存在,那么他们就不足以应对存在主义的危机。次年,另两部著作《神话,梦和神秘》② 和《神圣与世俗》面世,其中"圣显"已经作为章节标题被详细讨论。

1958年,《范型》《瑜伽:不死与自由》和《生与再生》的英文译本开始在英语学术界流行。此后伊利亚德任教于美国芝加哥大学,教授宗教史学,一心扑在宗教学方向,很少再创作小说。移居美国后的伊利亚德与同事们一道潜心于芝加哥大学宗教系的建设,使芝大宗教系成为研究世界宗教的学术重镇,顺利地从神学院中独立出来。1958年,伊利亚德成了芝加哥大学的全职教授,并担任宗教系主任,这一系列经历令他在宗教学界迅速站稳脚跟。1961年,在伊利亚德的带领下和众同仁的努力下,芝加哥大学宗教系创办了著名的《宗教史学》刊物。作为《宗教史学》的主编,伊利亚德坚持用全世界通用的英文作为刊物的通行语言。《宗教史学》的第一篇文章是伊利亚德写的宗教学历史回顾和展望。1963年,《神话和

---

① Mircea Eliade, *Myths Dream and Mysteries*, *The Encounter between Contemporary Faiths and Archaic Realities*, p.154.
② 该书最早以法语出版,标题为"Mythes, Rrêves et Mystères"(1957年)。后由Philip Mairet 英译为 *Myth, Dream and Mysteries*, *The Encounter between Contemporary Faith and Archaic*(1960年)。

现实》一书出版，该书全面回顾了伊利亚德对于神话本质和功能的解释说明。神话中的记忆与遗忘、复兴和伪装一直以来都是描述和理解神圣的传统的思路。神话出于自主认知的模式，可以使混沌无序走向有结构的意义世界，而揭秘其中意涵就可破译现代世俗生活中伪装的神圣。这一点和《范型》论证"圣显"是同样的模式，毕竟它们都坚持认为宗教神话和象征就是"圣显"。

伊利亚德在芝加哥大学的一系列努力使其声名远扬，其研究也得到了相当广泛的关注和深入的探讨。第一部谈论伊利亚德思想的著作是由神学家阿尔蒂泽（T. J. J. Altizer）写的《米尔恰·伊利亚德和神圣辩证法》[1]。阿尔蒂泽精准地抓住了伊利亚德宗教思想的核心——神圣及其显现特性。但是阿尔蒂泽的一些结论并不令伊利亚德满意，这使得伊利亚德第一次对自己的"神圣"思想做出回应：对神圣和"圣显"的关注与探讨不是为了让现代人回到古代，服古时衣、食古时食、言古时语、居古时居、行古时行、思古时事……而是以史为鉴，鉴古知今，重新思考现当代世俗化社会下的宗教对现代人的意义和作用。

另有其他人的质疑声——"圣显"有复述奥托论神圣之嫌。虽然伊利亚德曾在《神圣与世俗》中肯定过奥托的宗教学研究，但也澄清了他与奥托之间的区别——"在《论神圣》这本书中，奥托发现了这种惊人的、非理性的宗教体验特

---

[1] Thomas J. J. Altizer, *Mircea Eliade and the Dialectic of the Sacred*, Philadelphia: Westminster Press, 1963.

第一章 伊利亚德的影响、生平及"圣显"思想的形成

征……四十多年过去了,奥托的分析并没有失去它的价值……我们将采用一种不同的分析方法,打算描绘出在所有不同情况下的神圣现象,而不是仅仅局限于宗教体验的非理性方面。我们所关注的并不是宗教要素的理性和非理性的关系,而是对神圣的一种整体上的把握。"① 由此可知,在伊利亚德看来,奥托对神圣的研究更多地出于对宗教体验非理性因素的关注和探讨,而他本人的"圣显"理论则不局限于任何理性的或非理性的宗教要素,而是基于宗教整体性认识与讨论。简言之,奥托的神圣分析更像是一种神学本质的还原论,而伊利亚德的"圣显"则类似于宗教本体论。神学还原论主张任何宗教现象都可以还原出一种"神圣"的本质作为其基本要素;而宗教本体论则是指任何宗教现象都基于"圣显"而表现出宗教特性。同时,"圣显"不仅为宗教现象奠基,还可以为任何有超越性意义的活动和现象奠基。这也是伊利亚德谈"圣显"不同于奥托论神圣之处,即"圣显"是沟通(神圣)本体与(世俗)现象之间的桥梁,也是从本体论意义上化解现实差异性的创造性概念。

同时,伊利亚德在许多讲座中都有意强调"神圣"和"圣显"的含义。例如,他在波士顿学院系列讲座中提到神圣只是人的一个意识要素;② 与克劳德的对谈中,他提到不仅房子、庙宇是神圣的,就连领土、祖国、故乡也是神圣的——对

---

① [美]米尔恰·伊利亚德:《神圣与世俗》,王建光译,华夏出版社2002年版,第2页。
② John D. Dadosky, *The Structure of Religious Knowing: Encountering the Sacred in Eliade and Lonergan*, pp. 1–2.

于早年离开故土的孩子来说，祖国已经变成了神秘之城。① 在《罗马尼亚之根》中，伊利亚德回忆起儿时居住的小阁楼。对当时的他而言，那个小阁楼就是一方神圣空间。发生在阁楼上的绿窗帘事件成为他的"圣显"经验。② 小阁楼的神圣意象被伊利亚德搬进了他的文学作品——《近视少年的日记》中。他借主人公之口讲述出一栋有灵魂的小阁楼。年仅17岁的主人公不相信阁楼有独立的、本体论意义上的灵魂，但阁楼散发出来的令人感觉奇妙的灵性却真实地闯入了他的生活。③ 由此可见，"圣显"已从早期宗教现象的描述变为与个体经历相关的感受。相应地，"圣显"的发生与解释也充满了主体性色彩。

伊利亚德在为其学生的新书作序时提到，"圣显和宗教象征构成了前反思语言，这是一种特殊的语言，它必然需要一种恰当的诠释。在我的著作中，我试图阐述这种诠释；但是我已经根据材料进行了实际说明。现在还需要我或其他人来系统化这种诠释"④。当"圣显"参与到宗教史学的解释时，它一般被视为所有宗教现象成为其自身的本质条件。但是当我们进一步分析它的机制时，"圣显"则需要诠释学的介入，即"需要广泛理解创造的诠释学，发展新的思维现象学"。若想更加深

---

① Mircea Eliade, *Ordeal by Labyrinth: Conversations with Claude-Henri Rocquet*, pp. 30 – 31.

② Mircea Eliade, *Autobiography Vol. I: 1907 – 1937*, pp. 6 – 7；另见 Mircea Eliade, *Ordeal by Labyrinth*, p. 7。

③ 参见 Bryan Rennie, "The Sacred and Sacrality from Eliade to Evolutionary Ethology", *Religion*, Vol. 47, 2017, p. 668。

④ Mircea Eliade, *Journal II, 1957 – 1969*, p. 313.

第一章 伊利亚德的影响、生平及"圣显"思想的形成

入地讨论"圣显",就几乎不得不走上创造性诠释学的道路。所有宗教领域乃至整个人类文化领域内的"圣显"数量庞大且形式丰富。若要全面完整地展开诠释,就不可能仅由一人或数人完成,而需要大量的学术工作者共同努力。"圣显"创造性诠释工作就会成为一项由大量学者共同参与的系统化学术工程。这项工作在伊利亚德离世后,得到许多学者的支持和参与。不少替伊利亚德"圣显"理论辩护的学者也纷纷将其他理论,如福柯的异空间理论、伯纳德·洛内甘(Bernard Lonergan)的意识理论等融入和补充到"圣显"理论中,从侧面也反映出"圣显"理论的开放性。不难看出,从最初只想解决罗马尼亚人的文化处境,到后来试图解决整个西方文化甚至人类普遍困境的愿望,伊利亚德越来越让他的"圣显"理论显露出普遍性和世界性。

1976年,《宗教思想史·卷一》和由演讲稿改写而成的《神秘主义、巫术与文化风尚》两书在法国出版。这两本书虽然提到"圣显",但出现频次并不如以往的作品高。在《宗教思想史》的前言部分,伊利亚德甚至说他不打算再细致地讨论神圣及其显现,因为这项工作早在《范型》中就已经完成。伊利亚德的言语显然是在回应当时一部分像阿尔蒂泽(Altizer)那样的读者对此话题的争议。但这也很容易让人产生误解——因"圣显"出现的次数减少而认为其不再重要。伦尼统计了"圣显"在伊利亚德作品中出现的频率后,发现"圣显"出现在伊利亚德著作中的次数越来越少,特别是到美国后的几部著作,谈及"圣显"就更少,甚至有些文章不再谈

论"圣显",① 从而固执地认定伊利亚德晚年不再重视或者说已经放弃对"圣显"更进一步的研究。但伦尼的统计存在着明显的误差,甚至是方法论上的失误。②"圣显"虽然在伊利亚德的文本中出现的次数在逐步减少,但绝不至于少到伦尼所指控的程度。而且"圣显"的次数并不能完全说明它不再重要,更可能的情况是,"圣显"以"圣显辩证法"(the dialectics of hierophany)的方式始终贯穿于伊利亚德的宗教思想体系中,"圣显"的内涵已经完全融进了伊利亚德的宗教思想中。最能体现"圣显"的"神圣辩证法/圣显辩证法"已经被伊利亚德熟练地运用于各种宗教现象和事物的分析,因此不能说"圣显不再重要"。换言之,若不考虑"圣显"的真实含义及其变相运用,由运用"圣显"的词频统计而得出的结论是缺乏理论依据的。比如说,"对立冥合"是"圣显"内涵的核心标志。如果有些文本虽然没有出现"圣显"的字眼,但有"对立冥合",那么是否该为"圣显"的出现记录一次?又如"圣显"的类型包含"力显""主显""神显""本体论显现"等,即便文中没有出现过"圣显"一词,难道"圣显"的家族词汇就不能被一并统计吗?因此,如果为了讨论"圣显"的重要性而仅做词频统计,那么就应该先对"圣显"的内涵、类型和特点有着更为清晰且深入的认识,再将所有能够体现"圣显"的词汇都记录在案,这样才有可能判断"圣显"是否不再被伊利亚德所重视。何况,伊利亚德早年就曾对其学术工

---

① Bryan S. Rennie, *Reconstructing Eliade: Making Sense of Religion*, p. 9.
② 参见黄增喜《伊利亚德的"神圣经验"及其文化追索》,博士学位论文,中国人民大学,2017年,第75页。

第一章 伊利亚德的影响、生平及"圣显"思想的形成

作进行过阶段性的规划。他认为自己的学术工作首先要解决的问题是神圣在各个宗教现象中显现的形态,再寻找其中的共性,最后梳理宗教思想史。"圣显"作为理解宗教现象的基石,在《范型》《神圣与世俗》这些书中已经被集中讨论,标志着伊利亚德的阶段性任务已经完成。接下来就是在基石上构建宗教现象学和宗教史学的大厦。因此,仅凭伦尼粗略估算"圣显"的使用词频并不能证明它不再重要。《范型》已经充分地讨论了"圣显"的适用范围,例如伊利亚德总在其著作或文章中冒出的一句口头禅:"详细可以见《范型》。"这也就说明对后期的伊利亚德而言,"圣显"理论已经阐明清楚,无须赘述,毕竟此刻更重要的学术工作便是撰写大部头的《世界宗教理念史》以及主持编写《宗教百科全书》。而《世界宗教理念史》和《宗教百科全书》中均有提到"圣显"在宗教现象中的地位和作用,更加说明了"圣显"作为其宗教思想基石的历史使命和重要作用。

总而言之,"圣显"依然是伊利亚德后期宗教思想的核心,其适用范围不再局限于典型宗教领域,而是可以向日常生活的方方面面拓展的理论。而"圣显"概念如何从伊利亚德的精神世界里凝练出来,上升为普遍的宗教理论,就如同炼金术士凝练哲人石一般,的确存在着个人思想史。因此,接下来就需要怀揣崇敬,开始探问伊利亚德的精神世界,从中追寻"圣显"诞生的理论源头。

第二章

"圣显"的思想溯源

从伊利亚德的求学经历和写作经历来看,"圣显"的概念是从其长期的哲思与切身体悟中缓慢诞生出来的。他在不同时期的经历体验发展了"圣显"的内涵、范围和理解。长期以来,伊利亚德广泛涉猎各类书籍,生物学类、文学小说类、外语类(英语、法语、意大利语)、哲学类等,所以他的宗教思想来源应是丰富多元的。但仅就"圣显"思想而言,其思想来源主要以能够激发伊利亚德哲学认识和体悟实证的思想材料及行为现象为重心,主要表现为宗教现象学的方法论影响,罗马尼亚传统神秘主义的启发以及东方瑜伽哲学的宇宙论启迪。罗马尼亚的传统文化与印度瑜伽对伊利亚德产生重要影响的原因在于他出生且浸染于罗马尼亚的传统,后来又亲身实修过印度瑜伽,正如阿德里安·马里诺(Adrian Marino)所言,伊利亚德思想或许与其他人无关,主要来源于他自己的经验。[①] 在这些直接的经验基础上，对宗教现象学的认同和吸收为其在方法论上系统地整合自身的认知和经验提供了切入点，并最终形成了出于他人而有别于他人的思想内容与特质。

·第一节·
宗教现象学

如果仅从语词出现的时序来说，"宗教现象学"一词可以追溯到康德、弗里斯和黑格尔等人的著作，但将其系统化为一门宗教研究的分支，则始于荷兰宗教学者商特皮，因为他的《宗教史教科书》（1887 年）以一门独立学科的方式系统探讨了"宗教现象学"。[②] 18 世纪和 19 世纪，列欧（G. Van der Leuw）、蒂勒（Comelis P. Tiele）、商特皮（P. D. Chantepie tie la Saussaye）等人为荷兰宗教现象学的发展奠定了基础。根据不同的研究路径，宗教现象学的研究一般有三类方向：一是强调纯描述性研究，代表人物是商特皮、蒂勒、莱曼（E. Lehmann）等；二是具有哲学倾向研究，代表人物有舍勒（M. Scheler）、温克勒（R. Winkler）等；三是探求"现象学理解"的研究，代表人物有索德布鲁姆（N. Söderblom）、鲁道

[①] Adrian Marino, "Mircea Eliade's Hermeneutics", *Imagination and Meaning: The Scholarly and Literary Worlds of Mircea Eliade*, in Norman J. Girardot and Mac Lincscott Ricketts ed., New Tork: Seabury Press, 1982, p. 19.

[②] 卓新平：《宗教现象学的历史发展》，《世界宗教文化》1988 年第 3 期。

夫·奥托、范·德·列欧（G. Van der Leuw）等。① 从定义来看，伊利亚德对"圣显"的理解明显承袭了第三类"现象学理解"——并不考虑宗教历史，而是将宗教的价值判断悬置于探究之外，对宗教的"本质""基础""根源"加以研究。② 伊利亚德观察"圣显"时也没有打算从宗教礼仪、习俗等形式的历史演变来探讨"圣显"的内在意义，而是搁置任何现存的宗教定义，避免对不同的宗教形式进化论或偶因论的判断。③ 因此，理解"圣显"就不可避免地要以宗教现象学的方式寻求本质理解，它既不是纯粹的客体，也不是纯粹的主体，而是介乎主、客体之间，这便是为什么要强调将"hierophany"完整地理解为"圣显/显圣"的原因了。

在伊利亚德用现象学来解释神圣及其显现之前，各宗教现象学家都有各自独到的理解。其中瑞典神学家索德布鲁姆、德国宗教学家鲁道夫·奥托、荷兰神学家范·德·列欧等人对伊利亚德"圣显"观念的影响和启发最为直接。④ 接下来，笔者将以"圣显"的特点为切入点，梳理以往的宗教现象学家对于神圣及其显现的理解，进而揭示他们的理解在何种意义上影响了伊利亚德的思考。

---

① 卓新平：《西方宗教学研究导引》，中国社会科学出版社1990年版，第84页。
② 卓新平：《西方宗教学研究导引》，第81页。
③ ［美］米尔恰·伊利亚德：《神圣的存在：比较宗教的范型》，序言第4页。
④ Noriyoshi Tamaru, "Some Reflections on Contemporary Theories of Religion", *Japanese Journal of Religious Studies*, Vol. 2, No. 2/3, 1975, p. 94.

第二章 "圣显"的思想溯源

一 南森·索德布鲁姆：坚持"圣俗之分"和"反约化论"

瑞典神学家、宗教学家索德布鲁姆（Nathan Söderblom, 1866—1931年）比荷兰前辈们更为关注宗教之所以为宗教的特性。他对宗教学做出的重要贡献之一在于将"圣洁"（holiness）作为核心概念来加以探讨，并将"圣洁"视作所有宗教现象中不可化约的因素，并在此基础上，开启了"圣俗之分"和"反约化论"的立场。根据其传记作者迪茨·兰格（Dietz Lange）的说法，索德布鲁姆第一篇关于"神圣（holy），圣洁（holiness）"的论文发表于1909年的瑞典百科全书中，其中声称"圣洁是宗教中伟大的词；它甚至比上帝的概念更重要""圣洁具有……宗教性质绝对的责任"；另一方面又声称"令人惊讶的是，'圣洁'的发生应该用'神圣（holy）和渎神（profane）'之间的区别来表示"。[①] 索德布鲁姆将"holiness/profane"作为一组对立的范畴，似乎刻意与涂尔干的"sacred/profane"形成区别。但是索德布鲁姆也没有完全反对涂尔干的社会学，只是不愿意讨论对象化和理想化的社会共同体概念"sacred"，他更愿意研究个人的道德和伦理维度的"holiness"。[②] holy/holiness 的概念在索德布鲁姆的思想中并不限于

[①] Michael Stausberg, "The Sacred, the Holy, the Numinous-and Religion: On the Emergence and Early History of a Terminological Constellation", *Religion*, 2017, Vol. 47, No. 4, pp. 557–590.

[②] Michael Stausberg, "The Sacred, the Holy, the Numinous-and Religion: On the Emergence and Early History of a Terminological Constellation", *Religion*, pp. 557–590.

伦理与道德维度，他认为即便出自教会口中的"圣洁"也不仅仅是一个单纯的道德词汇，因为"圣洁"从来都无法卸载其本身的超自然性与神圣性。[1] 由于索德布鲁姆将"神圣"与"敬畏（感）"紧密联系，因此"圣洁"首先是主观感受，其次代表着一种"实体"或"力量"。

伊利亚德称索德布鲁姆为伟大的东方学者、宗教史学家和宗教学学科的创始人之一[2]，《范型》《探索》《萨满教》中均有引用索德布鲁姆的著作。与索德布鲁姆的想法类似，伊利亚德也承袭了"反化约论"的立场，并将圣俗之分作为宗教现象的出发点。

伊利亚德在《范型》中指出："一个宗教现象只有在其自身的层面上去把握它，也就是说，只有把它当成某种宗教的东西，才有可能认识它。企图通过生理学、心理学、社会学、经济学、语言学、艺术或者是其他任何研究去把握它的本质都是大谬不然的。这样做只会丢失其中的独特性和不可化约的因素——也就是它的神圣性。"[3] "反化约论"是伊利亚德在其著作中反复坚守的宗教学立场，这几乎是学界公认的。[4]

而"圣俗之分"的立场则表现在《神圣与世俗》的序言

---

[1] Michael Stausberg, "The Sacred, the Holy, the Numinous-and Religion: On the Emergence and Early History of a Terminological Constellation", *Religion*, pp. 557 – 590.

[2] Mircea Eliade, *Journal III, 1970 – 1978*, trans., Tersa Lavender Fagan, Chicago: University of Chicago Press, 1989, p. 320.

[3] 米尔恰·伊利亚德：《神圣的存在：比较宗教的范型》，前言第1页。

[4] 参见黎志添《宗教研究与诠释学：宗教学建立的思考》，中文大学出版社2003年版，第26页；[美]包尔丹：《宗教的七种理论》，陶飞亚等译，上海古籍出版社2005年版，第211页。

中，伊利亚德谈到世界上有两种存在样式——"神圣和世俗"，世界上的这两种生存方式并不仅仅与宗教史或者社会学相关，也不仅仅是历史学的、社会学的或人类文化学的研究对象。从根本上说，神圣或世俗这两种生存样式依赖于人类在这个宇宙中已经占有的不同位置。[①] 由此可见，伊利亚德的"圣显"在反化约论和"圣俗二分"的立场上直接继承了索德布鲁姆的思考，但与索德布鲁姆不同的是，伊利亚德用"sacred"表示神圣、神圣实体和力量，故他的"圣俗之分"对应的英语表达当是"sacred/profane"，而不是索德布鲁姆的"holiness/profane"。

二 鲁道夫·奥托：以新创词描述神圣的必要性

鲁道夫·奥托（Rudolf Otto，1869—1937年）作为索德布鲁姆的后继者，用更为深入的宗教现象学方法对"holy"的主观层面开展研究。对索德布鲁姆来说，他更在乎和关注的宗教现象的引导词是"圣洁"（holiness），而不是"神圣"（holy）。"神圣"（holy）成为占据主导地位的关键术语还需仰赖奥托在宗教学上的卓越成就。[②] 自1917年《论神圣》面世，"holy"一词引起了广泛讨论，逐渐获得学界的认可与接受，以至于宗教学领域内鲜有书籍不提到奥托的"holy"。[③] 因为

---

① 参见［美］米尔恰·伊利亚德《神圣与世俗》，序言第5页。
② Michael Stausberg, "The Sacred, the Holy, the Numinous-and Religion: On the Emergence and Early History of a Terminological Constellation", *Religion*, p. 576.
③ Noriyoshi Tamaru, "Some Reflections on Contemporary Theories of Religion", *Japanese Journal of Religious Studies*, p. 89.

奥托实现了从"神圣"到"圣秘"（即"纯粹的神圣"）的现象学还原。① 在《论神圣》一书中，奥托认为这种"神圣"对于人的宗教感情来说乃是神秘的"绝对另一体"（numen），人们对之既敬仰向往，又畏惧害怕，从而达到一种宗教的意境。② 其中，"绝对另一体"（numen）为拉丁语，意为"神性、神能"③，是在神学领域内的解释。

虽然奥托把"神圣"作为神学领域中独有的解释和评价范畴，但他同时赋予了"神圣"以伦理意义——"完全的善"，并将康德式的服从心中道德律的意志称为"神圣的意志"。奥托对于"神圣"（holy）的探讨并没有止步于此，他深入非理性维度的腹地，又寻找到了神圣的额外含义"numinous"（神秘者）。奥托指出它是我们每个人能够感受到的、在任何一种宗教的最核心处都有的东西。④ 但是这个东西是什么，当时并没有确切术语，于是奥托采用了新创词——来自拉丁文词根"numen"（"神秘"或"神性"）的"numinous"（神秘者）。该词是去除道德范畴之后，用于普遍考察宗教信仰中"神秘的"或"既敬畏又向往的"独特情感。奥托说："只有当神秘的，范畴'出场'时，这些感受（'被造感'和绝对依赖感）才会作为一种伴随性的情感在心灵中呈现出来。"⑤ 无论在纯粹程度上，还是在内涵的丰富程度上，奥托

---

① 朱东华：《宗教学学术史问题研究》，第9页。
② 卓新平：《西方宗教学研究导引》，第149页。
③ ［美］米尔恰·伊利亚德：《神圣与世俗》，第138页。
④ ［德］鲁道夫·奥托：《神圣者的观念》，丁建波译，九州出版社2007年版，第13—15页。
⑤ ［德］鲁道夫·奥托：《神圣者的观念》，第27页。

第二章 "圣显"的思想溯源

都远远超过了索德布鲁姆认定的"神圣",其成就也得到了伊利亚德的高度肯定。《神圣与世俗》谈到奥托时,伊利亚德说道:

> 在《论神圣》这本书中,奥托发现了这种令人惊恐的、非理性的宗教体验的特征。他感到了在神圣面前、在令人敬畏的神秘(mysterium tremendum)面前、在放射出一种压倒一切力量的圣威(majestas)面前的那种恐怖感。在鲜花簇拥着令人沉醉的神秘(mysterium fascinans)面前,他感到了一种宗教畏惧。奥托把所有这些感受描绘成一种超自然的神秘(numinous,来自拉丁语 numen,即神),因为这种神秘感受可以通过对神圣力量某一方面的揭示所引起。这种对神祇敬畏有加的感情自我呈现为某种"完全另类"的东西,这是最基本的而又与其他的体验完全不同的东西,它既不像人类生命也不像宇宙存在……四十年过去了,奥托的分析并没有失去它的价值。①

从这段话中看到,伊利亚德认为奥托的创见在于其深入分析了宗教的神秘体验,一种超自然的神秘——numinous 构成了宗教体验的核心。然而,Numinous 的拉丁语词源 numen 指向的是"神"(God),揭示 numinous 的"神圣力量"(divine power)也倾向于指位格神的超自然力量。因此,在伊利亚德看来,奥托研究宗教的立足点依然是神——神祇、神灵,因出

---

① [美]米尔恰·伊利亚德:《神圣与世俗》,第1—2页。

于对神的敬畏感而呈现出完全另类的东西——ganz andere。自从宗教信仰者有了"完全另类"的感受，世界也就有了圣俗二分的特质，"完全另类"代表着神圣的一方，其对立面则属于世俗的一方。伊利亚德对奥托的研究表明了尊敬和佩服，但是伊利亚德也认为"完全另类"（ganz andere）仅仅是限制于宗教体验的非理性方面，人们很难用准确的术语来表达这种非理性的经验感受，奥托采用的新创词 numinous 也只是尽可能地比附其中含义。①

而且，使用 numinous 来表达"完全另类"的感受也可能出现新的问题。伊利亚德在《探索》再提道："奥托将神圣视为'完全另类'，尽管'完全另类'可以发生在非宗教层面，但是由深度心理学和现代艺术体验所带来的与全然他者的相遇，也可以看作是一种类似宗教的体验。"② 简言之，如果奥托从非理性的情感来研究宗教现象的本质，那么深度心理学和艺术也能表现出类似的神秘感受，依然找不到宗教的特质。因而，伊利亚德称自己"将采用不同的分析方法，打算描绘出在所有不同情况下的神圣现象"③。虽然奥托对神圣的分析对于伊利亚德来说有很大启发，但是伊利亚德显然不想顺着奥托的路径继续深入神圣发展的三个阶段，即从最初的神秘阶段到理性参与的混杂阶段，最后再剔除混杂的部分回到纯粹的神圣阶段。其实，伊利亚德并不认同这种抽象的神圣历史，他认为"神圣不是意识历史的一个阶段"。而且在《神圣与世俗》的

---

① 参见［美］米尔恰·伊利亚德《神圣与世俗》，第 2 页。
② Mircea Eliade, *The Quest: History and Meaning in Religion*, pp. 3–4.
③ ［美］米尔恰·伊利亚德：《神圣与世俗》，第 2 页。

前言中，伊利亚德也指出自己的研究不同于奥托沉浸于宗教意识的现象分析，他要寻找到能为宗教史学科打下基础的客观普遍性因素。

为此，伊利亚德从整体上把握神圣，不纠缠在理性和非理性因素之间的关系，用 sacred 来表达包括神（God）、神圣感（holiness）在内的一切神圣事物，另用新创词"圣显"（hierophany），重点表达神圣在一切宗教活动中的显现。这样做的好处在于"圣显"可以将无法理解的神圣显现现象从看不见的过渡到可见的、从特定的过渡到普遍的。① 他对神圣和"圣显"的描述已经从形而上的世界观回到经验性的数据观察中——神圣是宗教人意识结构中的先验范畴，显现于宗教人表象和可理解的世界。由此可见，伊利亚德与奥托的研究路径渐行渐远，虽然伊利亚德与奥托一样用新创词描述神圣的显现，但是伊利亚德的新词汇"圣显"一边继承和发扬"反化约论"的立场，一边将奥托对于神圣的细致意识现象学的观察推向了更为宏观的整体面向，即从宗教的整体性来领悟宗教的复杂和魅力以及对生命的本体论意义。其实，伊利亚德这种考察宗教的整体论视角和方法主要来自对范·德·列欧宗教学研究的认同。

三 范·德·列欧：走向宗教现象学

在《范型》这部集中讨论"圣显"的现象学著作中，我

---

① 参见 Flavio A. Geisshuesler, "A Parapsychologist, An Anthropologist, and a Vitalist Walk into a Laboratory: Ernesto de Martino, Mircea Eliade, And a Forgotten Chapter in the Disciplinary History of Religious Studies", *Religions*, Vol. 10, 2019, pp. 17–18。

们看到伊利亚德对于列欧著作的大量参考。① 范·德·列欧（Gerardus van der Leeuw，1890—1950年）在1925年出版《宗教现象学导论》一书，1933年又出版了《宗教现象学》，这两本书让他成为宗教现象学的重要开创者之一。他的宗教现象学研究采用了近代欧洲语言学流行的方法论——结构主义。列欧认为的结构是人在混沌状态下观察所谓实在后，留存在人的意识中关于某物的轮廓印象或总体印象。② 这就意味着事物现象表现出来的结构只能从整体上去感受和理解。出于整体感受的模糊性，结构既不能被理论抽象，也不能用理性去解释，但可以赋予其意义。意义可以将相同结构的经验事物组合成特定的联系，使整合后的经验事物变得清晰。但是这里的问题是，意义既取决于主体的理解，也取决于客体的可理解性，所以"意义的大门只能接近，不可进入"③。因其坚持结构主义，反对用心理学、社会学解释宗教，形成了独特"结构解释学"④，从根本上展现了"反化约论"的特点。伊利亚德对此颇为赞赏，从伊利亚德在其著述中多次强调"神圣是人的认识结构"；"圣显表达了意义世界的诞生"；"宗教本应该被当成独特的、整体性的概念来理解"；"神圣的整体性要求把宗教当

---

① 从脚注和参考文献中可以看出，伊利亚德主要参阅了 Van der Leeuw, *Religion in Essence and Manifestation*, London, 1938; Van der Leeuw, *La Structure de la Mentalite Primithe*, Paris, 1932。

② 吴云贵：《评范·德·列欧的宗教现象学体系》，《宁夏社会科学》1989年第6期。

③ 吴云贵：《评范·德·列欧的宗教现象学体系》，《宁夏社会科学》1989年第6期。

④ 吴云贵：《评范·德·列欧的宗教现象学体系》，《宁夏社会科学》1989年第6期。

成一个整体现象对待，不考察神圣产生的原因和真实性，只去直观它的全部本质——神圣通过象征性媒介在宗教人的意识中显现其自身"。由此可见，"圣显"是伊利亚德研究宗教现象中的基本单位，它的全部本质在于它在"某个人"面前的显现。这一观点深得范·德·列欧的精髓。

列欧的宗教现象学体系深受德国哲学家胡塞尔（E. Husserl）的现象学和狄尔泰（W. Dilthey）的解释学的影响。在列欧看来，现象即那些自我显现者，有着三个方面的含义：1. 它是某物；2. 某物显现自己；3. 现象即通过自我显现而为现象。自我显现既指那自我显现者，也指那被显现者，正如结构联系中的意义一样，既取决于主体的理解，也取决于客体的可理解性。因此，现象既不是一种纯粹的主体，也不是客体，究其本质只不过是被现象外表所遮盖的确切真实。现象是有关主体的客体，也是有关客体的主体。[①] 结合狄尔泰"体验达成理解"的观点，列欧告诉我们，理解和把握宗教现象的本质和结构，需要观察者经历、承认这些现象并将其引入"自己的生活之中"。但是列欧的建议带来了不可避免的难题：把握宗教的本质将借助本质直观和中止判断的方法进行旁观性洞察，而"引入生活"需要参与性理解，"旁观"与"参与"本身就是一组矛盾的行为。[②]

虽然伊利亚德在《探索》中热情地称赞列欧的方法论[③]，也打算沿着列欧的思路走向"宗教理解"——理解显现在眼前

---

① 卓新平：《西方宗教学研究导引》，第84页。
② 卓新平：《西方宗教学研究导引》，第83—84页。
③ Mircea Eliade, *The Quest: History and Meaning in Religion*, 35.

的神圣现象，但是他借用诠释学巧妙地避开了"旁观"与"参与"之间的矛盾。在伊利亚德看来，"圣显"是主体在感知活动中与对象发生相互作用而引起的，人们能够认识到"圣显"在于人的前反思语言（也即特殊的诠释学）有所感知；人们选择相信"圣显"，则在于特殊的诠释学能满足自我寻求意义的需求。当主体经历"圣显"经验时，其认识结构中的诠释能力被激发，主体可以通过"意义"来构建"主客关系"。即便不同人的处境不同，对于情境的需求和体验也不同，但是每个人的心灵深处都有属于自己的意义世界。"圣显"是打开意义世界的通道，使所有主体不同的精神需求都能得到满足。这样一来，在客观层面，我们发现"神圣"和"圣显"是这样一种根植于认识结构中的经验范畴，它使得神圣在人的感知中表现为主动的自我涌现；在主观层面，神圣表现为一种意向性（intentionality）结构，根据主体出于不同的需求而展现出不同的意义，于是整个"圣显"过程构成了不可还原的却能给主体带来新的意义整体。由此可见，伊利亚德的宗教现象学已经不是完全意义的现象学，至少在"圣显"的描述上还表现出了现象学中的诠释学，颇有海德格尔的风范。海德格尔说"此在的现象学就是诠释学"[①]，伊利亚德对于神圣的把握兼具海德格尔式的本体论和方法论的双重特征，伊利亚德写道：

  宗教史学必须成为宗教现象学，因为他需要寻找意

---

① M. Heidegger, *Sein und Zeit*, Max Niemeyer Verlag Tübingen, 1986, S. 37, 转引自潘德荣《西方诠释学史》，北京大学出版社 2013 年版，导言第 3 页。

第二章
"圣显"的思想溯源

义。没有了诠释学,宗教史就是其他历史——贫瘠的现象,特别的分类等等。没有了诠释学的难题——意义——我们看到每一种神圣的显现——象征、神话、仪式——告诉我们绝对真实的事情,这些神圣显现的事情对于文化、部落或宗教来说极具意义。一旦宗教史学家寻找意义,他就可以依据中止判断的现象原则认定。①

宗教史学家的任务是不仅要观察人类历史上出现的各类宗教现象,还要解释各种宗教现象传递出来的意义。当宗教现象需要象征符号的结构来抓住宗教现象的意义时,伊利亚德的现象学开始向深刻的诠释学系统开放,同时,这意味着宗教史上所有的"圣显"事件都将是一个创造性的诠释过程,等待无数后来者继续破解。至此,伊利亚德对于神圣的研究因循着索德布鲁姆、奥托、列欧等前辈的宗教现象学的立场,从反化约论和圣俗之分的宗教现象学一路走向了海德格尔式的诠释学。但相较于前辈们,其学术气象表现得更加整体、更为开放且更具历史感。

·第二节·
罗马尼亚的文化

一 罗马尼亚的传统宗教

罗马尼亚的正教会是仅次于俄罗斯的第二大正教会,自公

---

① Mircea Eliade, " the Sacred in the Secular World", *Cultural Hermeneutics* 1, No. 1, 1973, pp. 101, 103, 106 – 107.

元9世纪中叶起,罗马尼亚正教会就一直归君士坦丁堡的牧首管辖,并在1885年宣布独立。① 直至1925年,亦是伊利亚德求学布加勒斯特大学期间,罗马尼亚正教会才在首都布加勒斯特选出牧首。自基督教传教士为罗马尼亚输入新信仰以来,本土的传统文化就一直对新信仰表现出极大的宽容和欢迎,为其扎根罗马尼亚提供了坚实的基础。历经几个世纪的文化融合后,最初传入的基督教演变成了具有显著罗马尼亚风格的东正教。在伊利亚德出生的年代,要成为罗马尼亚人就意味着要成为东正教徒,东正教是构成罗马尼亚精神结构的重要部分。②

罗马尼亚东正教又因罗马尼亚的独特地貌而显得与众不同。位于巴尔干半岛北部的罗马尼亚流淌着浪漫的多瑙河水,而途经九国的多瑙河最终带着长途奔袭的疲惫在罗马尼亚东南角的苏利纳汇入黑海。天然的地理环境造就了罗马尼亚农业大国的地位,长期固定了罗马尼亚农民与先祖土地之间的联系,与自然一起生活的事实。由于农业文化的宗教活动都集中于世界周期性变化的奥秘上③,因此,与农业文化深刻结合的罗马尼亚东正教极具地方特色。伊利亚德曾对神父亚历山大·施曼(Alexander Schmemann,曾任圣弗拉基米尔东正教神学院院长)讲述了自己的本真信仰应属罗马尼亚农民的信仰,其本

---

① 卓新平:《基督教文化百问》,今日中国出版社1995年版,第142页。
② Mac Linscott Ricketts, *Mircea Eliade the Romanian Roots, 1907–1945*, p. 113.
③ 参见[美]米尔恰·伊利亚德《宗教思想史(第1卷):从石器时代到厄琉西斯秘仪》,吴晓群译,上海社会科学院出版社2011年版,第39页。

真身份也不是神学家或宗教史学家。① 可见，先天地理因素让伊利亚德深刻认同了农业色彩的罗马尼亚本土信仰。

罗马尼亚东正教描绘了罗马尼亚人艰苦朴素、奋斗不息的性格。伊利亚德评述道："罗马尼亚人自诞生起就遭到一系列的入侵……但罗马尼亚人仍然忠于他的土地，即使在最悲惨的环境中也不曾放弃它，即便被影响和被入侵也不会丧失他的民族实质、风格、生活基调、真实的物理和道德人格。"② 因此，伊利亚德从罗马尼亚人的民族性倾向上找到了基于当地农民朴实个性和积极乐观的基督教特性，以至于有人评论："农民的正教信仰与其说是一种信仰教会的宗教，不如说是一种宇宙论，其中严格意义上的东正教教条的要素在具体生活中被低估。"③ 伊利亚德更进一步地指出，这是一种"宇宙论的基督教"（Cosmic Christianity）。他在许多著作中多次提及这个专有名词，如在《宗教思想史》（第二卷）中就曾说：

> 我们可以说这是一种"宇宙论的基督教"，因为，一方面基督论的奥秘被投射到了整个自然上面，而另一方面，基督教的历史因素被忽略了，相反地，更加强调世界存在的仪式性维度。宇宙由于救世主的死亡和复活而得到救赎，由于上帝的、耶稣的、圣母的以及圣徒的足迹而成

---

① Nicolae Babuts, ed., *Mircea Eliade: Myth, Religion, and History*, London and New York: Transaction Publishers, 2014, pp. 5-6.
② 参见 Caius CuȚaru, "Eliadian Reflections on the Spirituality of the Romanian People", *TEO*, p. 46。
③ Mac Linscott Ricketts, *Mircea Eliade the Romanian Roots, 1907-1945*, pp. 113-114.

圣,这一概念即便是零星的、象征性的,却也揭示了一个充满德性和美妙的世界,在这个世界里面,战争与战争的恐怖从历史的世界中被剔除了出去。①

他在《宗教思想史》(第三卷)中也说:

我们还需要说明,这种宗教概念与我们所称的"宇宙论的基督教"的乡村基督教的信仰与实践有着密切联系。②

且"宇宙论的基督教"具有:

在不破坏、不排斥宇宙的情况下改变宇宙的信仰。宇宙的全球视野并不悲观,因为善良最终会战胜邪恶。生活在宇宙中的一切都是因基督的苦难而得以拯救的戏码。③

由此可知,伊利亚德反复强调罗马尼亚基督教信仰的"宇宙论"特性,其根由在于罗马尼亚民间传统文化向来习惯

---

① [美]米尔恰·伊利亚德:《宗教思想史(第2卷):从乔达摩·悉达多到基督教的胜利》,晏可佳译,上海社会科学院出版社2011年版,第758页; Mircea Eliade, *Zalmoxis, the Vanishing God: Comparative Studies in the Religions and Folklore of Dacia and Eastern Europe*, trans., William R. Trask, Chicago: The University of Chicago Press, 1972, p. 255。

② [美]米尔恰·伊利亚德:《宗教思想史(第3卷):从穆罕默德到宗教改革》,第1073页。

③ Caius CuȚaru, "Eliadian Reflections on the Spirituality of the Romanian People", *TEO*, p. 46.

第二章 "圣显"的思想溯源

将宇宙、世界、生命、灵魂有机地联系起来,使生活完整地嵌入整体的自然节律中。因此,罗马尼亚人关于宗教的思考同时兼具宇宙论与神学,其宗教生活的特点则表现为神圣的自然化和宇宙化。

但在其他国家地区的基督教教徒看来,重视神圣与自然互动的态度容易被指责为受到异教徒的污染。因人类被逐出伊甸园之故,世俗世界也因人的罪恶而受到牵连。在《圣经·创世记》中,上帝对亚当说:"你既听从妻子的话,吃了我所吩咐你不可吃的那树上的果子,地必为你的缘故受诅咒;你必终身劳苦才能从地里得吃的。地必给你长出荆棘和蒺藜来;你也要吃田间的菜蔬。你必汗流满面才得糊口,直到你归了土,因为你是从土而出的。你本是尘土,仍要归于尘土。"[①] 贬低人的肉体和尘世的自然,一度成为某些基督教信仰者的圣训。只有那些清贫寡欲、严格恪守上帝一神论的修道者才被认为是忠诚且富有权威的基督徒。与之相反,罗马尼亚东正教却不贬斥人的肉体和世俗社会。由于耶稣道成肉身并牺牲自己来拯救世界万物,那么人的肉体和世俗社会也理应得到了同样的救赎,所以以守望神性的尊崇来压抑世俗人性,以贬低尘世来赞颂天国,这在罗马尼亚的东正教徒看来并不符合基督救赎的普遍性。因此,罗马尼亚的"宇宙论的基督教"信仰不能简单地贬斥为异教信仰,同样也不是异教和基督教的融合,而是基于罗马尼亚本土自然主义思想传统而创造性诠释和转化出来的基督教亚种。伊利亚德在《罗马尼亚文化的命运》中清晰地解

[①] 《圣经·创世记》第3章第17—19节。

寻找哲人石

释了罗马尼亚的自然宗教倾向:

> 很长一段时间以来,人们一直认为,对自然的感觉和与宇宙的团结背叛了非基督徒的灵性。这种偏见是对于基督教的了解不足,尤其是对东方基督教,它保留了最初几个世纪的整个仪式精神。在现实中,古老的基督教并没有贬低自然,就像中世纪、禁欲主义和道德化基督教的某些方面一样,自然往往是优秀的"恶魔"。对于古老的基督教,正如东方教父特别理解的那样,宇宙在一段时间内没有停止成为上帝的创造,宇宙节律总是被认为是一种仪式。①

伊利亚德批评了部分基督教神学家对于"从自然界获得神圣"的谴责,指出他们的误判源于对基督教教义的不充分了解和保守化解释。虽然在罗马尼亚东正教传统中一直存有大量的圣像崇拜、圣物崇拜、繁多的仪式等自然神学的内容,但它们最终都指向一个超自然存在的上帝本体。超自然本体在宇宙万物中显现,并且使所有事物都在整体性中相互关联。这也是古代基督教所秉持的观点。因此,伊利亚德不把崇尚自然、热爱自然的人称为"异端",反而以同情理解的方式宣扬罗马尼亚东正教的独特性——当地人对于自然宇宙的长久且持续地依恋,使得上帝的秘密得以在人与自然的欢乐交融中显现。不

---

① 参见 Caius CuȚaru, "Eliadian Reflections on the Spirituality of the Romanian People", *TEO*, p. 54。

第二章 "圣显"的思想溯源

难看出,"圣显"理论的形成应该受到了罗马尼亚东正教宇宙论的影响,或者反过来说,"圣显"理论为罗马尼亚东正教宇宙论倾向奠定了普遍的宗教性原则。

有罗马尼亚学者对此评论说,罗马尼亚东正教的宇宙维度是一种独属于欧洲东南部基督教的特点,在西方基督教中处于被遗忘的维度。[1] 同时,正因为罗马尼亚自然主义的宇宙论倾向被有效地纳入基督教信仰体系内,所以罗马尼亚人的信仰才没有滑入"朦胧的神秘主义的黑暗潮流"中,并能够坚定地无视对"神秘主义"令人不适的称赞。[2] 然而,伊利亚德从未否认过罗马尼亚东正教的神秘主义色彩,更没有说罗马尼亚人对神秘主义不痴迷。相反,伊利亚德在日记中曾谈到罗马尼亚东正教残留了不少的神秘主义色彩[3],并在讲座中还提到包括罗马尼亚在内的不少欧洲人都对神秘主义,如占星术之类的事物表现出一种难于割舍的痴迷。当然,这种痴迷在伊利亚德看来是具有宇宙论意义的。

其实,不少人正在意识到东正教相对于天主教、新教的主要特点就是神秘主义和保守,相较之下,东正教的圣事更加精细复杂,且每一种奥迹(Holy Mysteries)都在传递着内在精

---

[1] Caius Cuțaru, "Eliadian Reflections on the Spirituality of the Romanian People", *TEO*, pp. 49 – 50.

[2] Caius Cuțaru, "Eliadian Reflections on the Spirituality of the Romanian People", *TEO*, pp. 49 – 50.

[3] 读完伊利亚德早期著作后,Ricketts 总结道:"对于伊利亚德而言,基督教—东正教是神秘的宗教,能够让人直接与神接触。"参见 Mac Linscott Ricketts, *Mircea Eliade the Romanian Roots*, *1907 – 1945*, p. 184。

神的恩典。① 伊利亚德就曾反复地提到,与当地传统的农业文化交融后,罗马尼亚东正教的神秘气息和偶像崇拜之风更为浓郁。这使得伊利亚德曾一度认为东正教的事物及现象呈现出明显的偶像崇拜的特色或者说神秘主义的色彩。礼拜时的器物、图像(如耶稣基督,罗马尼亚的皇帝、圣母)、象征都可被视为富有神圣属性。但是,伊利亚德后来逐渐意识到自己以前误解了东正教中的神圣事物,其实它们不是偶像崇拜,而是人们眼中的"圣显"。可见,罗马尼亚东正教中的神秘的偶像崇拜为"圣显"形式的多样性提供了解释空间,以至于当伊利亚德从世界的四个层面(宇宙、生物、地方、象征)分析世间的"圣显"时,常常被神学家误认为"偶像崇拜主义"或者"泛神论"者。

事实上,一部分神学家认为东正教崇拜和尊崇的神圣虽然繁多,但最终都汇归于上帝或基督,比如,无论是上帝的足迹、耶稣的画像,还是举办宗教仪式的场域都具有神圣性,而这种神圣性得益于上帝的荣光。与此不同,伊利亚德却主张并不存在神圣的具体统一性,即不存在固定统一的神圣,如上帝、基督。这也可以看出伊利亚德的"圣显"理论与泛神论之间存在着不可忽视的差别。"泛神论"主张基于统一性的神显,即神在世中,神由世显。神明神灵参与世界的方式大体上可以分为两类:一类是具有自然主义倾向的泛神论,把神融化于自然之中,认为自然界充满了万物之神;另一类是具有宗教神秘主义倾向的泛神论,把自然消解于神之中,认为神包容自

---

① "东正教教徒经常被嘲笑为神秘主义者或追求神秘化的人。"参见 Roland Clark, *Nationalism, Ethnotheology, and Mysticism in Interwar Romania*, Pittsburgh: University of Pittsburgh, 2009, p. 6。

第二章 "圣显"的思想溯源

然和人类，神就是自然，神涵摄一切。① 泛神论所指的神或超自然存在具有同一性或统一性，不是不同的神灵泛化于自然万物中。因此，伊利亚德仅仅在形式上接受了在东正教中神圣广泛存在的偶像崇拜主义以及将自然与上帝等同起来的泛神论。也就是说，伊利亚德从东正教获得的启发就是神圣普遍存在于自然，并借由自然表达其自身，但不接受神圣只能是基督教上帝的"一神论"以及只有基督教上帝普遍存在于自然中的"泛神论"观念。因为这种认识是基于其宗教学家的身份，而非具体宗教的神学家。换言之，虽然在客观描述的比较宗教学视角下，宗教信仰中的神圣事物表现出充足的多样性，但如果将所有神圣的本体统统归于同一性或统一性（如上帝）或其他的超自然存在，那么将会丧失宗教现象中的多元性，陷入西方基督教文化中心论（Western-Christian ethnocentrism）的拘囿，或者也会间接遁入像东正教那般的神秘主义深渊，便永远无法展开客观科学的比较宗教学研究。因此，伊利亚德努力强调"泛本体论"，即每一种宗教信仰都有其独特性，也都有其自身的本体/超越者/神圣存在。这样强调神圣存在的多样化可以有效规避"一神论"的误解，从而便能通过比较的方法研究这些丰富多样的宗教现象，从中寻找出人类普遍具有的共同的信仰结构。

伊利亚德对东正教神秘主义的理解和继承最奇特的部分应该是将耶稣基督的"道成肉身"有序地纳入他的"圣显"理论中。伊利亚德曾称"基督道成肉身"为"高级圣显"。但必

---

① 冯契主编，金炳华修订：《哲学大辞典》（修订本），上海辞书出版社2001年版，第341页。

须指出的是，他从未明确地强调过"高级圣显"与其他崇拜一棵树、一块石头的"低级圣显"有何本质上的区别，反而再三提醒到，即便是像基督教"道成肉身"这种"高级圣显"也需要有世俗肉身作为上帝在世现身的媒介。当超越的、永恒的、圣洁的神圣与有限的、短暂的、渎神的肉体共存一处时，圣俗的一体两相就极具震撼地展现出"圣显"对立冥合的特点。即便神圣神秘不可知，但无论是成体系的"高级圣显"，还是不成体系的"初级圣显"，二者都表现出同样的结构：1. 需要世俗作为媒介；2. 都有"对立冥合"的特点。但可惜的是，伊利亚德并没有将这类讨论更为深入地推进，毕竟他只是或者只想成为一名客观中立的宗教观察者和研究者。

二　罗马尼亚的民间传奇

伊利亚德曾指出民俗文化是知识的工具[①]，作为土生土长的罗马尼亚人，早年对于神圣的思考同样受到罗马尼亚民俗文化的影响。他提到当基于事实经验的观察和当代人类学、古生物学的方法写出罗马尼亚流行文化史时，就能发现罗马尼亚人民的精神之根如此深远。[②] 伊利亚德对罗马尼亚文化精神的理

[①] Mircea Eliade, "Folklore as An Instrument of Knowledge", in Edited by Bryan Rennie ed., *Mircea Eliade: A Critical Reader*, London and Boston: Equinox Publishing, 2006, p. 25；原文为 "Folklorul ca instrument de cunoaştere", *Revista Fundaţilor Regale*, Vol. 4, 1937, pp. 137–152。

[②] Mircea Eliade, "Preistoria, unui motiv folkloric românesc", *Buletinul Bibliotecii Române*, Vol. 3, 1955, p. 50, 转引自 Mircea Popescu, "Eliade and Folklore", in Joseph M. Kitagawa and Charles H. Long, eds., *Myths and Symbols: Studies in Honor of M. E.*, Chicago and London: The University of Chicago Press, 1969, p. 90。

第二章 "圣显"的思想溯源

解已经充分体现在其文学作品和宗教著述中。他在"二战"前和"二战"期间用罗马尼亚语出版的著作、发表的文章很多都与当地传统有关。重塑罗马尼亚精神文化的愿望使得他的选材也总是广泛地选用罗马尼亚的民间传说，例如：小说《克里斯蒂娜小姐》中的吸血鬼，小说《禁林》中阴阳两界的沟通，其他作品中表现出来的罗马尼亚萨满教中的白巫术（white Magic）和起死回生的查莫西斯神，等等。通过阅读这些作品，可以看出伊利亚德的创作深受罗马尼亚传统文化的启发。[①] 基于这种工作特质与习惯，伊利亚德"圣显"理论的论证也保留了大量的罗马尼亚民间传奇和习俗，如女巫、吸血鬼、狼人等。

关于巫师、吸血鬼和狼人在罗马尼亚的发生史，伊利亚德认为早在东正教进入罗马尼亚之前就已经广泛流传，如其所言："无论如何，罗马尼亚的女巫真实地再现了前基督教时代的信仰状况，其模式亦可见于欧洲其他地区。"[②] 在古罗马尼亚语中，"斯特尼戈伊"（Strigoi）意味着"巫师"。活着的（女）巫师极具破坏力量，如"传播瘟疫""制造旱灾""下恶毒的魔咒"；而部分离世的巫师则会变为吸血鬼。伊利亚德指出，罗马尼亚女巫总是在女巫群体之内发生"梦幻出游及

[①] Mircea Popescu, "Eliade and Folklore", *Myths and Symbols: Studies in Honor of Mircea Eliade*, p. 81. 伊利亚德还曾执笔写道："遗憾的是，这一范围并未受到西方学术界的重视，这便是罗马尼亚的民俗传统。"可见伊利亚德对于罗马尼亚民俗传统的重视。参见［美］米尔恰·伊利亚德《神秘主义、巫术与文化风尚》，第107页。

[②] ［美］米尔恰·伊利亚德：《宗教思想史》第2卷，第109页。

出神状态中仪式性战斗",而不是与非女巫之间。① 巫师的超自然力量通常呈现为一种"力显"(kratophanies),使得"自然"变为某种巫术或宗教的东西。因此,她们常常令人敬畏——让人崇敬信服,又使人恐惧畏服。另一个让罗马尼亚闻名的便是吸血鬼的传说,《克里斯蒂娜小姐》正是以此为创作背景。在关于《克里斯蒂娜小姐》写作的访谈中,伊利亚德说:"在这本新小说中,我试图接近那奇妙的纯罗马尼亚人的感觉,去了解我们在罗马尼亚民间传说中相遇的奇妙存在。"② 但他指出,在罗马尼亚和东欧的其他地方,人们对于鬼魂和吸血鬼的恐惧并不是来自吸血鬼和鬼魂本身,而是源于更深层次的原因,即对偶发的集体性传染病的恐惧。③ 疾病意味着毁灭、崩溃和死亡,它让人们感受到一种无法掌控的毁灭力量。死亡、疾病既是邪恶力量的显现,又奇妙地反向刺激出令人敬畏的神圣性。另外,在罗马尼亚的古老传说中,还有一段狼人和吸血鬼的传奇。在传说中,狼人对吸血鬼有着天然的敌对情绪,因为吸血鬼是邪恶的,而狼人作为上帝的"狗"来阻止吸血鬼扰乱人间。④ 在罗马尼亚的民间文化中,世人对于狼人的态度却不是因其作为上帝的使徒而倍获尊崇,反而表现出一种另类的恐惧,这在一定程度上应和了伊利亚德所谈的"圣显辩证法"。狼人既因其作为上帝使徒而展露神圣性,又因其帮助世人解决

---

① [美] 米尔恰·伊利亚德:《神秘主义、巫术与文化风尚》,第108页。
② Anca Popoaca-Giuran, *Mircea Eliade: Meanings (the Apparent Dichotomy: Scientist/Writer)*, p. 134.
③ Mircea Eliade, *Zalmoxis, the Vanishing God: Comparative Studies in the Religions and Folklore of Dacia and Eastern Europe*, p. 250.
④ [美] 米尔恰·伊利亚德:《神秘主义、巫术与文化风尚》,第106页。

第二章 "圣显"的思想溯源

吸血鬼而沾染了邪恶,因此狼人的意象体现出世人对待"圣显"的矛盾心理——恐惧又敬重、需求又排斥。①

如何才能更好地理解上述的二元对立又共存,伊利亚德引入了"狄安娜"(Diana)女神的论述。在罗马尼亚民间文化中,围绕这位女神出现了许多传承悠久的仪式和禁忌,它在罗马尼亚民间信仰中的地位举足轻重,不容置疑。② 狄安娜在罗马尼亚语中意为"仙女",仙女一词 Zina 来自 dziana。作为"仙女"的后裔——漂亮的济娜(zîne)却是顽皮且残忍的,她喜怒无常,时常降临凡尘,兴风作浪,给尘世带来可怕的疾病,如精神病、风湿、偏瘫。罗马尼亚人通常为了讨好和摆脱这位邪恶的仙女,将其尊称为"神圣者"和"慷慨者"。为了治疗济娜降下的灾病,人们只能在卡鲁萨里(职业领舞者)的带领下不断舞蹈来洗涤罪孽。③ 而舞蹈者(卡鲁萨里)所祈求护佑的神祇却非济娜,而是济娜的先祖"狄安娜"。由此看来,济娜和卡鲁萨里是一对矛盾关系,最后又统一为狄安娜——狄安娜既是完美者,又是破坏力量的孕育者,同时还是破坏力量的平息者。除此之外,伊利亚德还提到了罗马尼亚民间信仰中的另一组矛盾关系——圣·西奥多(saint Theodore)。它既是帮助年轻女子顺利出嫁的守护神,又是给女人(特别是年

---

① 这一矛盾而辩证的关系在电影《暮光之城》中得到了形象化的表现,其中狼人在电影中代表着正义,也代表着恐惧。

② 参见 Mircea Eliade, *Occultism, Witchcraft and Cultural Fashions: Essays in Comparative Religions*, p. 80。

③ 参见 Mircea Eliade, *Occultism, Witchcraft and Cultural Fashions: Essays in Comparative Religions*, p. 80。

轻姑娘）带来疾病和恐惧的凶神恶煞。① 这两组罗马尼亚民间神话都充分展示了神灵（圣）的对立统一性——既庇佑凡人，又给俗世降下灾祸与恶疾。这一特性与伊利亚德后来反复强调"圣显"的"对立冥合"的特征有着异曲同工之妙。伊利亚德认为神圣与"圣显"的"对立冥合""一方面表达了两个神灵的截然对立，他们起源于同一个原则并且在许多神话版本中又注定要在某个末世论的彼时重归于一；另一方面也表达了在神的本性中存在的对立冥合，其本身交替甚至同时显现为仁慈和恐怖、创造和毁灭、太阳和蛇……这种神圣性超越一切属性并将一切对立面统一起来"。② 由此可见，罗马尼亚关于狄安娜、西奥多的神话均表现出对立面源于同一原则的特点。从其流传之古远来看，体现在这些神话中的二元论并不源于基督教，而是来自史前的巴尔干和中亚地区的二元论。③ 对此，伊利亚德表现出民族文化的自信，认为"只有罗马尼亚才留存下来这种古老的前基督教时代的形式，虽然不可避免地有了一些变化"④。

此外，伊利亚德也经常提到令其魂牵梦绕的、流传在罗马尼亚地区的扎莫西斯神信仰，如"我时常会被达西亚和扎莫

---

① ［美］米尔恰·伊利亚德：《神秘主义、巫术与文化风尚》，第114—115页。
② 中译文参阅［美］米尔恰·伊利亚德《神圣的存在：比较宗教的范型》，第392页。
③ "耶和华是善良的也是愤怒的，基督教神秘主义者和神学家的上帝是恐怖的同时也是温和的。"参见［美］米尔恰·伊利亚德《神圣的存在：比较宗教的范型》，第392页。
④ ［美］米尔恰·伊利亚德：《神秘主义、巫术与文化风尚》，第116页。

第二章 "圣显"的思想溯源

西斯散发的激情'抓住'。接着随之回到了希罗多德的文字，已经阅读并重读了三十四次遍关于盖塔人的信仰……有几天我好像着了魔似的；我不做别的事情，只是再次阅读，梦想着根据一些材料写出无数页的观察，评论，学习计划和未来的研究"①。伊利亚德这一梦想终于在二十年后实现。在 1970 年，法语版的《扎莫西斯：消失的神灵》一书得以出版，开篇写道："对扎莫西斯的崇拜——就像根植于罗马尼亚民间传说的神话、符号和仪式——根植于一个精神价值的世界，这个世界在中东和地中海古代伟大文明出现之前就已出现。"② 可见扎莫西斯对于伊利亚德理解宗教和世界具有极其重要的意义。在民间信仰中，扎莫西斯象征着起死回生，因为它可以通过死亡的仪式来获得永生，故其特点是神秘的、末世的。而"末世的"是指它确保了人们死后将会永远开启天堂般的幸福生活。③ 当然，这并不是在肉体意义上的永生，在民间的现实生活中，往往暗指人的灵魂可以在扎莫西斯那里获得永生。扎莫西斯的起死回生之力，与基督教的耶稣复活一样让人感到神秘、惊叹，二者有着共同的结构。但不同的是，前者神秘的末世力量只有在扎莫西斯"神显"后才能感受到，显现之前则是以世俗的状态隐蔽着。换言之，世俗中肉体的死亡是神圣的

---

① 日记原文为罗马尼亚语，英译本见 Mircea Eliade, *Journal I, 1945 - 1955*, p. 198。可同时参阅其他人的英译本：Anca Popoaca - Giuran, *Mircea Eliade: Meanings (the Apparent Dichotomy: Scientist/Writer)*, p. 138。

② Mircea Eliade, *Zalmoxis, the Vanishing God: Comparative Studies in the Religions and Folklore of Dacia and Eastern Europe*, p. vii.

③ Mircea Eliade, *Zalmoxis, the Vanishing God: Comparative Studies in the Religions and Folklore of Dacia and Eastern Europe*, p. 44.

隐蔽状态，精神的永生是神圣的显现状态。所以伊利亚德认为，只有阐明了神的隐匿及其显现（epiphany）的初始意义才能理解扎莫西斯神。[①] 而这一意义完整地表达在"生存—死亡—重生"的规律中，已经超越了人死即亡的自然人生观。当死者再生时，神圣也就由此显现。由此可见，扎莫西斯的信仰向罗马尼亚人传达了克服死亡的神秘力量，即起死回生的"圣显"。

综上所言，我们不能判定伊利亚德的"圣显"思想全部来自罗马尼亚东正教，也没有足够的理由判定"圣显"思想只有在东正教的背景下才能够被理解。同样，我们也不能将"圣显"理解成罗马尼亚民间文化的"借尸还魂"，更没有办法认定"圣显"对解释罗马尼亚民间传奇显得更加具有亲和力。其实，伊利亚德的"圣显"理论是从所有宗教现象中普遍抽象出来的，而东正教作为伊利亚德切己的考察领域，自然也在"圣显"理论的解释范围之内；世界上的其他宗教亦复如是。既然"圣显"理论的解释力是普遍性的，那么其来源自然也是多源的，不可能是独源内生的。这意味着"圣显"理论的形成必然吸取了其他宗教信仰的经验，而其中最具有说服性的便是伊利亚德在印度求学时修习瑜伽的经验，因为当他从印度回到布加勒斯特时，"圣显"一词便在其著作中被广泛使用。

---

① Mircea Eliade, *Zalmoxis, the Vanishing God: Comparative Studies in the Religions and Folklore of Dacia and Eastern Europe*, p. viii.

第二章 "圣显"的思想溯源

·第三节·
东方宗教与文化：以瑜伽为中心

按照伊利亚德的说法，如果要了解整个人类的存在之根和整体命运，那么仅仅了解自身的信仰和文化传统（比如其家乡的东正教信仰和罗马尼亚传统文化）则是远远不够的。退一步说，即使清楚明白地理解了他自身的东正教信仰及其文化传承，也很难挖掘出基督教密藏在各自文化传统中的秘义和信息。为了探究基督教乃至所有宗教更为真实的内涵和结构，伊利亚德提倡并努力推行关于旧约、美索不达米亚、埃及、地中海世界和印度文化等方面的研究。① 从伊利亚德的学思经历来看，东方宗教与文化，特别是印度宗教和文化成为他首要追寻的方向和兴趣所在。其实，西方人对东方浓厚的兴趣，其来有自。缪勒就曾说过，"对我们这些几乎完全受希腊人、罗马人以及闪族之一的犹太人的思想所教养的人来说，什么文献最有匡正的效果，而最需要它使我们内心生命更完美、更全面、更普遍，事实上是更人性化的一种生命……我会再度指向印度"②。

与此思想方向相同，伊利亚德几乎不自觉地踏上了向印度

---

① Mircea Eliade, *Ordeal by Labyrinth: Conversations with Claude-Henri Rocquet*, pp. 18 – 19.

② 参见［美］休斯顿·史密斯《人的宗教》，刘述先校订，刘安云译，海南出版社2001年版，第17页。

求学之路。事实上，他对东方的兴趣起源于他对炼金术和东方神秘主义的兴趣，正如其又言"再没有比西方意识对印度的发现和理解更为吸引人的了"①。对炼金术和东方神秘主义的痴迷始于大学期间，这份痴迷促使伊利亚德为了方便研究炼金术和东方神秘主义而修习梵语。其实，无论是诸如"梵我合一""万物一体"等东方神秘主义，还是"梵为物根、梵在物中"的宇宙论，东方思想特别是印度哲学和文化都强烈地激起了年轻伊利亚德难以遏制的探索兴趣，这使得他在大学毕业后千里迢迢地远涉印度修习瑜伽和梵文。经过三年的学习，瑜伽令他更清楚地认识了自己及其与宇宙一体的关系。②他发现以往西方人对瑜伽的理解存在严重的失误，因为瑜伽不能简化为神秘主义，其最直接的面貌应是一种玄妙的修行法门，从石器时代以来一直存在于印度文明之中。

"瑜伽（yoga）一词很早就用于指任何一种苦行方法，任何一种坐禅术，我们发现，修习瑜伽在印度广为流传，不仅在婆罗门中间，而且在佛教徒和耆那教徒中间也很流行。"③ 这一法门的起手式便是"心注一处"，其对象可以是有形之物（眉心、鼻尖、发光的物体），无形的思想（一种形而上学真理），也可以是自在天（Īśvara），其方法要义在于控制感官活动和潜意识活动两种心智流的产生。④ 在伊利亚德的分析中，

---

① ［美］米尔恰·伊利亚德：《不死与自由：瑜伽实践的西方阐释》，第3页。
② Dennis A. Doeing, A Biography of Mircea Eliade's Spiritual and Intellectual Development from 1917 to 1940, p. 95.
③ ［美］米尔恰·伊利亚德：《宗教思想史》第2卷，第499页。
④ ［美］米尔恰·伊利亚德：《宗教思想史》第2卷，第501页。

第二章
"圣显"的思想溯源

瑜伽技术和活动中关于神圣的思考与东正教存在明显的区别：瑜伽的活动对象可以是任何事物，如包括自在天，但此神圣非衍生万物的造物主，而是可以加快解脱、获得自由的神圣；[①]而东正教的圣物众多，但最终都可以追溯到创造宇宙万物的上帝。由此可知，在瑜珈术的讨论中，"圣显"的对象也是世间的万事万物，"可以是身边之物，也可以大到世界本身、神灵、一个象征、一条道德律甚或是一个观念"[②]，伊利亚德甚至说"任何感官的活动都可以成为圣显"。在对象范围上，伊利亚德对"圣显"对象范围的界定明显受其所修行瑜伽的影响，所以他不认为任何异于基督教的东方信仰都必是畸形的，甚至对这些宗教的异国情调和观念情有独钟，并且能达到同情的理解。

在瑜伽修行中激起神圣感的事物遍及一切处，换言之，宇宙万物皆可在瑜伽修行中"显圣"。除此之外，伊利亚德还认为在瑜伽修习的终极境界——实证"三昧"中，一种由极其宏富又很简单的、极难理解又能直觉到的、拥有一切却又不执取的意识状况占据修行的者全部意识和心理，此时，一切似有差别却无对立，一切差别都可在"三昧"闪现闪退——闪现时意识与意识对象在直觉中表现为对立；闪退时两者自然自在且相互融合，呈现出"对立冥合"的特点，具有鲜明的灵魂知识学的味道。伊利亚德曾这样描述身处"三昧"的状态。

[①] ［美］米尔恰·伊利亚德：《宗教思想史》第2卷，第503页。
[②] ［美］米尔恰·伊利亚德：《神圣的存在：比较宗教的范型》，第22页。

思想能够直接把握对象的形式，不需要借助范畴和想象；在这种状态下，对象以其"自相"（svarūpa）、本质显示自己，仿佛就是"自己抽空了似的"（《瑜伽经》3.3）。对象的知识和知识的对象之间有了一种真正的对应性，因为对象再也不是处在与意识的联系中，它把自己规定和确定为一种现象对意识显现自己了，它仿佛就是"自己被抽空了"似的。[①]

"三昧"是瑜伽修行时所达到的沉思状态，也是一种平衡状态。伊利亚德在此借用了现象学中的本质直观来描述瑜伽的沉思状态。在冥想沉思状态下的意向对象既是显现的主体，也是主体意识的对象，但是当其达到"对应性"时，就出现了令人奇怪的景象，主体感知不到自己意识，而任由这股心智之流占据并填满被抽空的自己，于是，思想的对象反而占领意识高地，成为主动的、不断显现的现象主体。在这种状态中，瑜伽行者可以将空无与实有、生命与死亡、有与非有等对立元素统一起来，整合成与现实世界完全异质性的尚未"主/客"二分的初始的、无形态之别的状态中。但是重新整合（reintegration）[②] 不是倒退回太初的、无差别的混沌中，而是在"超意识的取向"[③] 上自由地回归于无形态的初始状态。在伊利亚德看来，证入"三昧"或谓"梵我合一"便是以超越的自由的

---

① ［美］米尔恰·伊利亚德：《宗教思想史》第2卷，第505页。

② Mircea Eliade, *Yoga: Immortality and Freedom*, trans., Willard R. Trask, London and New York: Routledge and Kegan Paul, 1958, p.97.

③ ［美］米尔恰·伊利亚德：《宗教思想史》第2卷，第507页。

意识模式存在于"梵"（brahman）中，修行者至此便可感受到狂喜（ravishment）、妙乐（bliss）的情感。由于伊利亚德曾有过亲身修行瑜伽的经历和体验，这让其后来思考"圣显"时，较为注意"圣显"过程中的情感表现和特征，所以他在《范型》中才有意强调任何让人感觉到快乐的，或者人们喜爱的对象都可以称为"圣显"。① 因此，证入"三昧"或"梵我合一"的瑜伽妙境均可视作特定条件下的"圣显/显圣"。

除了表现出情感上的愉悦、对立冥合、广泛的意识对象特点，瑜伽还会展现出与东正教一样的宇宙整体性。伊利亚德在《瑜伽：不死与自由》中写道：

> 在退出人类的世俗生活后，由于节律，瑜伽行者能够在何种程度上找到那种更为深刻和真实的宇宙生活。的确，一个人可以把第一个瑜伽阶段说成是朝向人之"宇宙化"的努力。通过瑜伽静坐进入到息虑凝心处（三昧、禅定），就可以将生活中混乱的生物心智转变为一种由瑜伽而生发的神圣意识。②

对瑜伽修行者而言，自我的身体与内心应该在修行中形塑为统一的"整体"，身体活动与意识运用在瑜伽中一体化或一致化。身心凝一可以视为修行者自身的"小宇宙"，然后通过坐法、调息、心注一处的修持让"小宇宙"与自然"大宇宙"

---

① ［美］米尔恰·伊利亚德：《神圣的存在：比较宗教的范型》，第9页。
② 现有中译文较为晦涩，故改译如是。参见 Mircea Eliade, *Yoga: Immortality and Freedom. Yoga*, p. 97。

同频共振。在伊利亚德看来,这种将人之生理、心理整体化地朝向宇宙结构和节律的方式是一种不断地寻求解脱的身心与宇宙同一化的过程,并最终将修行人抛向更深广的新维度,保证其获得在宇宙尺度上宏观的人类经验。① 最终的阶段即前文所言的"三昧阶段",人在"抽空了自己"的同时又能感受到意识的涌动,在"对立冥合"的悖论状态中感受真正的超越活动,体验到极致难言的妙乐。在玄妙的宇宙运作中和框架内讨论"圣显",这是伊利亚德宗教研究中的重要课题,也是他的人生理想。如果将宗教的核心——神圣置于这个框架内,那么离解开神圣的奥秘则更近了一步。伊利亚德是用科学中立的办法探索宗教,而不是用巫术神学的方法将问题搅弄得更加玄奥,正如其自传言:"我没有神秘的使命。从某种意义上说,我更接近'玄妙'(Magic)而不是神秘主义(Mysticism)。即使在青春期,我也试图压制,我对瑜伽和密宗的热情源于浮士德式的怀旧之情。"② 这也表明伊利亚德的宗教探索并不是为了成为拥护和守护特定信仰的宗教徒,而是为了获知宗教本性并在此基础上触发人们对自我生存样态和当代文化生活的凝视与反思。

虽然在"三昧"中,瑜伽行者获得了与宇宙同一的神圣体验,但与在东正教中获得上帝临在的神圣感,依然存在着显著的区别。瑜伽修行的主要旨趣在于锤炼精神。当精神通过冥

---

① [美]米尔恰·伊利亚德:《不死与自由:瑜伽实践的西方阐释》,第107页。

② Moshe Idel, *Mircea Eliade: From Magic to Myth*, New York: Peter Lang Publishing, Inc., 2014, p.5.

第二章
"圣显"的思想溯源

想的方法与印度哲学中的"梵"合一时,人的精神就能和整个宇宙融为一体。因此,瑜伽对"精神操纵术"的关注和重视是印度精神文化的共性,这点被伊利亚德敏锐地捕捉到,于是他在1936年的《瑜伽:印度神秘主义的起源》中写道:瑜伽不是少数修行教派的传承,而是"印度精神的特殊类别",自石器时代以来一直就是印度文明的精神。[①] 进而,伊利亚德称赞瑜伽精神传承史的稳定性和连贯性,因为没有受到唯一至上神的介入而导致中断。

其实,伊利亚德对瑜伽的兴趣与完成自身精神转变的意图有关。这是否说明了伊利亚德也相信隐藏在凡人中的"圣显或神显"?或者说,他想象自己可以通过瑜伽练习达到超凡的精神状态?在1927年时,他认为成圣(become God)是有可能的,即通过采用绝对安静(silence)的方法,尽管一个人可以获得被视为疯狂的特殊力量。但在此前的基督教背景下,人能成圣的论断几乎可以被判定为"渎神",只有神才能"道成肉身",普通人不能"肉身成道"。受到东方"肉身可成道"思想的影响,伊利亚德转变了态度,认为追求成圣、在精神上从有限到无限才是耶稣道成肉身的真实原因,显示了人类经验的巅峰时刻。所以在《独白》中,他承认存在着"成圣(divine)的技巧"[②]。

瑜伽除了有悠长的本土史外,伊利亚德还惊奇地发现在印

[①] Liviu Bordaş, "Mircea Eliade as Scholar of Yoga: A Historical Study of His Reception (1936–1954)", *New Europe College Ştefan Odobleja Program Yearbook 2010–2011*, p. 23.

[②] Mircea Eliade: *Solilocvii*, pp. 60–61.

度瑜伽中没有像基督教那种绝对一神论的启示，在一定程度上存在着其他多样化的偶像崇拜，有其各自的本体、神灵、超越者（如现象、状态）。从外部来看，的确存在着诸神杂糅的现象，但就其各自内在系统而言，众多宗教传统中的瑜伽术都有一种基于宇宙本体论的假设——任何事物或一切存在都与宇宙本体保持着玄奥的关联，并且以一种特别的且有意义的方式整合进宇宙的运作中，从而超越出普通的存在类型。总的来说，伊利亚德的宗教观更像是在教人以一种宇宙论方式领会如何在世存在，表现为一种经验式的知识以及对生存意义领悟技术的强调。① 伊利亚德将这种在瑜伽中透显出宇宙本体的方式称为"神圣在事物和宇宙节律中的显现"②。

另外，伊利亚德一开始并不太了解也不太相信多神信仰的方式和状态，但自印度归来后，他便坦言自己就像生活在基督教世界中的"异教徒"，开始通过瑜伽沉思来参与神圣。③ 瑜伽修习不仅不需要基督教上帝的启示，而且也不需要任何神明的协助，只需要修习者融入宇宙中去感受。所以瑜伽修行时所获得的启示不是由超自然神明赋予的，而是一种来自人的自身领悟，即与宇宙融一过程中从意识里自然涌现出的关于生命真谛和宇宙真相的领悟。在伊利亚德看来，这种领悟就是一种"圣显"，所以他在《瑜伽术》中才指出整个宇宙既是巨大的

---

① Moshe Idel, *Mircea Eliade: From Magic to Myth*, p. 13.
② Mircea Eliade, *Ordeal by Labyrinth: Conversations with Claude-Henri Rocquet*, p. 56.
③ Mircea Eliade, *Ordeal by Labyrinth: Conversations with Claude-Henri Rocquet*, p. 57.

神显，也是巨大的"圣显"。这说明宇宙本身就可以充当神明的存在，而人与宇宙的沟通也无须神明的介入。这种由宇宙本体所代替神圣的"圣显"思想表现出更为宽阔的理论解释力，从此"圣显"就无须局限于宗教领域。

综上所述，吸收了瑜伽所含的宇宙整体论之后，"圣显"观念将不再强调超自然存在的神灵作为其发生的先决条件，而是以整个宇宙作为神圣本体与主体，因此格外关注人的精神活动与外界自然的整体关联。这点与心理分析是不一样的。心理分析是为了发现和理解人的潜意识和精神活动，而瑜伽是为了控制它。[①] 因此，当人能够控制自己的精神回归和统一于自然节律时，瑜伽中的"圣显"便使人的存在方式拥有了宇宙意义，故伊利亚德才盛赞"印度的'圣显'概念远比当今的基督教更深刻"[②]。

[①] Mircea Eliade, *Ordeal by Labyrinth: Conversations with Claude-Henri Rocquet*, pp. 60–61.
[②] Mircea Eliade, *Journal I, 1945–1955*, p. 29.

第三章

"圣显"的基本内容

　　伊利亚德对"圣显"的思考有着逐渐深化和完善的观念发展史，故而在不同时期对该范畴的运用将会表现出差异化语境中的语义偏向。"圣显"单纯的词义是"神圣的显现"，也是伊利亚德最常用的意涵。虽然这一意涵最为常见，但绝不可由此推断这便是伊利亚德对"圣显"的全部用法。其实，"神圣的显现"只是理解伊利亚德"圣显"的开始，而不是理解"圣显"的终结。由于"神圣的显现"看似简单的意义背后却存在与使用语境和应对问题相关的多义性和歧义性，如：神圣的存在方式及其显现方式的多义性和歧义性。由此，"圣显"便成了伊利亚德在人类错综繁杂的宗教历史中揭开宗教复杂性和统一性的锐利的概念工具。

　　在伊利亚德宗教思想中，"圣显"是一个极富解释力且获得广泛运用的概念，不仅用于解释各类宗教现象和准宗教现象，而且还用来理解世俗生活中任何与神圣崇高相关的行为、事物和感受等。既然"圣显"在宗教生活和非宗教生活中如此常见，那么"圣显"会是什么呢？在日常生活中，人们会说苹果是水果、梨子是水果、香蕉是水果等，那水果是什么？我们显然不能说水果就是指苹果、梨或者香蕉等。"水果"作为一种比苹果等更为抽象和综合的上位概念，表达了包含苹果、梨子、香蕉等在内的类属性，所以"水果"的定义可以是"对多汁且有甜味或酸味的可食用的含有丰富的营养且助消化的植物果实的统称"。这一定义不仅指出其本质特征及种属关系，还表明了其作用和用途等，具备了显著的操作性和适用性。因此，我们也需要在伊利亚德的思想中为"圣显"找寻类似功效的操作性定义，对"圣显"的语义内涵、时空场域、使用方式和实现目标等做出清晰的说明。

·第一节·
"圣显"的语义要素分析

一 关于"hiero-"的释义：holy 还是 sacred

Hierophany 由希腊形容词 *hieros* 和动词 *phainein* 构成。词根 *hieros* 在古希腊语中几乎可以指称或称谓任何事物和人，诸如祭品、庙宇、庙宇的辖区、城市、高墙、百牲祭、寺庙、圣坛、山谷、河流、昼夜、面包、橄榄树、大麦、军队、战车、个性、牧师、神秘的信徒、字母、棋盘游戏中的石头等，但极少用来指称"神"或"女神"。职是之故，希腊的犹太教徒和基督徒通常使用另一个希腊语"hagios"来称谓神或女神。①如此，hieros在词源上就与任何意义上的神灵保持着足够大的距离，不会造成由hieros的引申之词hierophany专指神灵的误解。因此，伊利亚利德选用hiero-作为hierophany的词根所要传达的含义至少有以下两点：一是hierophany在指称范围上不限于神祇；二是hierophany可以用来称谓更为宽泛意义上宇宙万物，如其所谓"万物皆可成为'圣显'（hierophany）"。但这不意味着万物就是完成语态上的hierophany，而是指万物（包括一切人和事）曾经成为或正在成为或将会成为"圣显"，比如一切让人感觉到神圣且普遍受到人们敬畏的名川大山、日月星辰、神鬼祭祀，道键禅关等事物都可被称为"圣显"，但又不限于此。

词源上选用非专指神性的hieros作为词根便表明了伊利亚德对hierophany概念的运用场域有着明显的泛神圣化的规划。这一意图还将严格地执行在伊利亚德对"圣显"的解释中。他在《宗教百科全书》中将hierophany解释为"神圣的显现"(the manifestation of the sacred, appearance of the sacred)；在《神圣和世俗》中则解释为"神圣的自我表证"(the sacred manifests itself)；在《范型》中的解释同样是"任何显示神圣的事物"(anything which manifests the sacred)。② 由此可见，

---

① Carsten Colpe, "Sacred and the Profane, The.", trans., Russell M. Stockman, Lindsay Jones, ed., *Encyclopedia of Religion (2nd Edition)*, New York: Macmillan Publishing Company, 2005. p. 7967.

② 分别见 Mircea Eliade, (ed.) *The Encyclopedia of Religion*, Vol. 6, p. 313；《神圣与世俗》，第2页；《神圣的存在：比较宗教的范型》，第2页。

第三章
"圣显"的基本内容

伊利亚德选用了 sacred（法语：sacré）来解释 *hieros*。但他为什么要选用 sacred 而不是以更具宗教意蕴的 holy 来解释 *hieros* 呢？正如前文所示，*hieros* 通常表示包括神明、神灵在内的一切神圣的事物，如果伊利亚德选用 sacred 来表达 *hieros*，是否意味着 sacred 能够指称更广泛的神圣事物呢？

在英文中，单词 holy 与 sacred 经常互换使用。[①] 它们的词义差别微乎其微，以英语为母语的人混用这两个近义词来描述同样的现象并不罕见。[②] 就像奥托《论神圣》的书名，德语为 *Das Heilige*，英译为 *The Idea of the Holy*，但在《神圣与世俗》（英文版）中却被译为"The sacred"[③]，而在《神话，梦和神秘》（英文版）中又被译为"The Holy"[④]。即便《论神圣》的英译本几乎把德语"Heilige"都译成了"holy"，但还是有眼尖的读者发现 holy 与 sacred 的混用情况。[⑤] 此外，也有一些英译者将奥托《论神圣》和伊利亚德《神圣与世俗》中的"神

[①] Robert A. Segal, "Sacred (the); Sacred and Profane", in Kocku von Stuckrad and Robert A. Segal, eds., *Vocabulary for the Study of Religion*, Boston: Brill, 2015, Vol. 3, pp. 258 – 264.

[②] Willard G. Oxtoby, "Holy, Idea of the", in Lindsay Jones, eds., *Encyclopedia of Religion* (*2nd Edition*), p. 4097.

[③] 英文原文为"The extraordinary interest aroused all over the world by Rudolf Otto's *Das Heilige* (*the sacred*), *published in 1917, still persists*"。参见 Mircea Eliade, *The Sacred and the Profane: The Nature of Religion*, p. 8。

[④] 英文原文为"In 1917, when Rudolf Otto, Professor at the University of Marburg, published his little book entitled Das Heilige ('The Holy')"。参见 Mircea Eliade, *Myth, Dream, and Mysteries*, p. 123。

[⑤] 何叶博士指出《论神圣》第一章最后一句话的英文为"This attempt we are now to make with respect to the quite distinctive category of the holy or sacred"，该处没有区分"holy"和"sacred"的差别。参见何叶《神圣与世俗辩证法——伊利亚德宗教现象学研究》，博士学位论文，北京大学，2015 年，第 28 页。

圣"都译为"sacred"。① 还有一些英译者将奥托与伊利亚德著作中的"神圣"都理解为"holy",例如把 hierophany 阐释为"manifestation of the holy"。②

英文中习以为常的混用反而增加了我们讨论 sacred 的必要性,因为伊利亚德的 hierophany 概念始终用 sacred 来表述。如果能够明辨 sacred 概念的详情,那么至少从词源和语义上可以看出伊利亚德使用 sacred 而不是其他词汇来解释 hieros 的原因。

在伊利亚德主编的《宗教百科全书》中,我们可以找到破解这一疑惑的蛛丝马迹。《宗教百科全书》在"神圣和世俗"(Sacred and the Profane, The)这一词条中指出,sacred 源于拉丁词 sacer,用来描述被神圣仪式隔离的地点;其名词形式是 sacrum,表示"属于诸神的或在他们力量掌握中的事物"③,仅指古罗马宗教崇拜的仪式和地点,并不涉及神本身。随着时间变化,sacer 逐渐演变成只在犹太教与基督教中当作尊敬或祝圣(consecrated),失去了表示先天神圣属性的能力,故而其神圣性主要来源于人们对神的献祭行为④,从而导致其

---

① 例如在"The Identification of the Sacred inside the Religious Experience,一文中,作者 Cristina Sava 同样疲于讨论奥托的"神圣"和伊利亚德的"神圣",因为在罗马尼亚的译文中,译者没有区分 holy 和 sacred 的差别,均译为"sacred"。具体详情可见 Rudolf Otto, *The Sacred*, in Romanian by Ioan Milea, Cluj-Napoca: Dacia Press, 2002。

② Anca Popoaca-Giuran, *Mircea Eliade: Meanings (the apparent dichotomy: scientist/writer)*, p. 287.

③ Carsten Colpe, "Sacred and the Profane, The", trans., Russell M. Stockman, Lindsay Jones, ed., *Encyclopedia of Religion* (2nd Edition), New York: Macmillan Publishing Company, 2005, p. 7964.

④ Carsten Colpe, "Sacred and the Profane, The", *Encyclopedia of Religion* (2nd Edition), p. 7966.

名词 *sacrum* 只能表意为"与人类的尊敬有关"①。而 holy 来自古英语中的 hálig，指"远离伤害、健康、整全"②。因此从基本词义来看，holy 与 sacred 的区别在于前者指整全，后者指被区分开的；从两词的使用来看，前者因上帝而带来神圣化，后者更多地描述因人而来的尊敬；从两词的文化来源来看，前者更具有基督教的文化背景，后者就不具备基督教教义中"圣洁"的含义。③ 其中，holy 更具基督教背景的论断来自《论神圣》的英译者哈维（John W. Harvey）的观点，他认为虽然 sacred 在现代用法中可能等同于 holy，但是 holy 与宗教生活息息相关，更具有神秘性。Holy 因上帝而具有圣洁的含义，表达了对上帝所创造事物的感恩，而 sacred 却并未明确表现出与宗教生活和现象的紧密关联。美国宗教学家威拉德·奥克斯托比（Willard G. Oxtoby，1933—2003 年）曾明确指出 sacred 虽然可以指称值得尊敬的或崇高的对象，但是提到"上帝"时，人们会说"the holy one of Israel"而非"the sacred one of Israel"；提到"圣人"时，人们会说"holy man"而非"sacred man"；提到"宗教生活"时，人们会说"lead to a holy life"而非"lead to a sacred life"。④ 由此可见，sacred 可以脱离基督教的

---

① Willard G. Oxtoby, "Holy, Idea of the", *Encyclopedia of Religion* (*2nd Edition*), p. 4099.
② 参见何叶《神圣与世俗的辩证法——伊利亚德宗教现象学研究》，博士学位论文，北京大学，2015 年，第 26 页。
③ 何叶：《神圣与世俗的辩证法——伊利亚德宗教现象学研究》，第 26—27 页。
④ Willard G. Oxtoby, "Holy, Idea of the", *Encyclopedia of Religion* (*2nd Edition*), p. 4098.

文化传统，甚至任何神话和宗教传统，而泛指各种人们视为崇敬的事物。当然，这里并不支持这样一种观点：关于宗教领域内任何圣洁内容的表达完全由 holy 垄断，而 sacred 则根本无法表达任何宗教领域内的神圣内容。

其实，对于 holy 与 sacred 的区别，我们赞同这样的看法：sacred 通常作为相较于某宗教共同体之外的人用以表达某宗教中关乎神或神灵的潜在含义的描述性术语，holy 则属于宗教经验参与者（participant）的更具有排他性的术语。[①] 这里需要注意的是，"相较于某宗教共同体之外的人"不仅包括非宗教徒或无宗教信仰的人，还包括描述某宗教神圣事物和现象的其他宗教的信徒，如基督徒在对佛教内神圣事物和现象描述时所表现出来的身份状态。对宗教参与者而言，其崇拜的宗教对象及其相关事物和现象都是完全圣洁的（holy），这种圣洁无法容忍任何意义上的缺陷与不足，处在超越宇宙万物之上的绝对领域。但对于宗教的外在描述者而言，这些崇拜对象虽然表现出崇高和圣洁，但它们的显现是历史的、经验的、回溯性的。易言之，当站在信仰者的立场谈论神圣时，神圣是先验的，并有主观上的崇高和圣洁。奥托就曾在《论神圣》中表达 holy 不能来自历史或经验，而只能是先验的，但他也不否认宗教是历史的、向外显现的。[②] 那么对研究者和观察者而言，sacred 则可以用来恰当地表达历史中的经验性的神圣。

[①] Willard G. Oxtoby, "Holy, Idea of the", *Encyclopedia of Religion* (2nd Edition), p. 4098.

[②] Rudolf Otto, *The Idea of the Holy*, New York, Oxford University, 1958, p. 175.

第三章 "圣显"的基本内容

伊利亚德还指出，相比于 holy，sacred 更容易表达出神圣事物的辩证性。根据神圣辩证法，崇拜的对象既有宗教意义上的圣洁（holy），又是被咒的（accursed）。因为向神灵献祭是人类的祝圣行为，然而一旦当神灵毫无预兆地附身在某人或某物时，被附身的对象又是不幸的。即便如此，我们也不将附身的不幸解释为对一个对人类有害的阴间神的致命奉献，从而将这种辩证的对比变成一个实际的对比，因为这样做就破坏了一种模糊性，而这种模糊性是每一种宗教体验的基本结构的一部分。[①] 因此，sacred 是一个基于辩证法对神圣事物和历史现象的描述性用语。

质言之，对 sacred 和 holy 进行语意细节上的比较，可以让我们更清楚地理解 sacred 的特点和内涵，进而思考它与 hieros 之间的共通性和相似处。通过上文的比较，我们可以看出 sacred 和 hieros 的共同点就在于两者都不囿于特定的神学领域，且适用范围都极为宽泛，故而不仅可以指称包括宗教器物和仪式在内的任何事物和现象，还可以表达任何非典型宗教领域内的崇高事物和令人崇敬的现象。由此可见，伊利亚德用 sacred 来表述和解释 hieros 相较于其他的形容词更加符合伊利亚德赋予 hierophany 的含义和使用范围。换言之，用 sacred 来解释 hieros 不仅可以为 hierophany 提供的更为丰富的内涵，如 sacred 的描述性特质，还可以呈现出 hierophany 所具有的客观性。这为宗教现象展开科学化的分析提供了理论基础，而且

[①] Carsten Colpe, "Sacred and the Profane, The", *Encyclopedia of Religion* (2nd Edition), p. 7966.

sacred 辩证描述的视角也为 hierophany 的现象提供了多维度的诠释空间。这些都无疑来自伊利亚德的精心安排和谨慎的选词，同时也提醒我们在探讨 hierophany 的过程中要更加细致地对待伊利亚德的每一处措辞。

二 宗教现象的内核：不限于神性的 sacred

通过对 sacred 词源和语义的揭示，伊利亚德的宗教研究方式与传统神学式研究宗教的范式存在着明显的差别。传统宗教研究认为宗教必然信仰某个（或某些）神灵，如上帝、基督、安拉、梵天、湿婆、神鬼或祖先神等，而这些神灵（god/goddess）及其所展现的神力（power）便是神圣或者圣洁（holy）的所指。在宗教哲学中，宗教性的神圣或者圣洁（holy）还会改头换面为"绝对的现实"（absolute reality）、"全然的他者"（wholly other）、"最终的现实"（ultimate reality）、"存在"（being）、"永恒"（eternity）、"元文化和超越历史的"（metacultural and transhistorical）、"超人类的"（transhuman）等名称。由此可见，传统神学式的宗教研究无疑是以 holy 为起点，残留了典型宗教的神格性，即超越且外化于人的实在性。而伊利亚德以 sacred 代 holy 的解释路径明显表现出淡化在宗教现象中凸显"神格性"的意图，所以他总是固执地使用 sacred 而非 God 或 holy 来表述"一切神圣事物和现象"。这种做法有利于阐明世界上其他"神格性"不鲜明的宗教，以及能够表现出神圣性（如崇高、崇敬等）的非宗教事物和现象。伊利亚德对此表现得极为在意，并在其漫长的宗教研究历程中始终贯穿着这一原则——以 sacred 代 holy 便于解释有神论色彩不鲜明的诸多宗教。为了阐明和证实这一做法的合理性，伊利亚德曾征引过许多宗教案例，如原始佛教、中国儒教①、澳大利亚美拉尼亚人信奉的"玛那"、易洛魁人尊崇的"奥伦达"等。除此之外，伊利亚德还指出许多原始部族的"神圣"概念所包含的范围更为宽泛，比如他们会信奉和崇拜动植物、图腾或稀奇古怪的灵性实物，并将这些经验实在物奉若神明、视为神圣。因此不难判断，这些神圣的事物和现象并未获得"神格性"，或者说这些神圣的宗教对象并不一定是

---

① 伊利亚德认为中国有"儒教"，但是儒教是否存在的问题至今争论不已。本书依照时间顺序选取了一部分具有代表性文章，可兹参考，如李申《关于儒教的几个问题》，《世界宗教研究》1995 年第 2 期；季羡林：《儒学？儒教？》，《文史哲》1998 年第 3 期；张岱年：《儒学与儒教》，《文史哲》1998 年第 3 期；任继愈主编：《儒教问题争论集》，宗教文化出版社 2000 年版；韩星：《儒教是教非教之争的历史起源及启示》《宗教学研究》2002 年第 2 期；张荣明：《儒教是否宗教：困境和出路》，《国际儒学研究》2006 年第 15 辑；李庆：《"儒教"还是"儒学"？——关于近年中日两国的"儒教"说》，《深圳大学学报》（人文社会科学版）2007 年第 4 期；彭耀光、孙建华：《儒学与儒教之争——儒学是否为宗教的论争过程、实质及其他》，《齐鲁文化研究》2007 年第 6 辑；张立文：《论儒教的宗教性问题》，《学术月刊》2007 年第 8、9 期；王定安：《儒家的"宗教性"：儒教问题争论的新路径》，《原道》2008 年第 4 期；周红：《儒学宗教性问题研究》，博士学位论文，黑龙江大学，2010 年；陈明：《儒教：作为一个宗教》，《哲学分析》2012 年第 2 期；王义：《何为儒教？儒教为何？——当代儒教问题述评》，《当代儒学》2014 年第 1 期；曾传辉：《儒教是不是宗教》，《中国民族报》2015 年 7 月 7 日；张志刚：《"儒教之争"反思——从争论线索、焦点问题到方法论探讨》，《文史哲》2015 年第 3 期；林安梧：《儒教释义：儒学、儒家与儒教的分际》，《当代儒学》2016 年第 2 期；任法利：《儒教作为"国民宗教"的向度考察》，《原道》2017 年第 23 辑；黄丽娟：《如何定位儒学的宗教和人文》，《揭谛》2018 年第 35 期；蓝法典：《当代儒教问题的论争、理解与反思》，《现代外国哲学》2018 年第 15 辑；等等。以上论文有讨论儒教争论的，也有判断儒教是否是宗教的，还有反思儒教宗教性的，亦有分辨儒家与儒教的……不一而足，而不可回避的是儒教的宗教性已经成为当代学者们必须认真严肃思考的问题。

"人格化"的。① 可见，在伊利亚德的使用中，sacred 已经明确地摆脱了"神格性"的束缚。易言之，某些被称为 sacred 的事物与现象并不特指典型宗教中带有"人格化"的神圣，这使得 sacred 的解释力得到了极大的拓展。

此外，sacred 的解释范围也得到了扩充。在大多数宗教思想中，神圣世界与世俗世界是截然不同的对立面，通常暗示了现存的世俗世界之外或之上存在着另一个唤为神圣的世界。这就意味着神圣不在世俗之中，或者至少也在强调神圣不同于世俗。如果某些事物和现象不同于世俗世界中的常见事物和现象，那么这些事物和现象也可能因推崇而奉为神圣的一方，进而嵌入某些宗教信仰中，或者演变成宗教信仰、宗教禁忌和宗教仪式的对象。涂尔干、索德布鲁姆、马雷特等人均持此论。② 伊利亚德也采用神圣事物和现象（the sacred）来表达不同于世俗的事物和现象（the profane）。只不过，伊利亚德引申的观点略有不同。涂尔干等人认为，宗教不同于世俗，而神圣亦有别于世俗，故可推导出"宗教即神圣"；而伊利亚德认为神圣（sacred）在宗教中，亦在非宗教（或称类似宗教）中。神圣（sacred）在宗教中可以是一个或一群独立的神灵或神明以及由此引发的诸多事物、活动与现象；在非宗教中也可以是一种主体性观念、信仰主体的个人感受或心理体验等，正如《迷宫考验》所提到，"神圣"不一定意味着只发生在信仰上帝、神或灵魂过程中，也可以指一个真实的经验，还可以是

---

① 吕大吉：《宗教学通论新编》，中国社会科学出版社 2007 年版，第 92 页。
② 吕大吉：《宗教学通论新编》，第 42—43 页。

第三章
"圣显"的基本内容

认识存在的根源。① 由是可知,"the sacred"(神圣事物和现象)将涵盖一切信仰或尊崇的对象,无论是有限的还是无限的;不管是超人的还是俗人的;无论为自然的还是非自然的;不论是宗教的还是巫术的。

Sacred 一词的解释力和解释范围在伊利亚德的文本中却得到了相当宽阔的扩展。这种扩展之所以成为可能,一方面与该词本身具有的宽泛含义有关;另一方面也与伊利亚德对其构建有关。前文已提到,sacred 和 hieros 的共同点在于两者适用范围宽泛,不仅可以指称包括宗教器物和仪式在内的任何宗教事物和现象,还可以表达任何非典型宗教领域内的神圣事物和现象。伊利亚德随即强调"神圣也可以是认识存在的根源""神圣是意识结构的一个要素"。② 如此一来,对于 sacred 的理解便顺理成章地建立在了意识结构的根源上,使该结构下的意识对象的广泛性与 sacred 词义本身的广度达成了一致。当宗教人的意识结构作为理解神圣的根基时,伊利亚德笔下的"神圣",即宗教现象的内核,就有了别具一格的特点。

首先是神圣的共通性。虽然每一种宗教都有其自身独特的"圣显",如克里希南(印度教)、摩西(犹太教)、琐罗亚斯德(琐罗亚斯德教)、释迦牟尼(佛教)、耶稣(基督教)、穆罕默德(伊斯兰教)等,但是他们在各自信徒心中的召唤

---

① Mircea Eliade, *Ordeal by Labyrinth: Conversations with Claude-Henri Rocquet*, p. 154.

② Mircea Eliade, "Preface", *The Quest: History and Meaning in Religion*; "Preface", *A History of Religious Ideas (Vol. 1): From the Stone Age to the Eleusinian Mysteries*, p. xii.

力差异不大,因为他们在人们理解和诠释这个世界的过程中所起到作用是一致的。在宗教人的世界观中,神圣是理解这个世界所必备的结构性要素,因而古今中外不同宗教甚至巫术中的"圣显"对各自信徒构建独特的世界观所承担的任务是一样的,都需要在各自宗教领域中遵循共同的规律。《神话,梦和神秘》中说:"一方面,神圣是至高无上的,具有人以外的特性——超越个人的、卓越的;另一方面,神圣在某种意义上是模范,因为它建立了可以遵循的范型:通过卓越和模范,它使宗教的人从个人的处境中脱离出来,超越偶然性和特殊性,并遵循普遍价值。"① 因此,神圣(sacred)并不为某一宗教所独有,它是普遍超越性和典范性的统称,既分布在所有宗教现象之中,也镶嵌在宗教诞生的主体意识结构中。但是这种结构与荣格的宗教心理学完全不同。当伊利亚德称"神圣不是意识历史的一个阶段"② 时,就已经表明他无意深入"神圣"的心理生成机制,而只将神圣视为构筑宗教人世界观的必不可少的意识构件。这无疑在强调"圣显"成为一种宗教人固有的认知方式。

其次是神圣的不可化约性。前文提到,伊利亚德承袭了宗教现象学的研究理路,神圣不能通过其他任何学科来把握其本质。可依然有许多学者运用其他学科来理解和研究宗教现象,包括其中最重要的核心——神圣。例如,马克思主义者将宗教视为一种反映论,不过是由经济行为和机制所决定的台前傀

---

① Mircea Eliade, *Myth, Dreams and Mysteries: The Encounter between Contemporary Faiths and Archaic Realities*, p. 18.
② Mircea Eliade, "Preface", *The Quest: History and Meaning in Religion*.

第三章 "圣显"的基本内容

偏;行为主义者将"圣显"看作有机体的肌肉收缩或腺体分泌;心理学家只对确定组成意识经验的心理元素感兴趣。荣格的心理学研究则指出,我们感知现象的方式与流程是这样的:先是能听、能看、能摸,然后再将这些感觉反映到头脑中,随着思维的加工逐渐演变成一种心理事件,但这一心理事件的最终本质是不可知的,譬如心智(psyche)并不知其自身就是一个心理物质(psychical substance)。[①] 所以无论是心理学、社会学还是其他学科的方法论都表现出强烈的化约论倾向——将所有的宗教现象还原成某些特质,如心理学的、社会学的、经济学的,使宗教失去了其本身的特质。故而伊利亚德坚决反对这种化约论的宗教学研究,驳斥各种化约论的研究将宗教现象简单化和琐碎化,并且经常在各个场合举例诘问:一个生物学家能够通过显微镜下的细胞来研究大象的全貌吗?他认为真正地把握宗教只可能发生在一种情况下:将全部的宗教现象视作一个整体,并从其自身中开始获得宗教共性的理解。为了保持宗教的全貌和独特性,伊利亚德用现象学的方法阐明了各类宗教现象之为宗教的共同因素——"圣显"。然而根据康德的认识论,人因理性的有限性而不可能通达现象之外的物自体,无法完整把握住事物的本质。同理,在宗教视域下,神圣构成了宗教人意识现象的基础,其让宗教人意识到自身以及其他现象,简言之,宗教人因其能意向神圣,才使其成为宗教人。因此,神圣不可能因宗教人的某些特质才被宗教人所侦知与领

[①] Carl G. Jung, ed., *Man and his Symbols*, New York: Anchor Press, 1964, pp. 21–23.

悟，而是宗教人因其意识到神圣才被视为宗教人。宗教人领悟到神圣不可能因为觉察到神圣唤起了其某种心理需求、迎合了其某些社会功能、反映出其某种阶级属性等化约论视角下的原因。

最后是神圣的矛盾性。与神圣外在于世俗的观点不同，伊利亚德认为神圣处于世俗之中，世俗世界中的事物既表现出世俗性，又显现出神圣性。为此，伊利亚德引入了一个极具思辨性的哲学概念——神圣辩证法，即"神圣"在人类历史境遇下受到"圣—俗"共存模式的影响而表现出的一种矛盾性，所以神圣事物通常是矛盾的、模棱两可的。[1] 这便是伊利亚德所言的"吊诡"。神圣与世俗之间的矛盾性难以被信仰主义者们所理解，因为在他们眼中，神圣在任何时候都是至善至美的；否则，将会失去崇高性。然而伊利亚德却总是反复强调神圣与世俗并存的结构，比如以耶和华为例来说明上帝具有仁慈与残暴对立统一的属性。伊利亚德的文学作品中经常反映出神圣吊诡的特点，在世俗生活中也总是不经意地出现圣俗共存的现象。但世俗生活中的神圣呈现出伪装的状态，只有被宗教人意识觉察到才会"圣显"。既然伪装是神圣的普遍状态，那么何时才会显现以及向谁显现呢？对于这一问题的回答仍然可以从决定神圣的意识结构中找到答案。神圣是宗教人意识结构的

---

[1] 参见 Douglas Allen, *Structure and Creativity in Religion: Hermeneutics in Mircea Eliade's Phenomenology of Religion and New Directions*, The Hague: Mouton, 1978, pp. 130–133; Douglas Allen, *Myth and Religion in Mircea Eliade*, New York: Routledge, 2002, pp. 96–97, 110–113; Mircea Eliade, *History of Religious Ideas I: From the Stone Age to the Eleusinian Mysteries*, pp. 202–203。

一个要素,说明主体普遍有感受到神圣的能力。但若想感知神圣,自身首先要向神圣开放,正如上帝召唤摩西上西奈山,摩西不是被迫去的,而是主动去的。同样,经历"圣显"的人首先意识到常见的世俗之物忽然有了神圣性,并愿意承认这一点。如果某人不能意识到其所熟悉之物有任何异常,也不认为这就是神圣,则亦无法感受到"圣显"。

伊利亚德将神圣置于宗教人意识结构的基石上进行解释,展现了神圣的共通性、不可化约性和矛盾性。被解密后的"神圣"不再是神秘的超主体的现实(transsubjective reality),也不是神秘不可捉摸的超自然存在,而是根植于每一个人都具备的意识结构中。意识结构的特性表明关于神圣的意识在未激发、未认识之前,人们皆有认识神圣的自主性和内在稳定性。既然人人皆具备认识神圣的条件,那么对于古今不同宗教甚至巫术中"圣显"对各自的参与者来说都是一样的,神圣在信仰者的生活世界所起到的典范作用也是一样的。即使在宗教氛围越来越淡薄的当代社会,人们依然本能地或依从习俗地寻求一种超越其当下世俗生活的神圣之物(行为、现象等),以此贞定其生命活动,赋予其生活以意义。

三 关于 *phainein*(显现)的一段争议

Hierophany 一词中的"hiero"已经由 sacred 得到相应的理解,那剩下的"phany"又当如何理解呢?"phany"是希腊词"phainein"的变形,而"phainein"来自希腊动词"*phaino*"。无独有偶,"现象"(phenomenon)一词也出自该动词。"*phaino*"的原意是"让自身见到天日""照亮",因而其主动的不定式"phainein"则表示"某物（去）显示自己"，也即伊利亚德经常使用的"to show"或"to manifest"。因此，按照希腊语的原义，"hierophany"就是神圣主动地去显示自己的现象。"显现"本身的意义非常明确，并无特别之处。但是当它和"神圣"组合在一起时，就牵扯出神圣如何显现的认知论问题。该问题引发了两位资深的伊利亚德研究专家的争论。一位是缅因大学的哲学教授道格拉斯·艾伦（Douglas Allen），另一位是威斯敏斯特学院人文社会科学系的教授布莱恩·伦尼（Bryan S. Rennie）。两位教授都与伊利亚德交往甚密，往来论学甚勤，各自也都撰写过不少以伊利亚德宗教思想为专题的文章和书籍。

伦尼教授考证法语版的《神圣和世俗》后指出，"hiérophanie"的释义应该遵循法语的反身用法，神圣是通过某物被动地显现，因翻译失误才译成了英文中表示主动语态的神圣显现它自身。[1] 因此，他认为"神圣"应该是人类某种意识的对象而不是积极的行动者，译为"神圣总是被显现"可以突出人的意识结构和认知方式，更加符合伊利亚德对"意识"（consciousness）和精神世界（mental world）的强调。[2]

艾伦教授则提出了三点不同意见：第一，伊利亚德精通英语，他本人用英文写作时也常使用主动态的形式。[3] 第二，伊

---

[1] Bryan S. Rennie, "The Sacred and Sacrality from Eliade to Evolutionary Ethology", *Religion*, Vol. 47, 2017, p. 667.

[2] Bryan S. Rennie, "The Sacred and Sacrality from Eliade to Evolutionary Ethology", *Religion*, p. 667.

[3] John D. Dadosky, *The Structure of Religious Knowing: Encountering the Sacred in Eliade and Lonergan*, p. 158.

第三章 "圣显"的基本内容

利亚德是反化约论的支持者,他坚持从宗教现象学的方法来描绘神圣在宗教历史中的呈现,所以神圣主动地显示其自身的表达与许多现象学家所认为的现象对意识的确定性假设一致。[1] 第三,伊利亚德非常信任威拉德·特拉斯克(Willard R. Trask)的翻译水平,并在自传中盛赞了这位翻译了其几部重要著作的杰出译者。[2] 以上三点都说明译者的主动态译法得到了伊利亚德的肯定。

但是,若确是"神圣总是主动显现"的思路,则强调了"神圣"作为行动主体的自在性与自为性,成为一种无需信仰者的意识便具备了自主意向性的自由行动者。倘若如此,"神圣主动显现"的说法不就丧失了神圣向信仰者的意识呈现其自身的必然性吗?易言之,"神圣"将不需要考虑人的信仰意识而自开自落、自生自灭,从而"hierophany"便无从谈起。若按照"神圣总是为人的意识所显现"的思路,便又有可能得出"神由人造"的结论,进而无法真正走入宗教信仰者的世界观来感受神圣的力量与恩赐。伦尼也意识到了其中可能产生的问题,于是,在2017年的文章中便为其之前的说法加上了限定语——"hierophany 不是被所有人意识到并有所启示,

---

[1] Douglas Allen, *Myth and Religion in Mircea Eliade*, New York and London: Routledge, 2002, pp. 75 – 76.

[2] 参见 Mircea Eliade, *Autobiography*, Vol. II: *1937 – 1960*, *Exile's Odyssey*, trans., Mac Linscott Ricketts, Chicago and London: University of Chicago Press, 1988, p. 176; Mircea Eliade, *Rites and Symbols of Initiation*: *the Mysteries of Birth and Rebirth*, trans., Willard R. Trask, New York: Harper & Row Publishers, 1975, p. vii。

而仅仅针对有神秘经验和特定宗教背景的信众而言"①，以此说明神圣总是由信仰者的意识来显现，而不是对所有人的意识都会显现。

"Hierophany"需要考虑信仰者的意识活动，这点在伊利亚德描述信仰者对于神圣显现时的状态时已有表述："虔诚的信仰者对生存、参与存在和被赋予力量有着殷切的渴望，在他们心中神圣是真正的实在、是一种力量、是一种灵验，也是生命和生命繁衍的源泉。"② 没有宗教信仰的人虽然可以通过学习和交流了解某个宗教的圣事与圣物，但是他们却无法感同身受地理解信仰者对其所认定的神圣事物的拥戴，更无法经历虔诚的信仰者对于"hierophany"惊讶又惊奇的体验。因此，人有信仰需求的意识活动是"hierophany"发生的前提条件，神圣因人渴望真实、渴望交流而依据人的意志被动地显现。神圣主动显现的提法也有着共同的前提条件，即神圣总是要在人的意识结构中呈现，受到主体自身认识条件和诠释能力的限制。就像我们对艺术作品、身边奇异之事的理解有赖于我们自身的知识背景和与之对话的能力。面对同样的事物，不同背景的人有不同的理解。但就在主体与客体共时的瞬间，双方都沉浸在完全投向对方的对话中。此时神圣既是主动的显现，也是被动的显现，人既是沟通的主体，也是沟通的对象，归根结底还是受到人的意识活动的限制。正如现象学的观点，"某物主动地向我们显现其自身"是我们对抽取时空因素和经验成分之后

---

① Bryan S. Rennie, "The Sacred and Sacrality from Eliade to Evolutionary Ethology", *Religion*, pp. 666 – 667.

② Mircea Eliade, *The Sacred and the Profane: The Nature of Religion*, p. 28.

第三章 "圣显"的基本内容

"纯粹意识"的把握，有时候海德格尔会特别地解释为"在个人中自己所显示的样子或者证明的东西"。因为在他看来，事物显现自身的现象只是人的现象，自然物只有相对于人才显现为现象。所以海德格尔说："因为现象正如现象学所理解的一样，从来不是任何别的东西，而是构成存在的东西，而存在任何情况下都是某种实体的存在，所以必须首先提出实体本身。"① 这里的实体所指的就是人。海德格尔认为人的存在本身就是一种显现自身的现象。

因此，在以人的认识结构和信仰意愿为共同前提下，艾伦和伦尼的观点都有其合理性的一面。因为在伊利亚德的分析中，当人面临困境时，如果还想继续生存下去，那么他/她会本能地从失意、混沌的世俗生活中寻求一种积极且富有意义的生存方式，这种意义的生活方式能给他带来一种真实的存在感，使其自身的价值有了存在的基础。因此，在神圣指导下的完全不同于世俗生活的全新方式本身就是一种神圣的显现。这一点在伊利亚德在谈论"去神圣化"（desacralization）的西方现代社会时尤为明显。伊利亚德指出"去神圣化"的工程已经在西方现代社会当中进展得如此彻底，但是这种彻底性又使现代人的心灵陷入了矛盾的境地：一方面希望以祛圣弑神的方式重新认识自己和世俗的存在；另一方面又无法忍受神圣的缺

---

① ［德］海德尔格：《存在与时间》，陈嘉映、王庆节译，生活·读书·新知三联书店2014年版，第146页。

席，总希望突破世俗的拘囿寻找超越世俗的意义。[①] 为了解决精神上的困顿，现代人不得不借助当代生活的媒介，如阅读、游戏、饮食、交媾、繁衍、艺术、化学等作为慕神希圣的精神媒介，重新过上其认为充满意义的生活。[②] 不仅如此，但凡与之生活方式相符的且能增进其生活意义的物件、象征和符号对参与主体而言都是一种"圣显/显圣"。由此可见，在人的认识结构和意义系统下，神圣的显现既由主体意识所建构，又成为指导主体行动的发出者和构筑主体自身的参与者，所以主动或被动本身就是双向的门，因为神圣同时指向了显现者和被显现者。

四 "圣显"家族词汇的辨析

在伊利亚德的著作中，我们经常可以看到与"圣显"（hierophany）词形词义均相近几种表达，如 kratophany、theophany、epiphany、ontophany。如果不细致区分它们之间的差别，那么这些词汇均可笼统地用于表达"神圣显现"的含义。倘若仔细考究它们相互之间以及与"圣显"之间的关系，那么就会发现这五个词语的意涵既有关联又有区别。目前，伊利亚德在《神话，梦和神秘》中专列章节讨论过 hierophany、kratophany 和 ontophany 的含义及其相互之间的区别；达德利的《宗教的试炼》也系统比较了 hierophany、kratophany 和 theoph-

---

[①] Mircea Eliade, *The Sacred and the Profane: The Nature of Religion*, p. 203；另见 Mircea Eliade, *Cultural Fashions and History of Religions*, Middletown: Wesleyan University, 1967, p. 5。

[②] Mircea Eliade, *Autobiography, Vol. II: 1937 – 1960, Exile's Odyssey*, p. 84.

any 的区别；斯特伦斯基亦在《二十世纪的四种神话理论》中探讨过 hierophany、ontophany 和 theophany 的差别。然而将这四个词语——kratophany、theophany、epiphany、ontophany 分别与 hierophany 比照讨论较为少见，一些译著也没有特别地指出其中的区别。因此，本节将通过比较来区分出各个词的侧重面，初步考察它们与"圣显"之间的关联。

"Kratophany"主要出现在《范型》和《神话，梦和神秘》中，专指力量的显现，经常被译为"力显"。伊利亚德认为所有的"圣显"均是力显，反之则不然。这说明两者之间既有共同性，也有明显的差异性。

在共同性方面，力显和"圣显"都会表现出一种矛盾和模棱两可的状态，一方面使人感到恐惧；另一方面令人崇敬。"恐惧"通常是指人们害怕被一种异己的力量所支配或者害怕这种异己力量产生负面效果；"崇敬"则表现为对一种力量程度的惊叹或是肯定这种力量产生的正面效果。对于前者，伊利亚德在日记中回忆："在街上，人们的脸色惨淡，有时发紫。在这段去索邦听杜梅齐尔讲座的途中，我感到世界末日的灾难可能随时发生。天空变成了力显。"[①] 此时力显显然不是指客观事件的发生，而是出于伊利亚德头脑中的想象，用来表达恐惧的未知力量。在《范型》中，伊利亚德则是以"禁忌""图腾"这些否定性的评价来说明"力显"令人恐惧的一面：如果触碰了某种习俗的禁忌或图腾，将有神秘的力量致其患病、

---

① Mircea Eliade, *Journal I, 1945–1955*, p. 48.

死亡或遭受其他灾难。① 由此不难推断,未知力量令人恐惧的终极原因在于令人致死。另外,"力显"积极性的一面则表现为人希望有神秘的力量助其成事,如举行人祭、牲口祭之类的"血祭"求雨,助其粮食丰收。因为远古人相信血液具有能量和生命力,可以帮助人实现创造的愿望。② 故而未知力量又令人崇敬的真实原因在于生命的创造和生存的保障。恐惧和崇高的共在现象表明了宗教人面对神圣时矛盾的心理、模糊的态度和复杂的倾向。

在差异性方面,不是所有的力显都是"圣显"。因为力显侧重于无形力量产生的效果,而"圣显"既能反映出效果,也能呈现具有稳定结构的系统性。有学者认为两者之间存在着三个方面的区别:第一,力显只是力量的显现,并不必然表现出神圣的所有方面;第二,"圣显"相对持久,而力显则相对短暂;第三,每一种"圣显"具有系统的意义,力显则不然。③ 但"圣显"相对持久而力显则相对短暂的观点难以得到充分的论据。在《范型》中,伊利亚德仅仅说过转瞬即逝的力显常常伴随着初级"圣显",但并没有明确地提出过高级"圣显"中的力显也是相对短暂的。事实上,像基督教上帝的"圣显"往往与力显相伴相生。如果说上帝的力显是短暂的,那么它的"圣显"同样短暂。力显是上帝展现出来的效果,

---

① Mircea Eliade, *Patterns in Comparative Religion*, pp. 16–18.

② Mircea Eliade, *Ordeal by Labyrinth: Conversations with Claude-Henri Rocquet*, p. 58.

③ Guilford Dudley III, *Religion on Trial: Mircea Eliade & His Critics*, Philadelphia: Temple University Press, 1977, pp. 51–53.

第三章 "圣显"的基市内容

借由这种效果让上帝在信众的心中朗现和充实。反之，上帝显现消失了，力显也随之消失，故不可说力显在"圣显"（上帝显现）之前就已经消失了。即使两者——"圣显"与"力显"——都暂隐起来或者说静默了，也依然会残留一些迹象，成为唤醒"圣显"与"力显"的"征兆"。但须注意的是，"征兆"并不等同于"圣显"与"力显"，而只是"用来消除因为相对性和茫然困惑所造成的性情紧张和焦虑"①，成为绝对的支持点，提示出神圣的遗迹和神力。

"Theophany"指"神圣"以位格神的形式显现、显露（the appearance of God）②。达德利认为"theophany"专指至上神（supreme being），这有失偏颇。因为伊利亚德专门用"epiphany"来表示"至上神的显现"，而"theophany"在伊利亚德的文本中可用于表达任何神灵的显现，如"里亚·费尔是土地神的显现（theophany）"③、"赫耳墨斯的外形变成人的模样，他的显现（theophany）变成了神话"④。"Theophany"与"圣显"经常互用，却又非完全等同。在《宇宙与历史》中，伊利亚德指出由后人不断重复的原型既是"神圣的显现"（hierophanies），也是"神的显现"（theophanies）。⑤另外，《瑜伽：不死与自由》中说整个宇宙都成了一个巨大的"神的显现"（theophany），相同的表达也出现在《神圣与世俗》中，

---

① ［美］米尔恰·伊利亚德：《神圣与世俗》，第5页。
② Mircea Eliade and Lawrence E. Sullivan, "Hierophany", *Encyclopedia of Religion*, p. 315.
③ Mircea Eliade, *Patterns in Comparative Religion*, p. 233.
④ Mircea Eliade, *Patterns in Comparative Religion*, p. 235.
⑤ Mircea Eliade, *Cosmos and History: The Myth of the Eternal Return*, p. 105.

只不过此处将"*theophany*"换成了"*hierophany*"。[1] 由此可见,"神的显现"(theophany)与"圣显"(hierophany)在构词和指代内容方面确有相似之处。然而从以下这两段引文又可以看出二者并不完全等同:(1)"每一个祝圣的地方事实上就是一个'中心',每个都有神显(hierophanies,'圣显')和神圣降临(theophanies)的地方,每一个存在打破人间和天堂两个层面之可能性的地方都是一个中心。"[2](2)"因为宗教生活——我们可以将其概括为对于力显、神显(hierophanies,'圣显')和神灵显现(theophanies)的经验——影响到人类的全部生活。"[3] 由"hierophany"和"theophany"并列使用可知,二者的内涵和外延存在着显著区别,并且前者的外延大于后者。"圣显"(hierophany)泛指一切神圣事物或现象的显现,而神显(theophany)更偏重于指称位格化神灵的显现,由"圣显"(hierophany)内涵增多而成,即部分特定的"圣显"升格为神显(theophany),亦所谓神显乃"圣显"的高级形式。[4]

"Epiphany"在基督教文化中指纪念耶稣显灵的节日[5],在伊利亚德的文本中还可以指称天空大地、海洋森林、月亮和

---

[1] Mircea Eliade, *Yoga: Immortality and Freedom*, p. 133; *The Sacred and the Profane: The Nature of Religion*, p. 12.

[2] 见英译本 Mircea Eliade, *Patterns in Comparative Religion*, p. 373;中译本《神圣的存在:比较宗教的范型》,第351页。

[3] 见英译本 Mircea Eliade, *Patterns in Comparative Religion*, p. 126;中译本《神圣的存在:比较宗教的范型》,第122页。

[4] Guilford Dudley III, *Religion on Trial: Mircea Eliade & His Critics*, Philadelphia: Temple University Press, 1977, pp. 51–53.

[5] Mircea Eliade, *Patterns in Comparative Religion*, pp. 323, 404.

第三章 "圣显"的基市内容

水在宇宙层面中的显现。《范型》对月亮性（lunar）的显现展开过专章讨论，提到三种用法——"lunar epiphany"，"lunar hierophany"，"lunar theophany"。① 在原始人的象征思维中，蜗牛伸出触角又缩回去的场景是"lunar theophany"，而蜗牛所代表的螺旋状象征符号是"lunar hierophany"。Lunar hierophany 和 lunar theophany 都是与月神（lunar gods）有关的所有"lunar epiphanies"。而且该书还提道："我们现在所关注的乃是，初级的神显（elementary hierophanies）是如何被结合成为至上神的显现（epiphany）的宗教行为——因为这种行为和偶像崇拜完全不同，偶像崇拜是一股脑地将偶像、神物以及有形符号一概视为某个神灵的一系列自相矛盾的具体体现。"② 可见，"epiphany"不同于偶像崇拜那般自相矛盾，而是在一定信仰体系下的综合了神、符号、礼仪等具有逻辑自洽性的至上神的显现，也是人的思维对某类具体事物能够抽象到的终极存在之显现。

由于"onto-"在哲学上表示"本体""存在"，是对于什么是真实、什么是存在等问题的回应，故"ontophany"被译为"存在的显现""本体的显现""存有本身的显现"。伊利亚德多次提到宇宙有其自己的旋律，表现出平衡和谐、永恒续存、丰饶多产，是一个真实的、活生生的有机体。宇宙同时显现出各种存在与神圣的样子来，在此，"存有本身的显现"（ontophany，或译本体显现，指大自然所展现的自我）与"圣

---

① Mircea Eliade, *Patterns in Comparative Religion*, pp. 156-158.
② [美]米尔恰·伊利亚德：《神圣的存在：比较宗教的范型》，第23页。

显"（hierophany，指神圣的自我展现）相遇了。① 而宇宙起源神话告诉我们世界是如何被创造的，同时揭示着整个实在（即宇宙）的本体规律：它显示了世界在何种意义上"存在"（is）。"宇宙的起源同时也就是存在的显现（ontophany），是存在的充分显现。"② 从伊利亚德的描述来看，衍生万物的自然和宇宙本身就是神圣的，不仅具有发生学的意义，也具有本体论的意义，它向人们揭示发生的起源、存在的规律、生存的意义，甚至世间各种自然物的显现都是其间的一个方面。当我们能够意识到自然本身也在彰显自身的神圣性时，本体的显现和神圣的显现就相统一了，也即伊利亚德所说的"本体显现"和"神圣显现"相遇了。至于宇宙本身的神圣性如何而来，有观点认为"宇宙是神圣的创造，它来自众神之手，那么整个世界包括大自然都蕴含着神圣"③，"众神乃是在创造世界的过程中显现自身。在最恰当的时刻，神祇成为人类可以效仿的唯一重要典范"④。也就是说，宇宙的神圣性不是来自自身内在的神圣性，而是被超越的神赋予的属性。该论断和基督教中正统派的论调很接近——他们认为世界不应该被认为是肮脏、污秽的；相反，世界中万事万物都是由神所创，因而也是俱善俱美的。但是这种判断仅可能存在于伊利亚德讨论神话的背景下，而不应出现在宇宙本体论及其认识论中。否则，就会陷入

---

① ［美］米尔恰·伊利亚德：《圣与俗：宗教的本质》，第160页。

② Mircea Eliade, *Myth, Dreams and Mysteries: The Encounter between Contemporary Faiths and Archaic Realities*, p. 15.

③ 牛宏：《简析伊利亚德在〈神圣与凡俗〉一书中的宗教现象学理论思维》，《青海社会科学》2010年第1期。

④ ［美］伊万·斯特伦斯基：《二十世纪的四种神话理论》，第113页。

第三章 "圣显"的基本内容

本体如何存在的形而上学争论中。我们在前文已经说明了，伊利亚德一直以来都在小心翼翼地避开基督教，并在印度思想和罗马尼亚本土思想的影响下，坚持认为人不可避免地受到自然的感召和影响，可以透过自然本身领略到神圣的力量，比如长期仰望天空，就会被它的伟岸崇高所折服；攀登高耸入云的喜马拉雅山，也能在空旷和寂寥中反思到一种神圣感。这是一种来自主观对于自然之力的有效感受，并没有超越的神灵介入其中，施展伟力。而且在伊利亚德的叙述中，本体的显现应该是所有显现的根本，"本体显现（ontophany）总是暗含着神的显现（theophany）或神圣的显现（hierophany）"[①]。所有显现的价值和来源都要回到本体的显现中，本体的显现是神圣的最终来源，也是宗教人的渴望。它揭示了宇宙下的一切事物作为一个有机的整体，展示了存在创世之初的价值，同时呈现出存在和神圣的方式。

综上所述，"hierophany"（神圣的显现）、"theophany"（神的显现）和"epiphany"（至上神的显现）的指称范围依次更小。"epiphany"更具有针对性地谈论着超自然"神灵"的显现，而"hierophany"指称一切普遍存在的"神圣"的事物，包括超自然神灵在内的思维、活动、事件等。然而，不论是"圣显"、神显还是力显，都是某种截然不同于世俗存在的力量或秩序——神圣——对凡俗秩序的突破，因而都是"存

[①] Mircea Eliade, *Myths, Dream and Mysteries: The Encounter between Contemporary Faiths and Archaic Realities*, p. 15.

在的显现"（ontophany）。① 凭此基调，神圣事物在凡俗现实的内部的介入，即神圣的显现、本体的显现、力量的显现有机会被解码。但是，如果这些介入没有发生，就像伊利亚德晚年假定的那样，那么很难理解这种解释将如何发挥作用，伊利亚德声称，解释会为生活带来更有意义的框架，而不是毫无意义的事件的平淡链条，可能被称为"历史的恐怖"。如果宇宙和历史充满了意义，那么解码这样一个宇宙意义本身就是一种拯救活动。② 也就是说，宇宙和历史本无意义，人们要赋予其意义，使之具有神圣性，对人们的生活起到指导，达到消除恐惧的目的。

·第二节·
"圣显"的三种理解

一　显圣物

既然"圣显"总是普遍隐藏在世俗生活中，通过世俗之物的"圣—俗"矛盾性来表达自身，那么这意味着任何世俗之物都可以成为"圣显"。因此，一些学者使用"显圣物"来指代这种具有矛盾特性的世俗之物以表示"圣显"。特别是

---

① Mircea Eliade, *Myth, Dreams and Mysteries: The Encounter between Contemporary Faiths and Archaic Realities*, p. 15; 有关"存在的显现"（ontophany）概念及其与起源神话之关系的论述，参见 Mircea Eliade, *No Souvenirs: Journal, 1957-1969*, trans., Fred H. Johnson, New York: Harper and Row, 1977, p. 290。

② Moshe Idel, *Mircea Eliade: From Magic to Myth*, p. 15.

第三章 "圣显"的基本内容

《神圣与世俗》的中译本面世后,"hierophany"被译为"显圣物"得到了更为广泛的认同。很多学者认为一些自然之物,如能够显灵的"巫山""泰山"都可称为宗教学意义上的"显圣物";① 一些文化象征符号,如玉石是创世神话中的"显圣物",丝帛因蚕、鸮有死而再生的神性特质也被赋予了"显圣物"属性;② 宗教场所中"祭坛所在的空间因此成为一种神圣的空间,构成空间的这些建筑物则成为神圣的显圣物"③;更别说一些宗教活动中的仪式、器物和神圣空间等均有"显圣物"的特质;④ 甚至非典型宗教活动的象征物同样被视为"显圣物",如"高耸于花场中心的跳场旗和竹枝的旗杆"。⑤

国内学者使用"显圣物"一词指称和表达自然之物、文化符号象征和宗教事物的神圣属性,而且这些用法均能找到伊利亚德使用"hierophany"的相应示例。《范型》正是从宇宙层面、生物层面、地方层面、神话象征层面逐一为世俗中的

---

① 参见吴广平《宋玉研究》,岳麓书社2004年版,第155页;任双霞:《泰山王母池的神圣表达》,硕士学位论文,山东大学,2007年,第51页。
② 参见叶舒宪《玉石:中华创世神话中的宇宙"显圣物"》,《中国社会科学报》2019年8月5日第4版。公维军:《"结丝"何以"织史"——早期中国桑蚕丝帛神话的编码与解码》,《贵州社会科学》2020年第6期。
③ 参见唐启翠《礼制文明与神话编码〈礼记〉的文化阐释》,南方日报出版社2010年版,第194页;蒋欢宜:《湘西苗族祭"滚年"仪式神圣空间观念解析》,《青海民族研究》2017年第3期。
④ 参见赵巧艳《侗族萨岁安殿仪式的过程展演及文化象征》,《西南边疆民族研究》2015年第1期;徐峰:《圣体的营造:对萨满服饰与玉敛葬的比较》,《社会科学战线》2017年第7期。
⑤ 笔者认为这些事物虽可象征神圣,但不是宗教学意义上的"显圣物",参见汤芸《以山川为盟:黔中文化接触中的地景,传闻与历史感》,民族出版社2008年版,第141页。

"hierophany"展开说明。在宇宙层面上，伊利亚德谈论天空、水、大地、石头等所呈现出最高存在者的存在结构；在生物层面上，讨论了动植物生命被认为神圣显现的形态；在地方层面上，表达了符合当地风俗的圣所、庙宇；在神话象征层面上，指出象征符号成为通常可以成为神圣的。① 此外，伊利亚德特别提到了肉身之人也可以因得道成圣。而且伊利亚德在《神圣与世俗》中还揭示出一个原理：神圣总是要通过世俗之物来显示自身。这更加强化了"某物"是世俗之实体的指向。另一个效力较弱的证明就是"hierophany"有单数、复数之分，故而反推出"hierophany"应该是用来指称实体化的名词。以上证据似乎都在指向"hierophany"应该就是世俗生活中的具体事物。

然而，"显圣物"是否可以准确表达出伊利亚德赋予"hierophany"的全部意涵呢？我们可以通过以下这个案例展开讨论。伊利亚德在谈到基督教的道成肉身之谜时，强调上帝和圣灵必须借助凡人的肉体在俗世间显现。此时，凡人的肉体成为神圣和世俗的统一体。当耶稣基督的肉体消亡后，信徒又希望借助十字架的象征来铭记耶稣圣洁无私的大爱。此时，广泛存在的十字架象征或符号逐渐成为信徒的眼中的"耶稣"。其实，表达上帝显现的方式已经广泛到不限于符号等象征物，戏剧上演、梦中启示、诗文创作甚至某些科学发现等都可以用于表达"上帝的显现"——"圣显"。因此，一切自然之物和人造之物以及神圣时空的"显圣物"只是神圣借以呈现自身的

---

① Mircea Eliade, *Patterns in Comparative Religion*, pp. xii – xiii.

第三章 "圣显"的基市内容

基本方式之一。

虽然伊利亚德也谈到神圣总是在世俗（profane）中彰显、在"hierophany"中显示自身，但是它们只是作为神圣得以显现的媒介。更具体地说，彰显神圣的某事物（fact）被定义为"hierophany"[①]，而某事物只是神圣彰显的媒介或载体。既然是媒介和载体，那么除了具象的实物之外，思维、想法、事件、现象均可以成为媒介或载体。如果"hierophany"仅指"显圣物"的话，那么就没有办法理解身心活动和事件现象为什么也会被伊利亚德视作"hierophany"，毕竟这类身心活动和事件现象不能理解成一种"物"，同时也无法更好地帮助人们理解诸如至上神、道德律或自然律等理性所知之现象的显现。

从伊利亚德广泛的使用情况来看，将"hierophany"理解为神圣属性的实体——"显圣物"，明显限缩了"hierophany"的范围，比如意识层面的直接感知也可以是"hierophany"。由于《神圣与世俗》始终将读者的注意力引向宗教领域内的各种附有神圣属性的各类自然之物和人造的符号象征物，从而忽略了其他地方还提到感知活动也是"hierophany"。这在一定程度上引起了将"hierophany"实物化解释的偏见。其实，"显圣物"只能反映出伊利亚德对"hierophany"的部分赋义，因为"hierophany"还存在着超出"显圣物"意涵的其他运用场景和范围，如道德律、感官上的极度兴奋以及神灵和鬼魂托梦等都可视为"圣显"。伊利亚德的晚期著作，如《探索》和

[①] Mircea Eliade, *Patterns in Comparative Religion*, p. 26.

《宗教思想史》就明确表示"sacred"是人的意识结构中的要素，而"hierophany"则同样蕴含着一种需要"特殊诠释"（a particular hermeneutic）的前反思语言（a prereflective language）来塑造的结构。[①]他在《神话，梦和神秘》中提出感官活动也是一种"hierophany"。[②]同时在日记中还提及，攀登高峰时所感受到的"永恒""忘我""圣洁"等神秘体验也应当被理解为一种"hierophany"。[③]可见，万事万物（Anything）均可以成为"hierophany"的原因在于人的认识结构和诠释能力，所以"hierophany"不是事实性的自然事物，而是不断涌现的关乎如何理解神圣的意识活动，并总在人的意识和精神世界中显构出来。[④]

其实，如果中文"显圣物"直接对应"hierophany"，那么"hierophanic"的准确译法是"显圣物的"。而在伊利亚德的文本中，含有"hierophanic"语词大量存在，如"hierophanic time"。如果以"显圣物"作为翻译的核心，那么"hierophanic time"就应该译为"显圣物的时间"，"hierophanic object"就应当译为"显圣物的物"，"Thus, an instant or a fragment of time might at any moment become hierophanic"[⑤]则需

[①] Mircea Eliade, "foreword", *Structure and Creativity in Religion: Hermeneutics in Mircea Eliade's Phenomenology of Religion and New Directions*, p. viii.

[②] Mircea Eliade, *Myths, Dreams, and Mysteries: The Encounter between Contemporary Faiths and Archaic Realities*, pp. 74, 81.

[③] Mircea Eliade, *Journal I, 1945–1955*, p. 138.

[④] 参见 Mircea Eliade, *Patterns in Comparative Religion*, p. 10; Bryan S. Rennie, "The Sacred and Sacrality from Eliade to Evolutionary Ethology", *Religion*, Vol. 47, 2017, p. 667。

[⑤] Mircea Eliade, *Patterns in Comparative Religion*, pp. 388–389.

译为"因此，时间的某个瞬间或者片段在任何时候都可以成为显圣物的"。如此一来，不论是词组还是语句都产生了怪异的理解。此外，其他的衍生词，如"hierophanization""hierophanising"等若同样以"显圣物"为翻译的核心，那么就应该依次翻译为"显圣物化""正在显圣物中"。如此做法无疑令人感到疑惑①，所以"显圣物"对应的概念更应该是"hierophanic object"（显圣的物体）。②

由此观之，"某物"之所以可以成为"显圣物"，是因为它以"圣显"的方式（hierophanic way）存在，但"显圣物"不能全面地表达出"hierophany"所有运用中的意涵。"显圣物"只是"圣显"的部分理解，因为小到身边的石头，大至神仙、圣人、象征、道德律、世界本身和想法等都可能是"圣显"。倘若我们只把某实体化的对象——"显圣物"理解为"圣显"的全部含义，那么就很明显地局限了其原本的内涵，进而限制了其解释力度和解释范围，减损了"圣显"在人类生存环境下的多样性。

二 神圣感

由于伊利亚德提到过感官活动可以成为"圣显"，以及他

---

① 杨洁：《Hiérophanie/Hierophany 的汉译问题及其内涵探析》，《世界宗教研究》2021 年第 2 期。

② "hierophanic object" 的解释与讨论可参见 Douglas Allen, *Myth and Religion in Mircea Eliade*, New York: Routledge, 2002, p. 74; Douglas Allen, *Structure and Creativity in Religion: Hermeneutics in Mircea Eliade's phenomenology of religion and New Directions*, p. 124。"hierophanic objects"（复数形式）的解释与讨论可参见 Bryan S. Rennie, *Reconstructing Eliade: Making Sense of Religion*, p. 123。

对奥托关于神圣感研究的赞赏,因而很容易让人联想到"圣显"就是一种神圣感。这种理解在伊利亚德的叙述中的确存在明确的证据。在伊利亚德看来,宗教人在异质时空中的感知活动(sensitive activity)给其带来不同于日常认知中的感受,让其极度的惊讶、敬畏、兴奋和宁静,进而由惊讶带来的时空断裂、在兴奋中获得的超越、从极度的宁静牵引出来的内外冥合等这些特殊的感官体验,都可以称其为来自世俗生活感知中的"圣显"。在宗教人的感知体系内,这些惊讶、敬畏、兴奋和宁静的感受存在着明确的神圣意味,通常被视为神圣(灵)的赐予与沁入,故而被理解成宗教人神圣感的变式。

"神圣的显现"是一种神圣感的体验,这种观点应该受到奥托思想的影响。奥托表达过一种颇具影响力的观点:"神圣"乃是先验性范畴[1],是一种"前宗教"阶段的神秘感。神秘感是人类心理首要因素,几乎世界上所有的宗教都有这种基本因素。如果我们能够理解神秘感,就可以解释所有宗教。奥托指出:"只有通过一种宗教基本因素即神秘感,这些'前宗教'阶段本身才得以可能并且才能得到解释。这是我们心理本性的一种首要因素,这种因素需要完全从其独特性去加以把握,本身不可能从别的东西得到解释。同其他主要的心理因素一样,这种神秘感出现于……发展着的人类心灵和精神生活的

---

[1] Terence Thomas, "'The sacred' as a Viable Concept in the Contemporary Study of Religions", in Steven Sutcliffe, ed., *Religion: Empirical Studies: A Collection to Mark the 50th Anniversary of the British Association for the Study of Religions*, Farnham: Gower Publishing, Ltd. 2004, p.54.

第二章 "圣显"的基本内容

某一适当阶段，而且从此以后就一直存在着。"① 可见在奥托看来，发出神秘感的心理因素形成了各式各样的宗教，但其又不同于其他的社会心理，因为它在宗教开始时便存在了。经历了神秘感早期粗糙阶段后，人们越来越强烈地感受到神圣性。而当这种神圣性更全面地显示出来时，人的理性因素渐渐进入宗教系统中，从此，神圣性所包含的理性因素越来越多，不再是原来纯粹的神圣。根据奥托的理论，一种由神秘感引发的神圣感是启动"圣显"的发动机，但神秘感不会消失，且一直存在于宗教之中。

奥托对人的非理性感受与宗教（神圣）之间关联的理解颇具独到之处，神秘感受几乎是导致神圣显现的根本原因。对此，伊利亚德甚是认同，故而才会提出由感官活动带来的极为惊讶、敬畏、兴奋和宁静等感受也是"圣显"。② 然而，对于伊利亚德而言，虽然由感官活动而来的感受可以成为"圣显"，但是这类感受却不是导致"圣显"的根本原因，更不是"圣显"的本质，神圣感的显现只是"圣显"的一部分。

正如前文所述，"神圣"是意识结构的要素，所以"圣显"则是通过构成前反思语言的象征主动表达出来的，而神圣感、神秘感、兴奋感的出现却需要感官的参与。概言之，没有感官的参与，就不会有宗教经验。由感官活动带来的那种狂喜、恐惧、圣洁，或它所产生的那种激动，使得人们模糊且亲

---

① ［德］鲁道夫·奥托：《神圣者的观念》，第295页。
② 伊利亚德肯定了奥托所言的恐惧感、奇妙感、神圣感的表述。参见 Mircea Eliade, *Myth, Dream, and Mysteries*: *The Encounter between Contemporary Faiths and Archaic Realities*, p. 124。

切地感受到某种"圣显"。所有"圣显"都呈现了一种神圣事物进入宇宙大环境的场景，但是"圣显"绝不会干扰正常的感觉体验。[1] 但一些萨满会试图改变感知能力来"圣显化"所有的感官经验，这样他们就可以发现一个真实的、不可接近的维度。[2] 改变感知能力不是为了消灭（destroy）世俗的感知，而是为了超越（surpassing）人类的既定条件。超越人的既定条件不是要变成上帝，而是回到原初、回到人与神、人与世界万物能够沟通的初始时刻（illud tempus），这样一来，神圣得以在不受时空束缚的精神中显现。

可见，意识结构和感官活动既有交叉，也有相对独立性。人们会为了追求"圣显"而强化神圣感，神圣感却不构成"圣显"发生的必然条件。准确地说，这里涉及整体和个体界定"圣显"的问题。在个体经验中，"圣显"的发生总是伴随着神圣感的显现。当该"圣显"得到了集体的认可，并发展成为普遍的宗教活动时，个体的经验感受已不构成"圣显"的必然条件。如同佛教的圣物佛珠，它之所以成为"圣显"，得益于集体的认同、记忆和传承。即使某一僧侣没有全身心地沁入神圣感，或者非佛教信仰的人面对佛珠，也不妨碍佛珠是佛教文化中的"圣显"。所以神圣感并不必然等同于"圣显"，毕竟"圣显"还可以关联集体认同。

另一个说明"圣显"不完全受神圣感作用的例子是伊利

---

[1] Mircea Eliade, *Myths, Dream and Mysteries: The Encounter between Contemporary Faiths and Archaic Realities*, p. 74.

[2] Mircea Eliade, *Myths, Dream and Mysteries: The Encounter between Contemporary Faiths and Archaic Realities*, p. 86.

亚德常说的"阿基帕斯人的木杆"。阿基帕斯人总是带着这根圣竿，并按照它倾倒的方向确定他们将要选择迁移的方向。①克劳德曾问伊利亚德："你在某处说神圣兼具方向和意义，这两者皆用法语 sens 来表达。"伊利亚德回答说，就几何学而言，上下是统一的，但是从存在的观点来看，上楼梯和下楼梯却不是一回事。我们知道左边不是右边。在这本书中我的注意力集中在象征和仪式，它们跟我们对于空间的经验相关：左和右、中心、顶端和底端。②伊利亚德的解释在告诉我们，"圣显"有其方向和意义，这与人的感受关联密切。就像木杆的定向作用并不仅仅是因为它有神圣感指导族人方向，而是在神圣感基础上，族人或者说信仰者可以改造其生活、构建神圣的意义世界。故伊利亚德表明宗教史学家的任务不是要去探讨"圣显"发生的心理因素，而是探究其背后的广泛的宗教、文化意义。③由此可见，虽然神圣感、神秘感等感受总是伴随着"圣显"一同发生，但是神圣感却不是"圣显"，神圣感只是表达了"圣显"产生时候的感受，而"圣显"为神圣感创造了方向和意义。

三 神圣现象

我们已经在本章第一节第三小节从词源上考察了"圣显"

---

① ［美］米尔恰·伊利亚德：《神秘主义，巫术与文化风尚》，第 24 页。
② Mircea Eliade, *Ordeal by Labyrinth: Conversations with Claude-Henri Rocquet*, p. 30.
③ Mircea Eliade, *Myths, Dream and Mysteries: The Encounter between Contemporary Faiths and Archaic Realities*, p. 74.

的"显"(phainein)同"现象"(phenomenon)一词有着共同的词根"*phaino*",因而"圣显"还经常被认为是神圣被人们观察到、感知到的一种现象。并且从"圣显"的思想来源之一的"宗教现象学"来看,由于现象学本身就是"对事物显现在我们面前的形态或者表象做出的比较研究"①,所以"圣显"可以理解为一种神圣现象。但"圣显"是伊利亚德出于对宗教现象或者信仰现象的客观描述,从不同的宗教现象或类似宗教结构的形态中抽象出共同的核心,而不是一种只独属个人的宗教经验。关注个人的神秘经验实际上是伊利亚德的好友萧沆(Emil Cioran,1911—1995年)②所在意的领域。伊利亚德曾区分了自己和萧沆的研究方向,他说萧沆只喜欢关注各种圣人、神秘主义和菩萨的存在模式,所以他不能理解自己在宗教客观方面的兴趣。③ 言下之意,萧沆倾向于探究主观的、个体的、神秘的神圣存在,而伊利亚德则倾向于寻找普遍客观的宗教意义的结构。所以伊利亚德的"圣显"可以被广泛地运用于各种宗教现象及类似宗教现象的解释中。

但是,对于现象的客观描述、观察、比较并不只是人文学科的专利,自然学科也力求从独特的现象中探索出客观性和普遍性,例如,科学家发现光谱中的红色有特定的波长,红色与蓝色、紫色的表象是不同的独特现象。④ 可见,自然学科中的

---

① [美] 包尔丹:《宗教的七种理论》,第212页。
② 罗马尼亚旅法哲人,20世纪怀疑论、虚无主义重要思想家。有罗马尼亚语及法语创作格言、断章体哲学著述传世,其文言辞精雅新奇,思想深邃激烈。
③ Mircea Eliade, *Journal I, 1945–1955*, p.24.
④ [美] 包尔丹:《宗教的七种理论》,第212页。

第三章
"圣显"的基本内容

现象观察是出于客观比较的结果,伊利亚德对于宗教的观察亦是出于客观性和普遍性的追求。那么"圣显"所反映出来的神圣现象和科学家观察事物规律得出的科学现象有何区别呢?

伊利亚德在《范型》《神话,梦和神秘》中提到,他使用"圣显"是为了表示神圣的行为和动作,这就提醒我们,世俗生活中使人感受到的一系列神圣行为或动作都可以被称为"圣显"。在伊利亚德看来,"圣显"是一种跨越不同领域的介入现象,是神圣作为行为主体向世俗空间中介入(break),而神圣之所以能够介入成功,在于世俗时空是非匀质的、间断的,神圣时空是匀质的、持续的。不同时空的差异性就给了神圣主体介入不同领域的可能。因此,但凡这种介入行为发生,便可以视为一次"圣显",这样一来又扩大了"圣显"发生效力的范围,包括宗教仪式中的出神、特定时刻的感召等。伦尼观察到,在伊利亚德的著作中,神圣并没有在任何独立于人类感知之外的语境中出现,它总是被呈现为在感知它的行为中发生,或通过感知它的行为而发生。[①] 因此,对于感知主体而言,神圣发出的一系列行为和动作构成了"圣显"。所以在中文语境中,表达神圣发出的行为和动作的译法还有"圣显""显圣"和"神显"。一连串神圣显现的行为和动作在特定的时空下构成了特定的事件,特定的事件向人们传达出"发生了神圣现象"的讯息,所以还有一些中文译法将"圣显"理

[①] Bryan S. Rennie, *Reconstructing Eliade: Making Sense of Religion*, pp. 20 – 22, 195 – 196.

解为"圣化现象"或"神圣显象"。①

　　由是观之,伊利亚德虽然同自然科学家一样,都试图在整体、客观和普遍比较中得出结论,但区别在于,"圣显"表达了在一定时间范围内,神圣的行为和动作发生的一连串的整体性变化的现象,而不是像科学研究中观察光谱下的红色、蓝色或紫色所得出的静态的、表面的现象,也不是对时空下的某物进行静态的观察和描述。我们通常会这样陈述:"圣殿里有佛像""森林里有神树",尽管该表述客观没有歧义,但伊利亚德就可能更细致地描述"佛像""神树"是"会显灵的佛像""时刻自我显现的神树"。相较之下,伊利亚德的观察和表达更容易抓住宗教现象的特点,也即神圣不是静止不动的"死物",而是在说出口的一刹那就能激起听者或读者的想象,去感受到神圣持续运动的不可思议性。所以"圣显"是从持续的行为和动作产生,并由此形成的神圣事件或神圣现象,更进一步地说,"圣显"不应作"静态",而应作"动态"现象去理解,原因在于"圣显"不是某物,也不只是某物指向了神圣,而是"圣显"行为、动作、事件、现象本身就是"圣显的"(hierophanic),正如祭祀时的舞蹈能够向人们展现出"圣显",但舞蹈本身不也正是"圣显"吗?至于为什么"圣显"可以在各种现象中自成一格,则需要我们继续从"圣显"的存在场域、存在方式和存在价值中来寻找答案。

---

　　① 关于"圣化现象"可参见罗竹风主编《人·社会·宗教》,上海社会科学院出版社1995年版,第521页;关于"神圣显象"可参见郑振伟《埃利亚德的比较宗教学在两岸三地的接受过程》,载叶舒宪《国际文学人类学研究》,百花文艺出版社2013年版,第320页。

·第三节·
"圣显"的存在论分析

正如伊利亚德对于宗教的观察，宗教不仅仅意味着信仰上帝、神明、鬼怪，而是与神圣经验相关。① "神圣经验"又是怎样一种经验？彼得·伯杰（Peter L. Berger, 1929—2017年）② 曾先后提到了三种类型的神圣，一种是超越于宇宙外在的神圣（divine）；另一种是神在自我的内部、与自我经验相同的神圣；还有一种是与宇宙现象相同或通过宇宙现象来彰显的神圣。③ 根据伊利亚德对瑜伽和东正教的感受和体验，他所言的"神圣经验"应属第三种模式，乃是基于人与宇宙相契合的宇宙论的"圣显"体验。④ 那么"圣显"又是如何存在并表现出来的呢？由于"圣显"是人类意识结构的一部分，能够为人所识别观念，所以其存在的模式亦能够为世俗的时

---

① Mircea Eliade, "preface", *The Quest: History and Meaning in Religion*.
② 当代美国著名社会学家、神学家，致力于发展和钻研知识社会学、宗教社会学、现代化等社会学领域，被视为当代社会学理论的重要学者之一，其代表作有《社会实体的建构》（1966）、《神圣的帷幕：宗教社会学理论之要素》（1991）、《世界的非世俗化：复兴的宗教及全球政治》（2005）、《宗教美国，世俗欧洲？——主题与变奏》（2015）等。
③ Ahmed Afzaal, the "One True God" in History and Society: A Meta-Hermeneutical Critique of Rodney Stark's Sociology of Monotheism, Ph. D. dissertation, Drew University, 2006, p. ii.
④ Ahmed Afzaal, the "One True God" in History and Society: A Meta-Hermeneutical Critique of Rodney Stark's Sociology of Monotheism, Ph. D. dissertation, p. 20.

空、事物和意义所揭示。职是之故，下文将通过"圣显"存在场域、存在方式和"圣显辩证法"产生的效果来考察"圣显"的存在。

一 "圣显"的场域：表象和想象

伊利亚德用"圣显"来表示最广泛意义上的一切神圣的显现，因而任何事物在宗教人的认识中都可以成为"圣显"。宗教学者达席尔瓦（A. Barbosa da Silva）曾经从伊利亚德的著作中归结出这样九种形式的"圣显"：1. 神话中的超自然者，如祖先、图腾等；2. 人类；3. 动物；4. 植物（尤其是树）；5. 山川等自然地点；6. 建筑；7. 时间，如新年、复活节等；8. 圣书、礼仪、神话等人造礼拜物；9. "原型象征物"，如"地母""生命树"等。[①] 朱东华先生认为达席尔瓦的分类忽视了天象一类的"圣显"，此类"圣显"在伊利亚德的"圣显观"中同样扮演着十分重要的角色。[②] 但除此之外，我们还发现达席尔瓦似乎忽略了各种非典型宗教背景下精神活动和娱乐活动中的"圣显"，比如伊利亚德在著作中提到日常生活中的阅读、游戏、梦中启示、登山、乡愁这一类感知活动（sensory activity），以及他在个别文章中提及的国家理念、共同体信念、道德律法等意识形态。此类"圣显"不可或缺，因为它们也是由前反思语言系统决定的，受到意识结构影响的一类"圣显"。如果不能将其纳入"圣显"范围内，那么也就无法真正

[①] A. Barbosa cia Silva, *The Phenomenology of Religion as a Philosophical Problem*, Lund: CWK Gleerup, 1982, p. 198.

[②] 朱东华：《宗教学学术史问题研究》，第 216 页。

第三章 "圣显"的基市内容

表达出"圣显的形式多种多样""圣显可以表示最广泛意义上的一切神圣的显现"的含义。"圣显"的多样性和广泛性表现出宗教现象学的特色,这意味着"圣显"的存在论分析不能离开宗教现象学的理论支撑。

宗教现象学一般可分为宗教表象和想象的现象学,"表象"指自然世界时空单位的神圣化,如宏观的空间和其局部河流、湖泊、丛林、特定的节日和时段等;"想象"指对神灵的信仰和对其神性的理解,如创世、启示、拯救、末日和彼岸等。[①] 由于伊利亚德同样强调想象与经验、理论与事实、思想与知觉、内省与观察等对立范畴的不可分离性,所以我们也可以借用这种划分来探讨"圣显"的场域——表象和想象。表象主要是指外部的、经验的视觉（exterior vision）,想象主要指内在的、精神的视觉（interior vision）。[②]

其一,表象下的"圣显"既包括日常生活中的名川大山、巨木神石,也包括神圣的宗庙仪式、祭祀场地、节日庆典等。在表象的世界里,事物原本在其所属的时空下发展演绎,可当"圣显"发生后,这些事物就不再是其自身,而是出于其却又高于其的最终本质,成为神圣事物。神圣事物让宗教信仰者感知到世俗空间必然存在一种断裂感（break）以便神圣切入。原先事物的外形虽未发生改变,但因其召唤出来的意义,便会使其发生转变。伊利亚德对该过程的描述为:"当神圣在各种

[①] 卓新平:《西方宗教学研究导引》,第84页。
[②] "interior vision"见 Mircea Eliade, *Myth, Dreams and Mysteries: The Encounter between Contemporary Faiths and Archaic Realities*, p.84。为了方便讨论两种不同的视阈下的"圣显",笔者划分为"interior vision"和"exterior vision"。

圣显中显示自身时，不仅在空间的同质性中有一个'突破点'（break），而且还有一种对绝对实体——相对于可无限延伸的非实体——的揭露。"[1] 当神圣介入广阔无垠的世俗空间后，"圣显"便在混沌的世界里建立起有秩序的、匀质的新世界，并且在此基础上揭露出一个绝对的定点与中心。[2] 此定点和中心便是伊利亚德所言的"世界之轴"。在宗教人的观念中，"圣显"的处所就是宇宙的中心。"圣显"是一条从一个层面突破到另一个层面的通道，而这条通道既能上达神圣世界，也能下至地下世界，即鬼魂的世界。[3] 通道使得"圣显"发生的环境与周围所处的环境分属于完全不同性质的空间，成为可以与诸神保持联系的世界。因为伊利亚德说："每一个神圣空间都必然包含着一个'圣显'，这是神圣的介入，使它与周围的宇宙分开，并在本质上有所不同。"[4] 换言之，当表象世界中的任何人们可感知到的事物突然发生了时空断裂，神圣进入其间，那么世俗之事就不再世俗，普通之物便也不再普通，它们成为神圣发生的载体，呈现出"圣—俗"共存的矛盾状态，其自身及周围的空间同时具有了区别于周边环境的神圣性。在此空间内，宗教人认为自己站在可以与神圣进行沟通的宇宙中心的通道内。与此同时，宗教人体验到了神圣的、永恒的时间序列，而不是世俗的、转瞬即逝的时间序列。

其二，想象下的"圣显"指人们受到真实的顿悟和启发，

---

[1] ［美］米尔恰·伊利亚德：《圣与俗：宗教的本质》，第72页。
[2] ［美］米尔恰·伊利亚德：《圣与俗：宗教的本质》，第72页。
[3] ［美］米尔恰·伊利亚德：《神圣与世俗》，第11—12页。
[4] ［美］米尔恰·伊利亚德：《圣与俗：宗教的本质》，第76页。

第三章
"圣显"的基本内容

如道德律显现、明心见性、羁旅乡愁等。想象的维度具有重要价值，从深度心理学上分析，想象的经验构成了人。[1] 由于想象的世界出于人的主观构建，因而不具有表象世界的实在性，也不存在匀质性和非匀质性的疑惑。但是，想象不是主观臆断的胡思乱想，而是有对象性的构想，其对象内容不外乎神圣及其对神圣的属性、教导、戒律等各方面。但是这种领悟和理解在主体却不是由自身发出的，而是超自然的他者所导致的。就像在基督教中，人不可能凭借自身而认识上帝，人之所以能够认识上帝是因为圣灵的作用。[2] 也就是说，即便在想象的世界也需要中介承担自我与神圣的桥梁，这种中介既可以是世间存在物的意象，也可以是纯粹客体化的主体，如圣灵。因此，想象世界中的时空更偏向于一种内在时空，也即伊利亚德所说的小宇宙。在小宇宙中，无论是在某些物体（图灵古拉斯、神性的表征等）中实现，还是在宇宙符号（世界之柱、宇宙之树）中体现出来等，都直接与神圣接触。[3] 而且，在内在时间维度上的"圣显"具有连续性和逆向性，既跨越时代又贯穿

---

[1] Mircea Eliade, *Myth, Dream and Mysteries: The Encounter between Contemporary Faiths and Archaic Realities*, p. 103.

[2] 例如《圣经》中提道："他得了圣灵的启示，知道自己未死以前，必看见主所立的基督"（《路加福音》2：26）；"亚拿尼亚就去了，进入那家，把手按在扫罗身上，说：'兄弟扫罗，在你来的路上向你显现的主，就是耶稣，打发我来，叫你能看见，又被圣灵充满'"（《使徒行传》9：17）；"如果神的灵住在你们心里，你们就不属肉体，乃属圣灵了。人若没有基督的灵，就不是属基督的"（《罗马书》8：9）；"只有神借着圣灵向我们显明了，因为圣灵参透万事，就是神深奥的事业参透了"（《哥林多前书》2：10）；"圣灵就是神借着耶稣基督——我们救主厚厚浇灌在我们身上的"（《提多书》3：5）。

[3] Mircea Eliade, *Images and Symbols: Studies in Religious Symbolism*, trans., Philip Mairet, London: Harvill Press, 1961, p. 40.

于各种文化，还可以无限制地被重新获得。当思维中的"圣显"不断重复时，它们不再是发生在元始的、"开始时间"的事实，而是会通过行为、仪式、符号表现出来，这样就变成了发生在历史中的周期性事件。这种"重复是必要的"，伊利亚德说它的功能是存在主义的：它是对继续生活的渴望，也是对无限延长的满足。①

比较表象和想象下的"圣显"可以看出二者在运行机制中存在着普遍的结构："主体—中介—客体"，所以想象的世界和表象的世界划分并不是绝对的，通过符号、仪式、象征就可以将表象中的事物具体化为想象中的意象。这些符号和象征打破了想象和表象之间的壁垒。符号和象征物既属于表象世界中的具体事物，其引申意义又被赋予了想象的价值空间。在伊利亚德的分析中，这是因为世界本身就是被各种符号、想象和意义构建的，正如其所言"如果世界是用来居住的，那么它一定就是被建构的。世界绝不会在匀质性的混沌和世俗空间的相对性中产生"②。这就表明，早期人类已不是随意在某处落脚定居生活，而向往生活在神圣的、稳定的秩序世界，将自己的空间置于其可以掌握的、真实的实体上。这个空间可以是发生过"圣显"的地方，也可以是某种征兆之地。无论哪一种都需要蕴含着改变人类生存的模式、传递生命之流的意义，以便防止在一个未知、混沌的世界中迷失、焦虑、死亡。当人们在世俗生活中占领某地，比如安置住所，人们会通过想象世界

---

① Mircea Eliade, *Journal I*, 1945–1955, p. 3.
② ［美］米尔恰·伊利亚德：《神圣与世俗》，第2页。

模拟宇宙创生,象征性地将身边的世界化为自己的小宇宙。然而无论象征性的"圣显"被如何构建,其作用都是促使人们与神圣相遇,引领他们"跃出自己的世俗空间或历史处境,使他们处于一个本质上不同的空间、一个完全不同的世界,它是超越的、神圣的"①。或如"重温旧梦,故人已去",或如"星垂平野,月涌大江"。所以在日常生活中找到"圣显"并非偶然,因为人们总是不断地运用象征内化神圣世界。即便神圣伪装、抑制或遮掩,"圣显"也常伴在于人的精神和生活中。

二 "圣显"的方式:以象征和符号为主

既然"圣显"存在于想象,又寄存于表象,而且可以通过象征和符号互相关联,那么接下来的问题是伊利亚德如何使用象征和符号阐明"圣显"的存在方式和表现方式以及如何理解这种运用的可能性及必要性?

认识世界时,我们通过感觉、知觉和表象的感性方式以及概念、判断和推理的理性方式来认识和理解事物。例如当我们描述一朵花时,通常会先形容花的颜色和形状,再继续补充其科属、作用、生物结构。倘若我们只需要在具体层面上直接把握它,那么这朵花可以向我们显现出它所拥有的一切生物信息。而除此之外,便一无所知。但如果我们将这朵花的生物信息或其他信息超拔到一个神异的时空中,获得奇异的力量和属性,如曼陀罗花常被关联起爱情、婚姻和生育,也常用来抵抗

---

① Mircea Eliade, *Autobiography*, Vol. II: 1937–1960, pp. 188–189.

寻找哲人石

外敌和聚集财富，那么这朵花就变成了超越的神圣事物，受人供奉，获得尊崇。[1] 为什么要供奉和尊崇"那朵"或"那种"花呢？这对于理性的世俗人而言是不可思议的，也是难以理解的。换言之，神圣和超越的事物，如"那朵"或"那种"花是无法用理性的方式去理解的。通常而言，科学和理性只能回应和回答其所能回应回答的问题，处理其所能处理的现象。对于神奇而不合乎理性的事物和现象，科学与理性向来都只能保持沉默。毕竟科学与理性不能对其所不知和不可理喻的事物与现象做出任何科学的判断，形成任何理性的知识。神圣事物和现象超越了我们的理性和有限性，牵连着我们理性之外的无限性，从而不仅能够激发我们思索追求，还让我们在思索追求中成为我们。倘若我们想思索和追求超越的无限存在——神圣事物和现象，那么就只能更换一种思维方式，即展开关于"无"的想象。

关于"无"的想象使得神圣可以被理解，因为想象本身的结构是多重的。如果头脑利用想象来把握事物的终极实在，那只是因为终极实在以矛盾的方式（如有无、圣俗）表现出来，因此，想象很难用明晰的概念来表达。通过想象理解神圣实在的吊诡之处在于：当无限的神圣被人理解后，神圣就变成了可理解的有限，而神圣一旦表现为人类可认识、易理解的有限存在，那就意味着神圣不再是超越的了。当神圣不再是超越且无限的存在，而是有限的具象性存在，那么神圣还能被称为

---

[1] Mircea Eliade, *Zalmoxis, the Vanishing God: Comparative Studies in the Religions and Folklore of Dacia and Eastern Europe*, pp. 204–225.

第三章 "圣显"的基本内容

神圣吗？虽然对这个难题的回应有很多，但伊利亚德的回答是肯定的：以有限的方式表现其自身的神圣依然是神圣。因为这表现出"对立冥合"，神圣是在有无、圣俗之间的张力现象，而张力的两端缺一不可，所以有限的神圣反而同时具备"圣—俗"共存的矛盾性。这种矛盾性一方面表现为受人的认识结构影响，人只能以有限的条件来认识神圣的部分，但又不能认识神圣的全部，否则神圣就不是无限的神圣而是有限的神圣。另一方面，为了防止神圣被人的认识能力所局限，人可以通过想象力尽可能地模拟神圣的无限性，正如包尔丹所说："宗教想象把普通和世俗的事物看成了另外的、超越它们自身的东西，把世俗的转变成了神圣的。"① 同时，神圣又"通过某种与自身不同的东西来表达自身；它通过某些事物、神话或者象征表现自身，而不是整体地或者直接地表现自身"②。这种将有限想象为无限，并将无限的概念聚拢于有限的方式，即"象征"。

卡西尔认为人是符号的动物③，而伊利亚德认为人是象征的人（Homo）。所有宗教事实都具有象征性。而象征性思维不是儿童、诗人或精神错乱者的专属，它与人类的存在是一致的，它先于人的语言和理性。如果我们承认人的语言和话语是逻各斯的产物，有理性和规律、能够表达意义，那么象征则揭橥出现实的另一特定面向——拒绝以任何理性知识作为理解工

---

① ［美］包尔丹：《宗教的七种理论》，第225页。
② ［美］米尔恰·伊利亚德：《神圣的存在：比较宗教的范型》，第22页。
③ ［德］恩斯特·卡西尔：《卡西尔论人是符号的动物》，石磊编译，中国商业出版社2016年版。

具。但这并不意味着象征是心灵不负责任的创造，而在伊利亚德看来，象征有其自主的认知模式，有自身的结构和逻辑。

（1）象征有"对立冥合"的结构。"对立冥合"即在"圣—俗"共存的诡异中体现出神圣不可思议的特性，进而通过象征性的仪式或神话超越二元对立的矛盾性。伊利亚德指出，神学和形而上学、东方和西方都通过图像和象征表达"对立冥合"——一种真实且丰富的存在模式。他常用"石头"为喻来阐明这一深刻的洞见。石头是最为常见普遍的世俗之物，考虑到石头坚不可摧的性质，人们在象征体系中赋予了石头新的向度——神圣、力量、永恒，这意味着即便石头终将在时间的打磨中消失殆尽，其永恒光辉的属性也将永久地保存在象征体系中。如此一来，石头的象征意义表达了其在本体上的突破和超越，将以短暂性和永恒性相统一的方式存在着。从宗教的普遍结构来看，石头既是普通的世俗之物，又能展现超越神圣意涵的矛盾性。这种结构在灵石崇拜的现象中得到了很好的说明。灵石终究是物质性的石头，是普通的世俗物，却在宗教想象中拥有永恒的超凡力量与功用，这表明灵石在宗教想象中获得了既世俗又超凡的、既对立又同一的超越性，使其成了一种"圣显"。宗教想象是宗教象征的基础，足够多的宗教想象才能在历史进程中逐步形成较为稳定的宗教象征。既然宗教想象可以让"圣显"表现出对立冥合（同一）的特点，那么在想象的基础上凝练而出的宗教象征系统自不会缺少对立冥合的特性。同样，以石头为例，石头的坚硬在中国传统文化中既可以象征不为情所动的"铁石心肠"，又可以象征情不可移、不可夺的"金石交情"。石头不易破碎、不易改变的物质属性被想象成不可移、不可夺的抽象特性,并在情感叙述上形成两种近乎相反意象的具体象征——"铁石心肠"和"金石交情"。这体现出象征的"多价"(multivalent)和"多义"(polysemic)现象,即一种象征能够同时表达几种意义的能力,而这些意象在经验上被掩藏在同一对象中。人们可以在面临同一对象时借由人的想象能力将对象的象征空间撑开,踏上超越的神圣之路。这就意味着象征对立冥合的特性让"圣显"的发生获得了突破世俗的结构要素,世俗借助象征跨越了其凝固同一的世俗性,为神圣冥合于世俗之中打开了通道。

(2)象征遵循着模仿、复制的逻辑。在想象的作用下,普通的世俗之物转变为某种与在世俗的经验中看起来不一样的东西,如一块石头变成了象征,代表宇宙的中心等。[①]此处的"转变""变成"是一条重要的线索。当一块石头变成崇拜对象时,它不是作为石头而受人尊敬,而是作为一种"圣显"。那么究竟怎样的运作机制将"圣"与"俗"两类不同属性的事物进行了转变?《图像和象征》给我们提供了关键的信息:

> 词源上看,想象(imagination)与意象(imago)和模仿(imitor)有关,"意象"表示一种表象或模仿,"模仿"表示模仿或再现。这一次,词源既符合心理现实,也符合精神真理。想象模仿范型——图像——无尽地复制,再现和重复它们。拥有想象力就能看到整个世界,因为图像的力量和使命是向冥顽不化的概念展示:因此,没

[①] [美]米尔恰·伊利亚德:《神圣的存在:比较宗教的范型》,第421页。

有想象力的人就会遭到鄙视和失败；他被切断了更深层次的现实和他自己的灵魂。①

也就是说，范型或图像（象征）会不断地进行复制、再现和重复，对象征的想象也在不断地复制、再现和重复想象出来的意象。这个观点类似于柏拉图的理念论，但两者存在着明显的差别：柏拉图的范型是完美的存在，世间的万事万物都有各自完美的范型，但是完美的典范模式只存在于理念中，这是一条归纳之路；伊利亚德没有刻意强调理念的完美性，而是说想象力将重复的典范模式不断地演绎在不同的地方。譬如，完全不同的"他者"是人们体悟到神圣性的典范模式，它可以被想象在一块石头中、一棵树上、一朵花里，只要神圣性被不断地模仿、重复，那么反映典范模式的这些事物均可遂成"圣显"。又如，"辗转反侧，寤寐求之"的心上人若是被主体想象力构造成典范模式，那么当看到心上人的所爱之物、所处之地，主体的脑海中也会顺势呈现出心上人的图像，这意味着心上人的所爱之物、所处之地也成了爱情的"圣显"。J. G. 阿拉普拉认为这种在不同属性的事物间存有共同的典范模式或图像是出于联想或类比，但是如果仅将"圣显"的象征理解为联想或类比，那么将无法解释世俗是如何由俗到圣的动态过程，因为类比通常根据两类事物的相似属性进行推理。而象征指示出想象力不断重复范型和意象，并将这些重复的范型以代替或者共享的方式赋予主体倾向的对象，以保证"圣显"的

---

① Mircea Eliade, *Images and Symbols: Studies in Religious Symbolism*, p. 20.

第三章 "圣显"的基本内容

统一性和整体性。

伊利亚德分析象征的路径时也发展了符号系统。对于宗教符号系统来说,其本身就是表达了某种叙事和仪式的形式。当象征落在实体化的事物上时,具体事物变成象征物,也就变成了超越现实的符号。符号,无论是作为世俗的经验感知对象(但对这些特定传统之外的大多数人类主体来说,他们没有先验的指称或特殊的意义),还是作为神圣地点或启示,对于崇拜者而言都是值得纪念的。符号允许信仰者"意识到"现实的替代模式,它们"向我们披露了一个从事物出现不同的角度来看的观点";它们使眼前的现实"变得闪耀"。以水的符号为例,水的符号能够揭示出世界的真实或存在的一种模式:前形式、潜力、生命、力量等,但这种模式在直接经验层面上并不明显,它不是一个理性认知的问题,而是在反思之前被主动意识所理解的问题。只要我们看到水波纹、水象形字、洗礼仪式、水生动植物,就能立即直觉到水的符号所投射的象征意义。如果我们足够多地掌握符号所具有的象征意义,那么世界就可以通过符号开口"说话",它的"词"可被直接理解。[1]于是,通过想象、直觉和象征,符号取消了物质的限制,凭借有限的自身传达了无限的意义,"它(符号)不再是孤单的碎片,而是成为一个完整的体系,或者更确切地说,尽管有着不

---

[1] Mircea Eliade and Joseph Kitagawa, eds., *History of Religions: Problems of Methodology*, Chicago: Chicago University Press, 1959, pp. 97-98; Mircea Eliade, *The Two and the One*, Chicago: University of Chicago Press, 1965, pp. 201-202; Bryan Rennie, *Mircea Eliade: A Critical Reader*, London and Boston: Equinox Publishing, 2006, p. 133.

稳定的、碎化的性质，它们自身还体现着相关体系的整体性"①。

至此，我们看到大量的"圣显"在想象力的作用下通过象征的方式转变为象征符号，可理解的、有限的象征符号又通过想象的模拟、重复、再现赋予无限以含义。黎志添认为"伊利亚德的宗教研究方法正是从宗教经验延伸到宗教象征，再由宗教象征发展至通过宗教象征揭示这世界应有而真实的价值结构"②。在这个"无限—有限—无限"的闭环系统中，没有任何事物以其自身的存在性被孤立，一切事物都在一个封闭的对应和同化系统中分享神圣的意义。③ 类似于"月映万川"，象征系统中的每一个符号都普遍享有超越的神圣属性，包括作为符号的人。而只有当人本身也变成一个象征时，"人类—宇宙"相契（人与宇宙互渗互构）的经验才有可能实现。④ 因为人类赋予了世界以神圣性和开放性，当人通过神话、仪式、符号参与到象征的神圣系统，人再也不会感觉自己是一块"密闭"的碎片，而是处在一片生机勃勃的宇宙环境中。从此，宇宙的实在就是存在于他自身之中的实在。

三 "圣显"的效能：意义世界的诞生

"圣显"在想象和表象时空中的存在方式是象征。"象征"

---

① ［美］米尔恰·伊利亚德：《神圣的存在：比较宗教的范型》，第421页。
② 黎志添：《宗教研究与诠释学：宗教学建立的思考》，香港中文大学出版社2003年版，第24页。
③ Diane Apostolos-Cappadona, ed., *Symbolism, the Sacred, and the Arts*, New York: Continuum, 1992, p.6.
④ ［美］米尔恰·伊利亚德：《神圣的存在：比较宗教的范型》，第424页。

第三章 "圣显"的基本内容

在古希腊文中的意思是"谜"。虽然我们无法知道谜底是什么,即无法知道意识对象的本质是什么,但是谜并不妨碍理解,恰恰相反,谜激起了理解。因为象征中的隐藏意义总是需要不断地解释才有可能呈现出来。而解释不断运作,释放语言的活力,进一步揭示语言意义的丰富性和多因性的特征。所以"象征"是这样一种意指结构:字面的、直接的意义指示着隐藏的、间接的意义。间接的意义只有通过直接的意义才能够被理解,直接的意义只有通过间接的意义才能表达完整。这种双重意义的象征结构在语言媒介的作用下必然发生解释工作,同时,解释工作又使象征的结构得以明晰。可见,象征和解释的关联不是外在的、偶然的,而是内在的、必然的,两者不可分离。

当理解了象征和解释的关系后,我们就可以准确地把握伊利亚德对于"圣显"的定义:"圣显——例如,在符号、神话、超自然存在等事物中的神圣的显现——被理解为结构,并且组成了一种前反思语言,这种前反思语言还需要一种特殊诠释学来解释。"[1] 此处的"结构"指的是意识结构,对应着"神圣是意识结构中的一个要素,而不是意识历史的一个阶段"[2]。因为神圣是意识结构中的一个要素,所以"圣显"也

---

[1] 参阅 Mircea Eliade, "Preface", *The Quest: History and Meaning in Religion*; "Foreword", *Structure and Creativity in Religion: Hermeneutics in Mircea Eliade's Phenomenology of Religion and New Directions*, p. vii。

[2] Mircea Eliade, "Preface", *The Quest: History and Meaning in Religion*; "Foreword", *Structure and Creativity in Religion: Hermeneutics in Mircea Eliade's Phenomenology of Religion and New Directions*, p. vii.

应是意识结构，而不是意识历史。伊利亚德所言的"意识历史的一个阶段"暗指宗教心理学，因为在宗教心理学有类似的表达，例如"意识发展有一个原型阶段"，"人的精神有本我（完全潜意识）、自我（大部分有意识）和超我（部分有意识）"。① 在此伊利亚德说"神圣是意识结构中的一个要素，而不是意识历史的一个阶段"，表明了他力图与宗教心理学划清界限。而且我们在前面已经反复考察过，反化约论——反对将某种宗教现象化约为心理现象是伊利亚德宗教学方法论的重点。"圣显"和"神圣"不是人的心理现象，而是意识结构的要素，并组成了"前反思语言"。"前反思语言"顾名思义是指发生在反思性语言之前。"反思性语言"是指用试探性的陈述来阐明观察到的对象和可能的感觉，那么前反思语言则指先于语言和话语理性的语言。《伊利亚德的神话和宗教》一书曾提道："当神话人物和宗教人士观察月亮时，他们通常是在反思前的无意识水平来直觉和感知不同的现象、结构和意义。"② 既然"前反思语言"是一种未经意识加工的仅靠主体感知和直觉的非理性认知方式，那么它应该是一种象征思维下的语言——这将在第四章第一节"创造性诠释学"中作进一步的说明。然而，单凭这种象征性的语言不足以呈现出"圣显"，因为它是模糊不清的、先验的、直觉的，不能为人所理解，也不能对人产生任何价值和意义。因此，伊利亚德补充"前反

---

① ［奥］弗洛伊德：《自我与本我》，林尘等译，上海译文出版社2011年版，第205、231页。

② Douglas Allen, *Myth and Religion in Mircea Eliade*, p. 51.

第三章 "圣显"的基本内容

思语言还需要一种特殊诠释学来解释"①。也就是说,无论是符号还是象征,需要根据诠释者的生活经历和背景对其进行解释,使其清晰地呈现出来。

因此,"圣显"实际上反映了象征和解释的内在必然性,形成前反思语言的结构即指象征,特色诠释学即指解释。主体根据自身的知识结构和知识储量对宗教象征进行其所能理解的诠释,用自身明晰的语言(或单词或句子)将其与真实的事实经验相关联。如此,"象征成为一种言说象征符号与圣显的语言,而圣显和象征符号是被言说的对象"②。"圣显"之于主体的意义便在语言的释义过程中浮现。伊利亚德认为,宗教象征不仅揭示终极本体的结构或存在的向度,同时亦提供人类历

---

① "特殊诠释学"一词在《探索》中以"a special hermeneutics"表示,而在《宗教的结构和创造力》中又以"a particular hermeneutic"表示。其实,"hermeneutic"的单数、复数形式在诠释学中是有所区别和侧重的。据帕尔默(Richard E. Palmer)的解释,单数形式代表"古典诠释学""局部诠释学""特殊诠释学",复数形式才是我们在现代意义上使用的那种普遍的理解和解释理论的"诠释学"。详情可见潘德荣《西方诠释学史》,北京大学出版社2013年版,第247页。从伊利亚德以象征作为"圣显"的存在方式来看,他的"特殊诠释学"应该接近于古典诠释学,特别是迈埃尔的符号诠释学。迈埃尔诠释学的核心概念是符号,包括一切语言在内的东西皆可视为符号,"符号乃是中介,通过它,人们才能认识真实的另一事物"。与此类似,伊利亚德认为万事万物皆可成为"圣显",这些"圣显"通过符号、神话或奇异等方式表达出来,让人们从尘俗事物中走向真实的神圣世界。虽然伊利亚德与迈埃尔在诠释方法和类型表现出类近性,但二者之间依然存在着本体上的差异。迈埃尔认为解释者要从符号的完美性出发,而这完美性来自上帝,伊利亚德则在有意地避开神学范畴,认为解释者可以根据自己的经验、背景,确认特殊诠释学解释了一种"前反思语言的结构"。

② Bryan S. Rennie, *Reconstructing Eliade: Making Sense of Religion*, p. 55.

史上生存的意义。① 换成伽达默尔式的语言，理解是意义生成过程的一部分②，即主体对凡俗事物中显现出神圣的奇异现象进行自我合理化理解的同时，也协助了主体意义世界的建成。

主体意义世界的建成，或者说主体对于圣显现象的理解，离不开神圣辩证法的推动。只是在描述神圣时，"圣显"的解释不可避免地呈现出"圣—俗"的对立性存在，因为主体需要在个体经验的基础上用非理性因素感知并解释凡俗事物中展露的神圣维度，并且由于特殊的解释发自主体象征的意识结构中，主客之间便具有紧密的联系性。这既由主体诠释的结果决定，也由主体的认识结构决定。这段认识、理解、诠释的过程被伊利亚德称为神圣辩证法的过程，意义世界的诞生正是神圣辩证法的结果。③ 换言之，神圣辩证法推动了象征、诠释与主体的意义世界相融合。

基于人的意识结构和诠释能力影响的"圣显"（神圣）辩证法，总是使主体从凡俗事物中主动寻找到神圣性面向。虽然普通的事物和神圣的事物在圣显辩证法的作用下共存，并且揭示了主体对是否有力量、有价值、有意义、真实或危险、偶然或必然进行价值区分，但就此认为神圣辩证法和其他辩证法一样在矛盾内部相互转换、达成统一体，进而误认为受神圣辩证法影响的意识形态是在"过"和"不及"的两端上来回振荡

---

① Mircea Eliade, "Methodological Remarks on the Study of Religious Symbolism", in Mircea Eliade and Joseph Kitagawa, eds., *The History of Religions: Essays in Methodology*, Chicago: University of Chicago Press, 1959, p. 86.

② ［德］伽达默尔：《真理与方法：哲学诠释学的基本特征》（上卷），上海译文出版社2004年版，第217页。

③ Mircea Eliade, "Preface", *The Quest: History and Meaning in Religion*.

地展开历史，比如认为西方中世纪因过于诚服上帝而向世俗生活解放，现在生活过于世俗又想找到生活的神圣意义。其实，这种思维陷入了一般辩证法的套路中，伊利亚德曾说过，在宗教人的眼中，神圣的辩证法先于一切其他辩证法运动。[①] 具言之，"圣显辩证法"的范围是以宗教或寻求信仰人士为对象，在他们心中，神圣有意义的世界才是其唯一寻求的目标，而神圣并不是通过放弃世俗来彰显，相反，神圣仅仅是在世俗中得以显现。[②] 这里可以理解为人的意识结构对世俗的社会存在进行了前反思语言的诠释，将纯粹的世俗世界带到另一种语言和意义的神圣世界。在此过程中，虽然神圣经验的内容源自世俗社会，但是经过了非理性要素的加工最后成为思想中的存在，并以完美模型的形式（神圣模型）保存下来，成为指导神圣生活的标准。

其实，圣显辩证法可以用于解释为什么在充满宗教信仰的中世纪会发生文艺复兴。通常认为，由于中世纪宗教信仰臻于极致，而使人们渴望世俗的转向，或是因为现代人的世俗生活陷入了极致，而又开始渴望宗教生活的转向。这类解释过于形式化与表面化。事实上，圣显辩证法向人们揭示出人们总是以神圣原型为价值牵引，引导人们不断地反思现实生活，从而发生超越当下的价值跳跃，正如"文艺复兴"在当时的进步者眼中是向古希腊文化的复归，因为古希腊文化在当时的进步者

[①] Mircea Eliade, "Foreword", *Structure and Creativity in Religion: Hermeneutics in Mircea Eliade's Phenomenology of Religion and New Directions*, p. vii.

[②] Mircea Eliade, "The Sacred in the Secular World", *Cultural Hermeneutics*, pp. 101–113.

寻找哲人石

眼中比早已墨守成规的基督教更具有神圣的意味。同样,现代社会中大部分人以或深或浅的方式浸入世俗。因为在大多数人看来,世俗的生活方式比起制度性的宗教生活更有意义、更能占据人们的想象力。如果把中世纪理解为神圣向世俗回归,或者将现代社会预判为世俗向神圣复归,那么就是将伊利亚德思想中的神圣和世俗置于绝对矛盾的位置。这无疑违背了伊利亚德的思想原则。在他看来,将世俗和神圣对置是涂尔干的做法,而神圣和世俗的真实关系是对立冥合(coincidence,巧合),而非"统一"(unit)。① 在"圣—俗"的对立冥合中,神圣始终作为一种超越的价值取向,引领着每个人在世俗生活中寻找到属于自己的意义世界。

值得注意的是,意义的世界不应堕入功利世界的魔窟中,而要能够安抚世间紧张躁动的灵魂,给人的生存生活带来神圣感。渴望心灵的平静、反思生存的意义、重建人类的精神家园在20世纪初的西方哲学中占据着主流。特别是在语言学和逻辑学的长足发展下,思想家对于意义世界的追求一度成为20世纪初西方哲学的几个中心课题。② 因为人首先要面临的是生存、生活的困境,并且总想去寻找适合生活且又有意义的存在方式。同样,伊利亚德也认为"寻求意义的世界是因为人不能忍受混乱的状态"③。混乱意味着无序、焦虑和死亡,克服混乱是人类在世存在的一种本能选择。创世神话的母题就反映

---

① Douglas Allen, *Myth and Religion in Mircea Eliade*, p. 18.
② 俞吾金:《迈向意义的世界》,《天津社会科学》1992年第2期。
③ Mircea Eliade, "Foreword", *Structure and Creativity in Religion: Hermeneutics in Mircea Eliade's Phenomenology of Religion and New Directions*.

第三章 "圣显"的基本内容

出人类的这种原始本能。世界从混沌中诞生，并在创世神或始祖神的神力帮助下，令世界变得秩序井然，人类自此幸福地生存生活在这片有序的世界内。创世神话中的从无到有、从无序至有序，无不反映出原始先民对无序和混乱的畏惧及对秩序的渴望。在无序和混乱中充满了各种偶然和不确定性，从而令人类无所适从，亦无处安顿。而那些创世神话便回应了这样一个重大问题——世界如何从无到有、从无序走向有序，从而开启了人类世界的神圣时刻。伊利亚德认为，这是神圣透过神话参与到了世界历史和人类历史中，也是人类理解世界和自身的伟大时刻（Great time）。[①] 后人通过神话不断地将自身带回神圣时空中，让神圣洒满世俗，让生命获得神圣的意义。这反映出神话叙事不仅展现了人类在历史上经历过的生存意义的危机，而且也展示了生存意义危机的解决方式。这种代表远古时期人类祖先建立秩序的拯救模式，经过后人传颂遗留在人们的潜意识中。

现代生活下的人们依然面临着各种生存危机，比如：既有高科技惹来的环境污染和大规模杀伤性武器，也有资本主义经济制度引起的不断恶化的贫富差距，还有社会监控中的不自由和恐惧，以及一直以来都难于攻克的恶疾，等等。危机就是悬临头顶的利剑，人们恐惧焦虑，试图逃避，都是自然的情绪和行动。这是否意味着人们只能无休止地在自然的世俗情绪与情

[①] "Great time" 一般指神话中的时间开端，也是宇宙中所有一切的真实源头。参见 Mircea Eliade, "Time and Eternity in Indian Thought", Hari Shankar Prasad, ed., *Time in Indian Philosophy*, Delhi: Sri Satguru Publications, 1992, pp. 98, 99, 101; Mircea Eliade, *Myths Dreams and Mysteries*, pp. 23, 30, 33。

感中轮回？其实，"圣显"理论为人们提供了一条古老原始而新意盎然的道路。既然神圣及其显现是人们面对无序混乱和危险境遇时的精神依靠，那么世间一切"圣显"——如神话、符号和象征等都可成为人们回归宇宙秩序和心物一如的途径。当然，这绝不是伊利亚德要求人们通过复活古代宗教来解决现代人的精神困境，而是鼓励人们积极乐观地发现世界的另一个维度，即向所有追求生活意义的人都开放的神圣向度。伊利亚德相信人完全可以通过象征和诠释构建出神圣的意义世界以对抗眼前单调无聊、充满危机的世俗生活，因为关于"圣显"的象征和符号一直在被模仿、流传，而且象征和符号所揭示的神圣或宇宙论的真谛也一直在为人们建设个人或群体的意义世界时提升认识世界和理解自身的境界。如此，我们将会发觉只要我们不曾断绝过对意义世界和价值生命的追求意愿，那么宗教的或近乎宗教的形式也就从未远离过我们的生活与感觉。[1]

---

[1] 参见 Mircea Eliade, *Myth, Dream and Mysteries: The Encounter between Contemporary Faiths and Archaic Realities*, p. 125。

第四章

"圣显"与"宗教人"意识结构的辩证关系

"圣显"可远可近、可多可少;可存于原始先民的世界观中,亦可显现于现代生活;可以在人类早期社会中发达充裕,又可湮没或伪装在科技昌明的现代社会中;等等。这样的存在样式不可避免地将关于"圣显"的理解拽入一系列疑惑的泥沼中:"圣显"客观实在吗?是何种意义上、何种程度上的实在呢?又该如何理解其与主观意识的关系?等等。其实,这些问题的核心应该是"圣显"与主观意识结构的关系。如果某些事物与人的主观意识在逻辑上从不相干,彻底无关,那么关于一些问题,如:这些事物需要被理解吗?可以被理解吗?理解后又意味着什么呢?回应与理解就会显得截然不同。其实,无关乎意识的事物极有可能不需要理解,也极可能无法理解。即便能有少许理解,也极可能毫无意义。当然,这里需要交代的是,唯物主义并不是与主观意义无关的哲学主张,毕竟主观意识从未在唯物主义的观念体系中被彻底清除。伊利亚德认为"圣显"真实且普遍存在于所有宗教现象中，具有不可忽视的客观实在性。然而如何理解这种客观实在性与人的主观意识之间的关系对完整地理解"圣显"理论起到极其重要的作用。因为理解"圣显"与理解客观实存物如石头的方式存在着明显的区别。"圣显"总是向宗教人显现其存在，而在很多时候与较大程度上，石头的存在就未必需要关乎人的主观意识。既然"圣显"总是"神圣"朝向于宗教人的意识而显现，那么人的意识为何能够理解与接受这种方式呢？这个问题让我们觉察到"圣显"存在论的澄清与宗教人的先天意识结构存在着紧密的关系。在伊利亚德的思想中，这种关系不是在"群体愿意"的方向上解释宗教人对神圣性存在着社会性的需求，也就是说不是因为社会群体愿意共同遵守特定"圣显"的解释和指导，才让特定"圣显"的存在论获得客观化的澄清。事实上，这种"涂尔干式"的宗教理解遭到伊利亚德反约化论的指责——这类解释脱离了宗教现象本身，而"圣显"从本质上就是在宗教人的意识中展开的。若无宗教人的意识，即便有任何意义上的神圣客观存在着，那么也不可能有任何事物和现象被视为"圣显"。虽然伊利亚德认为任何事物都存在着成为"圣显"的可能性，但并非任何实在都在"圣显化"。既然"圣显"存在着普遍的特定性，那么这些问题——"为什么是这个而非那个成为特定宗教人的'圣显'？""为什么在同类事物中选择它而不是别的东西成为'圣显'？""它又是如何成为'圣显'的？""为什么我们可以找到圣显？"——回应与解释都最终指向人的意识结构。

第四章 "圣显"与"宗教人"意识结构的辩证关系

·第一节·
拣选与诠释：意识对于"圣显"的建构

既然"圣显"不是宗教人意识之外的绝对实在，那么"圣显"的发生和存在就只能是内在建构性的。也就是说，宗教人的意识作为必要的构件内生于"圣显"之中，无宗教人的意识，则无"圣显"，但又不是宗教人的任何意识都会成为"圣显"的必要构件，像潜意识和睡眠时的无意识就不能称为"圣显"。而"圣显"总是朝向于宗教人的意识，宗教人的意识必然需要主动地识别和理解这种"朝向"，即什么正向自己而来？来临的"那个"又意味着什么？因此，两组重要问题——（1）为什么是它（们）在意识中显现？（2）它（们）又显示什么？——就需率先获得理解。只有理解了这两组问题，才意味着"圣显"在宗教人的意识中诞生。第一个问题将会涉及意识的拣选性，第二个问题则会论及意识的诠释性。

一 世俗中的拣选和定向

虽然伊利亚德说世间万事万物都可以成为"圣显"，但是为什么宗教史中偏偏是特定的"圣显"被铭记？换言之，为什么是这些事物，而不是那些事物被奉为"圣显"？同类事物中，为什么是这个，而不是那个被奉为"圣显"？伊利亚德指出这是宗教人自主意识中的拣选和定向（orientio）[①]。

伊利亚德说："它仍然是某种与其周围事物迥然有异的东西；由于其得以被拣选出来的那个原初的圣显，它仍然是神圣的，但是附在其上的价值却会随着宗教理论而发生相应变化，而圣显就通过此宗教理论而与一定的时间恰好相适应。"[②] 由此可知，某种特定"圣显"之所以是"圣显"的前提条件之一应该是被宗教人所拣选——从一切中选了他/她、从它们中选出他/她，正如"一块大石头被选择，不仅仅是因为其令人印象深刻的自然维度，而是因为其壮观的外形揭示了超越的东西——永恒、力量和绝对的存在模式，这与人类存在的不稳定性是不一样的"[③]。"圣显"并不是与宗教人的选择意识无关的现象和事物，而是由宗教人拣选出来的。因此，"圣显"的发生基础在于宗教人的拣选，正如伊利亚德坚持认为每一个"圣显"都代表着某种选择，是一种"识别"。"识别"就是从众多事物中或者相似事物中拣选出某个或某些事物；"识别"不可能是随机的，必须有差异化意识参与其中。差异化意识介入事物中，并从中拣选出什么，是宗教人意识为"圣显"提供的一种意识条件。宗教人为什么要拣选呢？或者拣选意味着什么呢？

拣选意味着神圣的彰显，"已经被选择的东西被认为是理

[①] ［美］米尔恰·伊利亚德：《神圣的存在：比较宗教的范型》，第348页。
[②] ［美］米尔恰·伊利亚德：《神圣的存在：比较宗教的范型》，第21页。
[③] Douglas Allen, *Myth and Religion in Mircea Eliade*, New York and London: Routledge, 2002, p. 76.

第四章　"圣显"与"宗教人"意识结构的辩证关系

所当然的强大，有效，可怕或丰产"①，正如"初级圣显"就是一种以某种方式体现神圣的选择。其实，宗教人的拣选意识并不是从来就是直接指向"圣显"，只是令凡俗成为"圣显"的条件之一。同时，拣选也不总是选出令人舒适的物体和现象，只不过是"从不寻常的、新的或怪异的东西中被挑出；被圣显或力显选择和展现东西通常被认为是危险的、禁止的或亵渎的"②。换句话说，"圣显"被崇拜不是因为它们是什么（如一块石头或一棵树），而是因为它们体现（或"揭示"或象征）了某种不同于它们自己的东西③，例如力量、奇迹、启示。由于成为一种"圣显"，物体、现象或事件就变得与众不同。

因宗教人拣选而"圣显化"④的物体、现象或事件并不只成为无法牵引的静态的神圣工具或通道，它们将会成为宗教人意识和生活中的神圣中心和原点。以此"圣显"作为宗教人生活的起点和终点，生命亦环绕于此，成为生命和宇宙周复的"奇点"和圆心。比如当古人遇到危难，或者感到困顿时，那么一个定点与定向就显得十分重要。有了定点，就以此为中心和归宿，生命在此展开，在此停息，在此轮回；有了定向，便以此为前进和超越的方向，生命由此而奋进，由此而开拓，由此而绵延。但问题是，定点和定向的标准是什么？是应该符合外界自然规律，还是内心对意义的判断？

---

① Mircea Eliade, *Patterns in Comparative Religion*, pp. 23 – 24.
② Mircea Eliade, *Patterns in Comparative Religion*, pp. 23 – 24.
③ Mircea Eliade, *Patterns in Comparative Religion*, p. 13.
④ Diane Apostolos-Cappadona, ed., *Symbolism, the Sacred, and the Arts*, p. 83.

寻找哲人石

　　为了简便介绍，笔者以符合外界的自然规律作为定点和定向标准，并以此唤出"圣显"，我们就以伊利亚德经常讨论的东西方文明也常出现的北极星为例。与常见的北斗星的指向功能相似，北极星也常常在野外和航海活动中用于天际导航——通过观察天体的位置辅助定位和辨向。在指南针发明之前，出行的旅人常常依靠日、月、星辰来辨明方位与方向，如《淮南子·齐俗训》中记载"夫乘舟而惑者，不识东西，见斗极则寤矣"①。无独有偶，地中海附近的民族也依靠北极星作为远航的向导。北极星定位导航的科学依据和事实基础在于它的方位不变。北极星是一颗靠近北天极的恒星，刚好处于地球自转轴向北的延长线上，从地球北半球上看，其位置相对其他恒星静止不动，可以此来辨别方位。在中国古代社会，关于北极星方位不变的认识已有许多明确记录，《尔雅·释天》中曰："北极谓之北辰"②，天之最尊星也，其纽星天之枢，天运无穷，而极星不移，故称"譬如北辰，居其所而众星拱之"③。由于北极星定位导航的作用出于其在星空中位置恒常的自然事实，而这自然规律不仅在世俗生活中为人们定位导航，而且还将进一步扎入人类的精神空间中。为了确立自我的位置和信仰的神圣性，人们需要将自身的方位或信奉的处所与一个可感的永恒事物发生关联，而北极星是各民族惯常利用的永恒不变的自然天体。根据伊斯兰教的传统，人间最高处在克尔白

---

① （汉）刘安：《淮南子集释》，何宁撰，中华书局2009年版，第776页。
② （清）阮元校刻：《十三经注疏》，《尔雅注疏·卷六·释天第八》，中华书局2009年版，第5675页。
③ （清）阮元校刻：《十三经注疏》，《论语注疏·为政第二》，第5346页。

第四章 "圣显"与"宗教人"意识结构的辩证关系

(Ka'aba,又译卡巴),因为"北极星证明……它位于天国的中央"①。在密特拉教(Mithraism)入会礼中,存在着一个登天仪式,即爬上放置在帐篷内象征宇宙之树的桦树,而帐篷顶上的开口就是正对北极星,通过这个开口可以进入另外一个层次的宇宙,因此这个仪式实际上乃是发生在宇宙的"中心"。② 同样在印度人的信仰中,妙高山(又译须弥山)位于世界的中心,北极星就闪耀在该山之巅。③ 其实,在儒教、道教及华人的民间信仰中,北极星被视为帝星、紫微、太一,是最重要的神祇之一。由此可见,人们从自然现象和规律中寻找永恒的模型,并以此作为人生的定点或定向,同时,与此关联的事物和现象也都可能成为"圣显"。

另一种拣选标准就是内心的意义判定。这样虽然没有外部的自然规律作为生命"定向"的客观性基础,但是宗教人内心的意义判定同样可以制造出"定向"来指导自己的生活。伊利亚德曾认真地讨论过故乡在流亡者精神深处的"定向"作用以及由此发生的"圣显"。他说:"每个故乡都可能构成了神圣的地理环境。对于那些已经远离家乡的人们而言,那个保留他们的童年和青春的故乡(家乡)就会变成一个神圣的地方。对我来说,布加勒斯特就是创造无穷无尽神话的源泉。

---

① 参见〔美〕米尔恰·伊利亚德《神圣的存在:比较宗教的范型》,第89页。《神圣和世俗》中有相同的表述:"同样在伊斯兰教传统中,地球上的最高之处是卡巴(Ka'aba)因为北极星可以证明卡巴面朝着天国的中心。"参见《神圣与世俗》,第13页。
② 〔美〕米尔恰·伊利亚德:《神圣的存在:比较宗教的范型》,第94页。
③ 〔美〕米尔恰·伊利亚德:《神圣的存在:比较宗教的范型》,第88、353页。

通过这些神话，我更加了解了布加勒斯特的真正历史。也许还有我自己的历史。"所以说"故乡都是神圣的"①。故乡的神圣性并不因为那个存在于现实中的具体的地理环境和空间的特殊性，而在于它对远离的游子意味着家园、回归与安适。因此，故乡的"圣显"在游子对回归的"拣选"与对远离中心的"定向"中被确立起来。换言之，只有当故乡被"拣选"为永恒回归的意象以及心中的"定向"时，故乡才是"圣显"。故乡的这一特点在中国传统文化中也有所体现。长途远行或者客居他乡时，旅人常常会有携带乡土和故乡风物的做法。带上故乡泥土，无论身在何处，乡土都以一种超越和置换时空的方式在精神世界中再现故乡。这种做法看似一种习俗、情感，但在客居异乡甚至流亡他国的人们心中，却是一种精神的"定向"和宗教式的抚慰。这种"定向"乃由旅居者的意识和情感所赋予，并成为其行动和思考的期待和依靠。但需要提醒的是，并非所有的游子都有思乡之情，也不是所有的思乡之情都会让故乡产生超越自然地理环境的意义，亦不是故乡有了超越意义就可以成为游子精神"定向"。故乡若要以"定向"的方式成为"圣显"，只会发生在游子内心的意义判定之后。

由此可知，外部的自然规律与内在的意义判定都可以成为"定向"，那么是否就意味着选用什么事物——一根木杆，还是一抔泥土，等等——作为"圣显"的"定向"从来就没有固定的客观标准和原则？正所谓万物万事皆可以成为宗教人的

---

① Mircea Eliade, *Ordeal by Labyrinth: Conversations with Claude-Henri Rocquet*, p. 30.

第四章 "圣显"与"宗教人"意识结构的辩证关系

"定向",既不一定是外部的自然规律,也不一定是内心的意义判定,还可以是外部的自然规律和内心的意义判定。归根到底,"圣显"中的意识条件——"拣选与定向"无法逃脱宗教人在意义层面的精神需求。这或许可以成为一条考察辩证意识如何对"圣显"起到构建作用的出路。其实,出于人性本能中对于秩序、稳定、超越性意义的需求,人便会从自然事物中选择恰当且有标示性的、能够满足其需求的部分神圣化,进而模仿再现。如是,神圣就变得越来越按照人的意愿有目的地出现。一个神圣的事件可以较好地说明这种情况。西奈山是基督教《圣经》中的圣地,上帝召唤摩西便在西奈山上。但是人们认为朝圣不方便,于是把"圣地"移到了便于人们日常生活的地方。也就是说,在人的生活区建造西奈山的"象征物",以后只要去往为上帝所建的圣地,就可以直接面见上帝,而不需要再爬到西奈山上与上帝交流。那么问题是,究竟是神召唤人,还是人召唤神?正统的神学解释无疑是神召唤人,而且建筑圣殿也是上帝的意旨。但是"圣殿"的选址难道不是人为选定的或者基于自由意志而选择的吗?

其实,伊利亚德并没有讨论认识的真理问题,但从他的言论中我们可以看出,人们从众多世俗之物中认定"圣显"、选定"圣显"都是为了方便构建人们的生活。北极星是人们认为不动方位的星辰,用它来定位,便于宗教人在广袤无垠的天地间获得神圣的、永恒的坐标。北极星作为"显圣",对宗教人生存世界的定位大都是确定的,但也有一些"圣显"的定位就不确定,而是定向性的——以"圣显"确立宗教人生存世界的神圣性,而非确立固定的神圣空间。伊利亚德曾举了一

205

个名叫考瓦奥瓦（kauwa-auwa）的"神圣木杆"的案例来说明这个问题。阿奇帕人（the Archilpa）的神祇纳巴库拉（Numbakula）用橡胶树干做成了考瓦奥瓦，被阿奇帕人视为通往天国的、代表宇宙轴心的"圣显"。在阿奇帕人看来，"神圣木杆"就是其生存世界的创造者，只有考瓦奥瓦周围的土地是可供他们居住的，若迁徙游牧，就要听从考瓦奥瓦弯曲方向的指引，并带着考瓦奥瓦重新寻找定居处。这"神圣木杆"让阿奇帕人始终生存和生活在"圣显"的周围，并总能在"自己的世界"中漫游。① 如果考瓦奥瓦折断，那么对阿奇帕人而言，就是"世界末日般"的灭顶之灾，其世界从此复归混沌，他们最终也集体静躺于大地之上，等待死亡的降临。

无论是定位的北极星，还是定向的考瓦奥瓦，都是宗教人生存和生活的导航者，也是宗教人与外部世界特异性的连接者。为了时常加强自身与外界的联系，起初宗教人拣选出各种自然物——如大风、乌鸦、霹雳②、某些树③等——作为"圣显"，然后再通过神话、符号的"象征"将自然中的"圣显"迁移到日常生活中。自然与象征之间之所以能够迁移在于"对神圣最初的直观体验使得自然与象征之间不可分割的联系变得深具意义"④。随着象征物越来越多，世俗生活中的"圣显"也随之增多，并且相互遮掩，势成隐微。这虽然造成了

---

① ［美］米尔恰·伊利亚德：《神圣与世俗》，第9页；另见《神秘主义、巫术与文化风尚》，第24页。
② ［美］米尔恰·伊利亚德：《神圣的存在：比较宗教的范型》，第48页。
③ ［美］米尔恰·伊利亚德：《神圣的存在：比较宗教的范型》，第257页。
④ ［美］米尔恰·伊利亚德：《神圣的存在：比较宗教的范型》，第258页。

第四章 "圣显"与"宗教人"意识结构的辩证关系

最初的宗教神圣性逐渐消解,人们的宗教生活也愈发淡薄,但是神圣也已经通过象征散落于世俗化社会下的各种角落,颇有润物细无声之意,滋养现代人,构筑起颇具意义的生活方式。例如以神话为题材的影视剧成为消磨工作压力的手段,玛莎拉蒂以波塞冬的三叉戟作为车标,从而演变成财富的"圣显"。因此,"圣显"一直在被拣选出来以服务于个体的生活需要。

但新的问题是,如果我们现在将生活中隐秘的各类的"圣显"挖掘出来,是否可以溯源到最初的"圣显"?按照伊利亚德的说法,"永恒回归"的时间原则总是将我们带到"圣显"的原点。而如果回到最初的"圣显",那么在各类宗教的神话起源中则表现为宇宙起源和人类起源。因此,伊利亚德反复强调其讨论的"圣显"并不是多神论,而是本体论。无论是古代人常见的"圣显",还是现代人隐蔽的"圣显",往前追溯总是能找到对应的宇宙本源。所以当用追溯法去考察原初的选择时,我们会觉察到现代生活中的"圣显"均是在宇宙起源上建立的。因此,当伊利亚德说宇宙是一个巨大的"圣显"时,也是从追溯法的立场去看待现代生活中的神圣存在——它们都能从宇宙本源中找到存在的依据。所以宇宙本身就是在人的意识结构上建造出来的,故宇宙也是"圣显"。

以上是关于不同类型事物的"圣显"讨论,那么在同类事物中的情况呢?通过横向比较,人们总是会在同类事物中拣选形状奇异、造型独特的那一个。伊利亚德也说,那些因形状奇特、极具个性的事物往往能成为让人惊异的对象,并可能变成"圣显",比如外形巨大的玉米、平地上的飞来石等。由于它们往往被视为处于类比下的"同质性的突破",有某种外界力量注入，使之成为异于常情的独特性，故而容易被视作神圣的。这种拣选的原则不再是生活上的便捷，而是感官上的奇异感，正如伊利亚德反复强调"一次神（圣）显意味着一次选择，意味着把这个显现为神圣的事物同它周围的任何其他事物作一次截然的区分。总是有某种其他事物，甚至在某个领域——例如天空或者某个熟悉的景观，或者'祖国'全都变成神圣的时候也是如此。变成神圣的事物就是和本身而言也是有所不同的，因为只是当其不再是某种世俗的事物的时候，当其获得了一个新的神圣的'维度'的时候，它才变成一个神（圣）显。"[1] 总之，若没有宗教人意识中的拣选和定向，"圣显"要么会被忽视，要么选择沉默。拣选与定向表明了宗教人意识对"圣显"的发生、迁移和绵延起到了不可否定的构建性作用。

二 创造性地诠释

保证宗教人拣选、定向得以顺利展开的意识活动，还需要创造性诠释学。为什么"圣显"需要"创造性诠释学"[2]（creative hermeneutics）？伊利亚德说："圣显和宗教象征构成了前反思语言，由于这是一种特殊的、自成一类的语言，它必然需要一种恰当的诠释。在我的著作中，我试图阐述这种诠

---

[1] David Carrasco and Jane Marie Law, ed., *Waiting for the Dawn: Mircea Eliade in Perspective*, Colorado: the University Press of Colorado, 1991, p. 51；［美］米尔恰·伊利亚德：《神圣的存在：比较宗教的范型》，第11页。

[2] Madeea Axinciuc, "Elements Towards a Creative Hermeneutics: Methodological Precautions in the Study of Religion", *European Scientific Journal*, 2013, pp. 94 – 106.

第四章 "圣显"与"宗教人"意识结构的辩证关系

释;但是我已经根据材料进行了实际说明。现在还需要我或其他人来系统化这种诠释。"① 一般而言,"前反思语言"(pre-reflective language)是指难以述说的、尚未概念化的或极难概念化的语言(或言说),所以由"圣显"构成的"前反思语言"才是一种特殊的语言。这种言语在很多时候就是宗教人仅供自身理解和感受的"个人语言"。如果仅就"圣显"于具体宗教人而言,那么这种"前反思语言"就不是一般意义上的言语,因为它不需要发声,无须表达,是一种仅属于个人的"独白"。因此,无论是宗教人为了自身的概念化理解,还是为了向他人表达这种理解和感受,宗教人都有必要将这种神秘的、近乎独白的"前反思语言"诠释成概念化的、可以表达的反思性语言。从由"圣显"构成的"前反思语言"到可表达的反思性语言是一段从"无概念"到"有概念"的创造性过程。对于宗教人而言,这一过程并没有现成可依赖的诠释路径,他们需要从"无"到"有"将"圣显"以概念化、对象化语言展露出来。由无到有的诠释无疑是创造性的。因此,由宗教人创造性诠释的意识活动为"圣显"的现实化起到奠基性的作用。如果没有宗教人关于"圣显"的概念化、对象化的表达和记述,"圣显"不可能让宗教人感受到神圣,也不可能成为宗教学家关注的对象。

这里同时引申出一个新的问题,即宗教学家关于"圣显"的创造性诠释的问题。其实,伊利亚德也提到他自己就试图阐释过这种诠释活动。宗教学家若想真正地理解陷落在宗教人历

---

① Mircea Eliade, *Journal* II, *1957–1969*, p. 313.

史记述中的"圣显",那么他们不可能脱离创造性诠释学。因为由"圣显"构成的"前反思语言",即便由宗教人将其概念化、对象化成反思性语言,这种关于"圣显"的表达依然是一种难以理解的"自成一类"(sui generis)的语言。毕竟宗教人很多时候只需要将"圣显"说给相似的宗教人听,令其同类理解,所以经宗教人创造性诠释之后"圣显"对于现今的很多人而言依然是玄奥晦涩的,自然需要由宗教学家再度创造性诠释——伊利亚德称其为"完全诠释"(total hermeneutics)。总之,若想以反思性语言讨论和理解"圣显",那么创造性诠释学便不可或缺。

无论是宗教人关于"圣显"的自述性言说,还是宗教学家关于"圣显"的解释性语言,都将难以摆脱语言及其对象的确定性难题,这令语言哲学家感到棘手。宗教人在"圣显"自述性语言上的创造性更多时候来自一种与宗教人个人状况(如教育、传统、生活背景等)息息相关的偶然性。宗教人自述自身顿悟或感受神圣的语言如何确保其通达的确定性呢?不同宗教人在历史上表现出关于"圣显"不同的言说,所以在宗教人创造性地诠释相关"圣显"时,理解其创造性的来源就显得很重要。事实上,关于这方面的研究最佳的方式应该是宗教人再度反思其从"前反思语言"到"概念语言"的过程。简言之,这部分工作只能由宗教人自觉地展开,无法由宗教学家代劳,除非宗教学家自觉置换成典型宗教人的身份。而另一部分的创造性诠释工作——将宗教人"自成一类的前反思语言"在宗教人的言说中创造性地诠释出可用于沟通的意义系统——则只能由宗教学研究者完成,也就是伊利亚德晚年不断

第四章　"圣显"与"宗教人"意识结构的辩证关系

强调的创造性诠释学。

列欧曾预测诠释学将在宗教现象学中将发挥更大的作用，同样，约阿希姆·瓦赫（Joachim Wach）和伊利亚德也都将诠释学置于宗教现象学事业的中心。① 伊利亚德在方法论上的创新乃是基于神圣辩证法和宗教符号的内在一致性来诠释圣显所具有的意义。② 具体而言，当事物发生圣显的时候，认识主体可以迅速识别出眼前所见世俗事务的神圣性（独特性），但对这种神圣性的诠释不会脱离眼前的神圣事物乃是作为一种宗教符号的事实而胡乱解释。神圣事物作为一种宗教符号便有其内在的结构以表明其具有象征神圣的属性，所以伊利亚德的创造性诠释学就需要认识主体了解特定领域的文化传统和宗教背景，然后才有可能综合运用收集到的知识对特定领域的神圣事物结合自身的处境进行经验性解读，即所谓的"创造性诠释"。伊利亚德早在1961年的《宗教史学和新人文主义》中就已经提到并强调过创造性诠释学可能带来的文化利益，并由此开创新的人文主义。③ 1965年，伊利亚德再一次发文称宗教学科正在遭遇危机，"由于过度的专业化会导致胆怯、谨慎、克制和中心主义，从而丧失创造力和文化综合性，然而危机也

---

① David Cave, *Mircea Eliade's Vision for a New Humanism*, p. 16.
② Douglas Allen, *Structure and Creativity in Religion: Hermeneutics in Mircea Eliade's Phenomenology of Religion and New Directions*, The Hague: Mouton, 1978, p. 173.
③ Mircea Eliade, "History of Religion and a New Humanism", *History of Religions*, *Vol.* 1, 1961, pp. 1 – 8.

意味着更新的可能性，特别当其通过创造性诠释学的时候"①。事实上，只有当宗教史将自身视为综合的、一体的、全面的学科，才能真正地具有创造性。这种创造性诠释学将会带来新人文价值的创新，并开拓西方人的视角，使文化的通用式成为可能。简言之，宗教史学家需要了解宗教现象的结构并解释其对于主体生存生命的意义。创造性诠释学则是通往宗教史的恰当方法，将会允许学者解释各种存在处境，使人们能够理解原始古风、东方神话和各类象征物。既然伊利亚德多次强调创造性诠释学的效用，那么什么是创造性诠释学？

前面提及创造性诠释学与"自成一类"的特殊语言有关，那么问题首先就转向了"什么是自成一类的特殊语言？""自成一类"，英文为 sui generis，它不是伊利亚德的独创词，很多西方学者都用过 sui generis 来表达宗教的独特性。在《社会学方法的准则》中，涂尔干多次提到了社会事实的"自成一类"特征。② 奥托确立了宗教"自成一类"的独特性和神圣对于宗教经验的独特价值。③ 帕尔斯在《宗教是自成一类的吗》中指出，基督教的特殊性则是"由信仰和价值重估来保证宗教经验的自成一类"④。"自成一类"说明本体论和方法论上没

---

① Mircea Eliade and H. B. Partin, "Crisis and Renewal in History of Religion", *History of Religion*, Vol. 5, 1965, pp. 1 – 17.

② William E. Paden, "Before 'The Sacred' Became Theological: Durkheim and Reductionism", in Thomas A. Idinopulos and Edward A. Yonan, eds., *Religion and Reductionism: Essays on Eliade, Segal, and the Challenge of the Social Sciences for the Study of Religion*, Leiden: Brill, 1994, pp. 198 – 210.

③ Rudolf Otto, *The Idea of the Holy*, p. 7. 转引自朱东华《从"神圣"到"努秘"》，宗教文化出版社 2007 年版，第 69 页。

④ Nicolae Babuts, ed., *Mircea Eliade: Myth, Religion, and History*, p. xxiv.

第四章
"圣显"与"宗教人"意识结构的辩证关系

有本质主义①,也即没有固定的属性。对于伊利亚德来说,神圣或宗教概念"自成一类"的原因在于语言学的意义上"自成一类"。具体而言,宗教人对于"圣显"的解释有自身的语言,并依据每个个体的生存背景、文化背景和理解能力来进行理解和描述。不同生存背景和文化背景的人对于同样的事物理解并不完全相同。比如,龙在不同文化中的意象不同。在西方神话中,英雄人物经常深渊屠龙,而巨龙必须被众神击败征服,撕裂成碎片。战斗结束后,宇宙才得于拯救,新世界才得以诞生,并年复一年地在仪式中象征性地重复,由此世界也就年年万象更新。② 但在中国神话中,龙是守护秩序的神灵,因而中国人常自诩龙的传人。由此可见,同一图像在不同文化中的解释和意象均有差别,有时甚至是截然相反。每一种宗教都来自不同语言和文化的诠释,因而"自成一类",不可化约,同时也就造成了后世在理解上的困难。这曾被麦克斯·缪勒视为语言疾病。③ 伊利亚德虽然也承认语言对于宗教神话具有先导作用,但积极地肯定不同民族语言对于神话的独特解释。各自文化背景下的宗教人通过"自成一类"语言创造出来的神话以及由此演绎出来的宗教活动,非但不是语言疾病,反而有

---

① Robert Ellwood, "Eliade: Essentialist or Postmodern? The Sacred and an Unseen Order", in Nicolae Babuts, ed., *Mircea Eliade: Myth, Religion, and History*, London and New York: Transaction Publishers, 2014, p. 5.
② [美]米尔恰·伊利亚德:《圣与俗:自然宗教的本质》,第97—98页。
③ [英]麦克斯·缪勒:《比较神话学》,金泽译,上海文艺出版社1989年版,序言第6页。

着自身的价值和意义,因为其解释的依据是自主的存在。① 然而这种"自成一类"的诠释合理性将不得不面临伊利亚德生平污点的干扰。由于伊利亚德参与了罗马尼亚带有法西斯属性的"大天使米迦勒军团"(Legion of the Archangel Michael),所以有些批评者将其"自成一类"的以神话为中心的宗教理论与法西斯政治构建起系统性的内在关联。② 这将使得其宗教诠释学创造性运用于法西斯主义的研究,将不可避免地遭到严重的挑战。③ 人们对积极使用创造性诠释学,变得极其谨慎,尤其在以科学谨慎著称的宗教史学领域。④ 平实而论,批评者似乎有些过度引申,正如麦卡琴(McCutcheon)就曾质疑过对"自成一类"宗教的研究总是压制性和专制性的说法。事实上,"自成一类"的宗教在某种程度上只是一种意识形态建构,其权威来源于其所谓的自主存在。⑤ 换言之,如果说"自成一类"的创造性诠释展现了专制的和压制的意识形态,那么统一模式下的诠释难道不更专制吗?其实,"自成一类"并不会外向地突入其他领域,而是针对其自身传统的一致性和统

---

① Bryan Rennie, ed., *The International Eliade*, Albany: State University of New York Press, 2007.

② Christian Wedemeyer and Wendy Doniger, eds., *Hermeneutics, Politics, and the History of Religions: The Contested Legacies of Joachim Wach and Mircea Eliade*. New York: Oxford University Press, 2010, pp. xxxi – xxxii.

③ Raul Carstocea, "Breaking the Teeth of Time: Mythical Time and the 'Terror of History' in the Rhetoric of the Legionary Movement in Interwar Romania", *Journal of Modern European*, Vol. 13, No. 1, 2015, p. 82.

④ Mircea Eliade and Harry B. Partin, "Crisis and Renewal in History of Religion", *History of Religions*, Vol. 5, No. 1, 1965, p. 7.

⑤ McCutcheon, *Manufacturing Religion: The Discourse on Sui Generis Religion and the Politics of Nostalgia*, New York: Oxford University Press, 1997, p. 5.

第四章 "圣显"与"宗教人"意识结构的辩证关系

一性。同时,这要求创造性诠释"自成一类"的宗教不可能脱离其自身传统,故而其领域之内的"圣显"诠释也不可能违背"自成一类"的独特性。若欲达成"自成一类"的"圣显"诠释,那么就需要遵循伊利亚德的劝告,重启人类在"神秘和启示视域下"[1] 独有的创造力。

既然生活经验、文化背景和语言能力都可以成为理解"圣显"的支撑,那么是否意味着宗教人就可以完全凭借特定传统下的主观经验进行自我诠释呢?按照伊利亚德的观点,宗教人可以自觉地、创造性地展开有利于其理解的意义系统,但是创造性诠释的开展不是漫无目的,而是有意向、有方法、有结构的,基本体现在宗教现象的结构分析、描述方法与研究对象上。

第一,在结构上,伊利亚德认为可以通过其内在结构来阐释宗教现象的意义,特别是"圣显"的结构。有学者谈到,由于允许谈论宗教表达形式的结构,伊利亚德的诠释学获得了一个创造性的维度。[2]"圣显"展示出来具体含义基于宗教符号普遍的内在系统,顺着宗教符号的内在系统的象征指向,伊利亚德找到了超越于现实存在的宇宙本体论内容,进而认为宗教现象总是能在宇宙整体中找到意义。伊利亚德认为,遇见神圣是在精神上回归到宇宙最初生发的事件中;在农业社会中感

---

[1] Madeea Axinciuc, "Elements towards a Creative Hermeneutics: Methodological Precautions in the Study of Religion", *European Scientific Journal*, 2013, p. 101.

[2] Livia Durac, "Mircea Eliade: the Hermeneutics of the Religious Phenomenon", paper delivered to *the 4th International Conference on Human Being in Contemporary Philosophy*, Volgograd, May 28th. – 31st., 2007, p. 3.

受到的植物发展规律也是和宇宙的律动相关联；现代生活各种仪式和节日同样有着宇宙创生层面的意义。这是基于宇宙的本体论和发生学。万物在宇宙中创生，同时也受到宇宙节律的影响，周而复始的"出生—死亡—再生"。在伊利亚德的思想中，宇宙向来就是一个巨大"圣显"，所以在宇宙中萌发的一切事物都会沾染或分享这份"圣显"。从而万物效仿宇宙节律的死亡都将不再是彻底地消失，而是新生命的开始。对于"死后万事皆空"的人生态度来说，宇宙本体循环论能从另一个生命维度给予人生于积极意义——生命一直在变换中达至永恒。

第二，在描述方法上，伊利亚德拒绝将文献资料局限于生硬的历史关系中，他倾向于采用想象的、文学的、艺术的方式作为其诠释方法。这些方法不会减少数据分析的科学性，反而会尽可能地还原"圣显"发生时宗教人的经验感受。美国印第安纳大学比较文学教授马蒂·卡里斯库（Matei Calinescu）曾断言，指出，"对于伊利亚德来说，艺术想像力与宗教创造力之间存在许多相似之处，因为艺术和宗教都与意义问题有关——这个问题是他作为思想家、小说家和学者的全部工作的核心。"[①] 但依道格拉斯·艾伦之见，伊利亚德必然以想象的方式重新创造"圣显"的条件，因为伊利亚德没有提供一个诠释学的框架来理解神圣的不可化约性，所以必须以想象的方式处理材料和数据，以此了解宗教人的意向性情况，分析他们

---

① "Eliade, Mircea (1907 – 1986), An Introduction to", in Lawrence J. Trudeau, eds., *Twentieth-Century Literary Criticism*, Vol. 243, 2011, p. 4.

第四章 "圣显"与"宗教人"意识结构的辩证关系

具体的生存定向。[1] 伊利亚德确实没有提供诠释学的框架，建构理论框架本身就是艰难的任务，正如北川三夫所言"理解上的难题是宗教学的最新任务，它需要诠释的原则"[2]。没有人总结出宗教诠释学的原则，但伊利亚德给出了宗教诠释学的方法。艺术的想象，文学的加工，归根结底为了同情地理解对方（宗教人）的神圣经验和真实感受。这种创造性的诠释法帮助我们在与缺乏直接透明度的历史文献、文本或符号之间的富有想象力的创造性互动中产生追问宗教现象背后意义的力量[3]，使得我们与宗教人的经验产生共鸣。在伊利亚德的概念中，宗教想象对于宇宙或人类生命的任何对象都是开放的，其必要和唯一的条件就是在其进化过程中转化成为"圣显"。[4] 因此，"创造性"一词所具备的完整含义是，它并不意味着某些主观上的武断，也不是现代迷失方向的人"表达自己"的敦促，它比这些更具艺术性。而创造性诠释学不再是严格的诠释学理论，而是艺术式的、启蒙的、便于激发、滋养和更新的哲学思想。[5]

---

[1] Douglas Allen, "Mircea Eliade's Phenomenological Analysis of Religious Experience", *The Journal of Religion*, Vol. 52, No. 2, 1972, p. 175.

[2] Joseph M. Kitagawa, "Primitive, Classical, and Modern Religions: A perspective on Understanding the History of Religions", in J. M. Kitagawa eds., *The History of Religions: Essays on the Problem of Understanding*, Chicago: University of Chicago Press, 1967, p. 42.

[3] Bryan S. Rennie, *Reconstructing Eliade: Making Sense of Religion*, p. 236.

[4] Livia Durac, "Mircea Eliade: the Hermeneutics of the Religious Phenomenon", paper delivered to *the 4th International Conference on Human Being in Contemporary Philosophy*, p. 6.

[5] Mircea Eliade and Harry B. Partin, "Crisis and Renewal in History of Religion", *History of Religions*, Vol. 5, No. 1, 1965, p. 10.

第三，在考察对象上，伊利亚德强调创造性诠释学不仅要更多地关注宗教历史和现象中的经验性事实，而且还应该重视对宗教历史和现象之后或之内的宗教意义和文化意义的诠释。两者对应到"圣显"的研究视域下，就是关于"圣显"的经验事实与意义诠释。对于宗教的经验性事实，伊利亚德一再强调"历史学家永远不能忽略历史上的宗教具体"，坚持采用"与宗教历史事实有关"的"经验方法"来处理这些"事实"。这些事实一般会出现在语言学家、民族学家和文学家的作品中，也会以"宗教符号"的方式显露在人类学家、社会学家及其他人士的文件中。其实，伊利亚德的宗教研究也几乎严格遵守着这一条原则——对宗教的经验事实给予充足的关注与重视。他早年游历诸国，沉湎阅读，且善于观察学习，也勤于创作，为日后严谨的创造性研究提供了大量珍贵的宗教经验性材料。除了积累足够的经验资料，对于"圣显"或者任何宗教事实的理解都不可能脱离诠释，而且是创造性诠释。

在意义诠释方面，伊利亚德的宗教学研究提供了许多重要的具体示范。而在诠释原则上，他提出根据具体历史的处境来理解具体宗教现象是宗教史学家的美德，但不是特权。意义诠释自然不可能只停留在对宗教信息和材料的收集和系统化，而是要在公正地对待宗教现象和事实的基础上阐释和揭示出内蕴其中的意义和文化价值。这要求宗教学家对宗教现象和事实展开意义的破译工作，正如伊利亚德所指出："有一个充满神话和象征的生机勃勃的世界，我们必须了解这些神话和象征。"至于如何破译宗教意义，伊利亚德认为科学方法不能以通常的

第四章 "圣显"与"宗教人"意识结构的辩证关系

方式发展和检验假设,而应该从人的精神角度寻找人生存的独特性。诠释的创造性通过发现导致新意识诞生的意义和含义,将重新构造人类知识并带来感知和理解人类的新方式,"最终,创造性诠释学改变了人;它不仅仅是指令,它也是一种易于改变生存质量的精神技术"[1]。创造性诠释学如何改变人呢?那就应该是宗教学家利用"创造性诠释学"帮助人们快速有效地观察到隐藏在日常痛苦和沮丧中的生活意义及象征,以及帮助人们解读和看懂宗教符号和各种象征物对于人的积极意义。

当然,这也只是真正的(或者说伊利亚德所理解的)宗教学家应该努力完成的事情,毕竟现实中的宗教学家并不都是如此,伊利亚德就曾提到过:

> [宗教]历史学家通常要么将自己淹没于繁重的历史事件,然后就再也看不到现实;要么陷入他自己的想象世界,并创造了思想观念上完全不同于我们的解释和论点。但是也有一些历史学家,他们除了吸收事实之外,还了解其研究的时代精神、当地特色,同时还凭借奇妙的直觉了解很多没有直接写在材料上的事件的关键。[2]

这里提到的"没有直接写在材料上的事件的关键"或许可以解释成其他意涵,但对于伊利亚德所认同的宗教学工作而

---

[1] Mircea Eliade, *The Quest: History and Meaning in Religion*, p. 62.
[2] 参见 Mac Linscott Ricketts, *Mircea Eliade: The Romanian Roots 1907–1945*, p. 81。

言，就是领悟潜藏在历史上各种宗教现象的本质或者说是所有宗教人的精神真谛。而在伊利亚德的思想中，宗教本质与宗教人的宇宙精神通常可以被理解为"圣显"与领悟并运用"圣显"。可见，要想理解"圣显"或者说帮助他人理解"圣显"，在伊利亚德看来，只能依靠宗教学家利用其奇妙直觉去创造性诠释"圣显"的遗迹。这些潜藏在事物无形之流和历史单调变化中的"圣显"信息可以被宗教人或被宗教（史）学家的"看到"、理解并传递出来。①

除了用于宗教人理解"圣显"的途径，创造性诠释学还可以充当宗教研究者的指导方法。伊利亚德曾盛赞"创造性诠释学"的方法论作用，认为"'创造性诠释学'将最终被视为宗教史研究的'波斯御道'（Royal Road，有捷径之意）"。②当创造性诠释学作为宗教学家的研究方法时，宗教学家就可以用直觉或想象梳理堆积成山的材料中的历史背景和社会处境，按图索骥找出当时社会存在下人们观念中的本体论存在为何，以及基于此存在论下的信仰习惯和文化风俗。

综上所述，创造性表现在以主体经验为背景下用想象的方式为神圣事物建立"主—客"亲密关系而进行的主观解释和理解。虽然其个人背景下的理解具有广泛的个人经验性和开放性，但是其间关系始终以宇宙的本体和发生为引导。这种现象可以从世界各宗教关于至上神的崇拜中得以验证。以

---

① Mircea Eliade, *Journal* Ⅱ, *1957–1969*, pp. 84–85. 对伊利亚德诠释学的评述亦可参阅 Douglas Allen, *Myth and Religion in Mircea Eliade*, New York: Routledge, 2002, pp. 299–300。

② Mircea Eliade, *The Quest: History and Meaning in Religion*, p. 62.

第四章 "圣显"与"宗教人"意识结构的辩证关系

基督教为例,基督徒认为是上帝创生了自己以及世界万物,上帝不仅是宇宙的本体,也是世间万事万物得以存在的根源,因而自己经历的各种神圣经验和离奇的巧合都可以从上帝处得到合理化解释,如上帝的安排、上帝的垂爱、奇妙不可言说的意旨等。因此,"圣显"的中心问题是内在世界的设计,在内在世界中自我解释和理解"圣显"可能给人的生存启示。每一门科学都试图从自己的角度对人的生存和世界的存在进行解释,特别是在这个问题并不明朗而人类又渴望寻求答案的前提下,神学和宗教学的解释是其中之一。相对于其他基于物质的观察和量化的方法而得出结论的学科而言,而神学和宗教学关切的是人的精神和涌动的生命。伊利亚德强调,人们应该更多地关注自身的精神,而不是冷冰冰的数字;都需要同情地理解人类寻求存在意义的心理状态,而不是沉溺于自然主义者的客观性。因此,伊利亚德便保留了解释学的使用价值,希望借助最有条理的解释来丰富人的状况,进而十分强调新人文主义。他对人文主义的关注不是在美国之后才有的,早在其谈论撰写本科论文时就以意大利文艺复兴的关键人物为主要研究对象。伊利亚德的创造性诠释学不仅站在新人文主义的视野下反思生命的意义,而且从宇宙层面为人的存在寻找各种超越的解释,阐明存在的根基。生命的规律性消亡和战争的血腥杀戮触动着人们不断思索和寻找新的生存和生活之道,并以此来减轻死亡和无序造成的失落感和虚无感。在宇宙本体论及发生学的逻辑中,人的一切都会与宇宙的律动相冥合。宇宙是无限的,人一旦与其冥合,那么有限个体的人也就投入无限的宇宙中,成为生生不息的一分子，世俗生命，即便死亡也会有新里程上的意义。在现代社会中，这种空虚和无力感的依然存在，居高不下的自杀率便是血淋淋的证据。虽然现代人的解压办法千奇百怪，但是在创造性诠释学的解释系统下，这些奇怪行为也不过是神圣从生活世界隐遁和退化后的生存与生活的意义拯救，毕竟人是意义世界的动物，而且这种意义世界总是指向超越此在。

·第二节·
真实和伪装："圣显"之于意识的特点

一 真实的启示

伊利亚德讨论"宗教史是什么"时，曾提出：

> 宗教史是由这些启示①和"圣显"组成。每种"圣显"揭示并构成（给予"形式"，有效性）了真实（reality），而且都可以通过逻辑术语明确表达出来。据我了解，宗教史是由形而上学和生物学的相交而构成的，[如同将]所有经济、情爱和社会方面都可以纳入生物学领域中。更确切地说，宗教史在生物层面上引入或揭示了形而上学的模型或"难题"，[也就是]将非理性被灌注到

---

① 根据前文推测，"这些启示"应该指人在宇宙中的觉醒"consciousness"。

第四章 "圣显"与"宗教人"意识结构的辩证关系

理性结构中。①

通常所说的"真实"(real)是指一种与事实相符的状况,即"思维内容与客体相符"②。这种符合事实的"真实"是客体与主观意义(认识)之间的等值关系,但在伊利亚德看来,"真实"应该是指在具体历史处境下从"宗教人"神圣经验中流露和显现出的神圣意义。③ 这种"真实"不是一种由客体实在性所决定的认识意义上的等值关系,而是由宗教人自由信念所维持的生存论意义上的赋值关系,即宗教人对自身生命和历史在信念与实践上赋予意义。由于人在世俗中过着象征宇宙节律的生活,其人生意义也就有了宇宙生生不息的神圣意义。在信仰者看来,这种蕴含宇宙意义的生活才是真实的,因为它在人的掌控范围之内,给予人安全感和幸福感。但在无信仰者或不同信仰者看来,与其相异的世界观反而是不真实的虚幻。

在伊利亚德的宗教诠释中,"宗教人"的"真实"不是世俗的现实,而是信仰或信念中"神圣"和以世俗之相来展示自身的"圣显"。在无"圣显"的世俗世界中,一切都是现象上假托为真的宇宙幻象,伊利亚德借用印度教和哲学中的词语"māyā"来指称这种现象。"māyā"来自一种时间变换的效

---

① Mircea Eliade, *The Portugal Journal*, p. 219.
② 冯契主编,金炳华修订:《哲学大辞典》(修订本),第1940页。
③ "能够认识到真实和意义世界与发现圣显密切相关",参见 Mircea Eliade, "preface", *The Quest: History and Meaning in Religion*。

能，仅仅通过延长时间就可实现其自身。① 这一观念与印度哲学中"无自性则不真"（佛教更有影响力地发扬了此观念）的思想相近，即在时间变换中，世间万物均会轮转腐朽，故而皆是不真的幻象。而世俗中人并不认可时间以及时间下的一切都是不真实的幻象。对于他们——无信仰者而言，意识感知的表象世界才是真实的。真实意味着可以被人类的感官反应和知性觉知，而宗教人的"圣显"只是个体以及群体无意识的特殊经验。

其实，对这类缺乏信仰维度的经验主义看法，宗教人通常都会提供以下两类反驳。第一，因为感官和知性的能力是有局限的，有数不清的东西超越了人类理解的范围。如果人们稍有片刻反思，就能很快地意识到他们从来不能完全感知到一切事物，也不能认识到事物的一切特性。人可以看、可以听、可以摸，但人又能看多远、能听多深、触摸到多少，这些都取决于他的感官的质量和数量。这种感知限制一直伴随着人类。即便通过使用科学工具，人们可以扩大感知的范围和边界，比如用显微镜扩大眼睛的视野，从而了解到微生物、细胞、病毒等。其实，大多数设备只能强化人们眼睛的功能，将其带到更远或更小的事物中，或者使人们的耳朵听到更加微弱的声音，等等。然则人类虽然可以通过科技增益其感官功能，从而扩增其感知的范围与内容，但依然存在着许多难以克服的局限，正如我们尽管能清楚明白蛋白质分子的结构，甚至每个原子所有向度的正确位置，我们还是一点都不明白那些原子如何折叠成其

---

① Mircea Eliade, *The Forbidden Forest*, p. 431.

第四章
"圣显"与"宗教人"意识结构的辩证关系

自然形式的规则。因此，但不管使用什么工具，人们都无法达到确定性（必然）的边缘，而出自意识的知识绝不可能超越这些边缘，所以还有很多现实感知之下的无意识内容。[1] 第二，在价值观上，人们都可以直接地感受和欣赏到真、善、美、爱等价值，但是没有人会因为我们看不见、摸不着而声称世界上不存在真、善、美、爱等价值。在很多情况下，人们很难甚至无法回答善、正当是什么。摩尔认为"善"是无法定义的最基本价值存在[2]，西季威克认为"正当"是不可定义的。即使是休谟这样的经验主义者，也只是从效果上来定义善——符合人类整体利益发展的效果。[3] 由此可知，一些事物，如价值，虽然缺乏感官上的客观实在性，但不意味着它不具备理性认知的可能性。对部分经验主义者而言，真实存在的唯一方式就是能够通过其感知表现出来。对于他们无法感知的事物，通常只会判定为虚幻不实。在经验主义大行其道的现代社会中，伊利亚德也感受到了这类质疑的压力。作为宗教学家，他需要客观、中立地研究宗教现象，但是宗教现象出现了一些让其备受质疑的内容，如神秘主义、神圣、"圣显"等。这些概念对伊利亚德的宗教研究而言是真实的骨架，是不可或缺的组织。因此，伊利亚德不得不讨论"圣显"的真实性问题。在他的宗教诠释中，"圣显"是一种宗教人成就其宗教人身份的必然性构件，与宗教人自身的真实

---

[1] Carl G. Jung, ed., *Man and his Symbols*, pp. 21-23.
[2] ［英］G. E. 摩尔：《伦理学原理》，陈德中译，商务印书馆2017年版，第7页。
[3] J. B. Schneewind, *Moral Philosophy from Montaigne to Kant*, Cambridge University Press, 2002, p. 552.

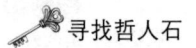

性同构的存在。

　　宗教确信的"真实"就各自宗教之内拥有极高的确定性，而在相异宗教之间表现出较高的相对性。这相对性主要体现在不同信仰者之间关于对方"圣显"体验的确信活动中。作为具体宗教的宗教人，他们都能自然地确信属于自身信仰体系内的"圣显"的真实性，而无法直接确信甚至无法理解与其相异宗教体系的"圣显"的真实性。"圣显"所带来的宗教自信，使得部分具体宗教人拘囿于各自的信仰体系与"圣显"的范围和方式中，轻视、忽视甚至攻击其他宗教人的"圣显"的真实性。基于对"圣显"真实性的确信，宗教人之间通常表现出故步自封的真诚和仇视，宗教团体也会以社会、政治、经济等方式组织起带有鲜明标识性和限制性的确信力量。就宗教整体而言，部分宗教中真实的"圣显"在另一部分宗教内就是虚假的和异端的，因此，具体宗教"圣显"的真实性与虚假性共存于宗教整体之内。这种矛盾的表达式在人类宗教史上并不新异，也不是偶发的，而是具体宗教在宗教整体内共有的内在本质。"圣显"真实性的矛盾表达式是怎样发生的以及应当如何理解呢？因为所有宗教必然相信只有宗教体系内以其愿意理解的方式获得和遵循的"圣显"才是真实的真理，而其他号称"圣显"的方式和内容都是异端。基督教的傲慢自大在世界宗教文化交流史上经常遭到指责，却不影响对基督信仰和"圣显"方式与内容的自信。对于"圣显"真确性的矛盾式，汤因比提供了"自我核心说"的解释：

　　　　自我核心是在人类本性中所天生的，我们在某种程度

第四章
"圣显"与"宗教人"意识结构的辩证关系

上都倾向于假设我们自己的宗教是唯一真实的和正确的宗教；我们自己对绝对现实（即上帝）的看法是唯一本真的看法；我们独自感受到了某种启示；揭示给我们的那种真理就是全部的真理；我们自己就是上帝的特选子民和灵光的宠儿，而其他的人则是坐在黑暗中的异教徒。这种傲慢与偏见就是原罪的症状。这些症状将因此而在任何人类或社会中程度不同地流行着。这种程度是变化的，而且这似乎是一件与历史事实有关的事情，即犹太教在相当大程度上比印度教更有排外倾向。[①]

这种"自我核心说"认为，宗教人确信"圣显"真实性过程中的排外性是一种心理上原罪——傲慢与偏见。当然，这种解释有些简略。"圣显"的真确性在宗教系统内与系统外都遭到质疑，主要原因或许与"圣显"对宗教人生活起到的中心性建构作用有关。对宗教人而言，"圣显"是其信念和生活的中心，其圣化后的一切生活（包括宗教生活和经"圣显"沁润的世俗生活）都紧密依偎于诸"圣显"之侧。倘若"圣显"的真实性遭到任何意义上的动摇，那么宗教人生存生活的意义将全方位的瓦解。这是一种精神上的"意义死亡"。在精神上，宗教人为自我精神之存亡而无限制地确立其"圣显"的真实性，只不过是一种与自然生命求生一般的精神本能。

"启示"在伊利亚德的文本中意味着宇宙的真实、普遍和

---

① Arnold Toynbee, *An Historian's Approach to Religion*, London: Oxford University Press, 1957, p. 284.

范例。如果宇宙的真实、普遍和范例被人们认为只是通常万物的生老病死,则够不上普遍真实意义上的启示,那么充其量不过是经验观察的现象,是从存在到非存在的科学规律而已。若以这种态度看待人的生死规律,那么人的死亡就如同臭水沟边丢弃的阿猫、阿狗一样,人的存在也就变成了"动物物种"(zoological species)①,没有意义,没有必要,也没有价值。那么如何才够得上"启示"呢?伊利亚德在《禁林》中借助主人公之口回答,人们可以从自然,乃至宇宙永恒规律中得到启示,获得拯救——宇宙是生生不息的。自然为我们提供了基本的形而上的启示——死亡及拯救。自然之道向人们表明世俗世界的非真实性,死亡不是终点,而是生死共存。《神话,梦和神秘》中也提道:"为什么死亡总是象征着智慧,为什么死人总是无所不知?……简单地说,死亡被认为是一种至高无上的入会式,例如,它是作为一种新的精神性存在的开始。更进一步说,产生,死亡,再生被理解为是一种极为神秘的三个瞬间,不能分离。这就是为什么,我们总是发现死亡的仪式,具有宇宙论意义。"② 因此,启示下的拯救意味在主观上参透自然之道,超越表象世界的生死幻象,从非存在中得到永恒的存在。这关乎人的尊严与自由。

对于获得启示的"宗教人"而言,他的生命意义不再局限于世俗利益的斤斤计较和患得患失的恐惧中,而是有了更为宽广的、向宇宙开放的胸怀。在受到启示的信仰者眼中,宇宙

---

① Mircea Eliade, *The Forbidden Forest*, pp. 314–315.
② Mircea Eliade, *Myth, Dreams and Mysteries: The Encounter between Contemporary Faiths and Archaic Realities*, p. 226.

第四章 "圣显"与"宗教人"意识结构的辩证关系

永恒不变的生存之道才是绝对真理，凡俗世界中的生存只是身体机能上定义的"活着"。但是人作为有别于其动物性的生存，更多地指向精神方面的永久不衰的生命力，这种生命力的来源取自宇宙的永恒不灭。宇宙诞生了人类所生存的世界，而世界又衍生出了人和自然万物。因此，重新融入宇宙秩序的宗教精神为人类的肉身存活赋予了生命和价值。[1] 在去神圣化的世俗生活中，当人类社会秩序建立起来后，人类对于物质经济的追求远远大于对精神世界的感悟，因而精神方面的认识更加显得匮乏。此时，人的行为的合理性可以不再依靠神的范型作为准则，人可以凭借自己的理性决定自己的行为并为其负责。但在古代社会，人类行为一直是由巫师或占星术士通过问神而进行的。例如在古希腊，发动一场战争需要提前在神殿问神的意旨是否出征以及出征的后果。在中国也有同样的情况，占卜问卦已经深入人心。也就是说，在人类历史上向神求助与神沟通被认为是真实、有价值的，与神的交流所得的答案也被认为是一种"圣显"。依靠它的启示，人们得到了行动的方向。伊利亚德因此说："相对之下，人在自动自发下所做的、丝毫不具秘思性模式、属于凡俗领域的一切，便是徒劳而虚构的活动，而且根据上述的分析，是不真实的。越是宗教人，那么他所拥有的典型模式也就越能指导他的态度与行为。换言之，越是宗教人，就越能进入真实，越不致陷入行为迷失的危险，亦即那些非典范性的、主观的、最终会脱轨的危险。"[2] 在神论

---

[1] Mircea Eliade, *Myth and Reality*, p.2.
[2] [美] 米尔恰·伊利亚德：《圣与俗：宗教的本质》，第141页。

不明显的宗教中，如原始佛教和道家（教），虽然没有神的直接显现，但是作为一种对宇宙真实的参悟，对一种宇宙规律和人生的认识同样是一种"圣显"。对神圣规律的参悟以及由此发生的启示也是真实的体现，所以启示为"圣显"经验的真实性打下了坚实的基础，它揭示了人对真实世界的认识。

启示的类型除了神启、顿悟，还可能发生在每一个仪式、每一个神话以及日常的睡梦中。伊利亚德在《神话，梦和神秘》中便谈到"圣显"发生的途径。在科学史上，我们也能看到很多科学家在梦境中受到启示的有趣案例，例如凯库勒在梦中发现苯的环状结构，门捷列夫在梦中获得元素周期律的灵感等。在文学创作中，我们也可以看到梦中的神圣启示为现实生活中棘手问题进行答疑解惑。在心理学的解释中，这是一种潜意识的工作反应。人把白天的思考分散在众多神经元中，在睡觉时，大脑自发地重启和继续白天的苦思冥想。这种解释反而佐证了伊利亚德所说的"神圣是（人类）意识结构中的一个元素""圣显中充满了需要特殊诠释学解释的前反思语言"。若以这种方式理解伊利亚德，那么就需要透彻理解他对神圣和真实的解释方程。在伊利亚德的思想中，"真实"被解释为人类经验意向性的客体，也是一种"意识结构"，从来就带有或多或少"纯粹的"或"适当的"特质。在无信仰者看来，神圣不是客观上可验证的，故绝非"真实的"，也不会成为一个适当的意义对象。然而，简单地以客观经验来验证"真实"的不可接受性的哲学立场，也并非毫无问题。在伊利亚德所持的立场下，启示带来的真实对应着"真相"，一个处于世界流变之外的恒常真相，还是一个一般世俗事物得于沁入永恒意义

第四章 "圣显"与"宗教人"意识结构的辩证关系

的真相。真相让纷杂的现实跃入意义的系统之内，让存在依托自身而抵达真理，但它本身无法在经验时空中以知觉和工具理性的方法被验证。"圣显"又总是渴望超越于其自身的特殊性而上升到普遍化状态，让神圣的真相遍洒人间。但这无疑会让非宗教人难以接受。其实，这种矛盾性正好印证了圣显辩证法的巨大魅力，不仅表现在神圣和世俗的对立冥合，也表现在特殊和普遍的张力下。在小说《桥》(*the Bridge*) 中，伊利亚德借小说人物之口道出：

> 有时，在某些人的情况下，在最严格的平庸性方面揭示了现实的深刻结构。否则，我们就无法合理地说出结构。但是，最终的现实无法用概念掌握或用语言表达。对我们而言，最终的现实存在是一个谜，我定义了一个谜：我们无法识别的事物。但是，这可能意味着两件事：要么我们永远都不知道最终的现实，要么我们可以随时学会在外表的无限伪装下学会识别它，我们称之为"即时现实"①，这就是为什么我们谈论"对立冥合"的原因，在这个谜团中，存在可能与非存在相吻合。但是它们并不会总是一致的，因为如果它们一致，那将不再是个谜……当我理解阿特曼与婆罗门相同时，他突然醒悟了一切，尽管这种死亡意味着他的自由，但他却被印度教徒称为"生命中的死者"，而在这种极限情况下，有时人们感到生

---

① 笔者注："Immediate realities"，参见 Mircea Eliade, *Images and Symbols: Studies in Religious Symbolism*, p. 177。

命，有时却感到死亡。①

这段话指出世俗经验世界存在着无法合理言说的深刻结构（神圣维度），这一结构真实存在，却又不直接以现实的方式存在着，这导致神圣维度以非存在方式冥合于存在之中，从而彰显出创造的无限义性，即神圣启示的无定义性。换言之，启示来源于"圣显"（神圣维度的识别与诠释），并超越了现实世界，但又通过现实世界从人的意识结构中打捞起超越的意义，彰显创造性意识的新维度。虽然神圣同样无法定义，但是神圣显现的经验却告诉我们世俗世界中存在那么一种截然不同于自身所处的世界新维度。这种神圣的感受同样是真实存在的。伊利亚德在艾诺斯会议上说道："神圣被认为是作为人类在世界中存在模式的一部分，'存在于世界'这一表达在后海德格尔意义上并没有被使用……这意味着人类只是在世界上发现自己，他的意识结构是这样的，在他的经验中，有一些绝对真实和有意义的东西，这是他的价值源泉。"② 对真实启示的分析不是让人们回归宗教信仰、体验神圣，也不是以冷漠的眼光揭露宗教由人所造，而是谦虚谨慎地反映研究者对于神圣经验、结构和意义的理解。

二 伪装的神圣

神圣是宗教人自我意识实现的终极归向，"圣显"则是宗

---

① Mircea Eliade, *Journal* II, 1957–1969, p. 205.
② Mircea Eliade, "The Sacred in the Secular World", *Cultural Hermeneutics*, p. 101.

第四章 "圣显"与"宗教人"意识结构的辩证关系

教人自我意识的实现方式。就存在论而言,"圣显"与宗教人自我意识存在互构性,人成为宗教人所拥有的意识只有在"圣显"中确立;而"圣显"也需要在人确立宗教人意识的过程中表达自身。对宗教人而言,"圣显"的确定性与真实性如同确立其自身一般真实,如同"宗教人思,故'圣显'在"或者说"'圣显'在,则宗教人生"。

宗教人的称谓不是生物学分类法在人文社会学中的运用,更不是人种学意义上的使用,也不是历史学和文化学意义上的使用,更像标示人类的一种本质或潜能。甚至在伊利亚德的思想中,宗教人可以约束成一种能够理解和领悟"圣显"的人。因此,宗教人不可能不理解和领悟"圣显",而非宗教人可能不理解和无法领悟"圣显"。当然,非宗教人也不是现实和历史中的某人或某些人,也只能用于标示无法理解和领悟"圣显"的人。人人都可以是宗教人,也可以是非宗教人。对于一般意义上的人而言,"圣显"并不完全是不可抗拒的,如一些符号的"圣显"就隔绝在意识之外,暂不可知。当然,如果仅仅是有人看不懂符号,并不意味着"圣显"不存在,而只是他暂时无法领悟到符号的"圣显"。[①] 可见,特定"圣显"对于特定人群而言,有一种主观的无力感,它只能被一些明悟到的人感知,同时又存在不为其他人所识别的可能。明悟到"圣显"的人就是能够理解符号意义和知识的人,并将这些意义和知识参与世俗生活的筹划,令其迈向神圣维度。而一无所知的人则很难理解符号的意义,更不可能将其意义纳入

[①] Mircea Eliade, *Journal* Ⅰ, *1945–1955*, p. 8.

生活中。对此,伊利亚德用"伪装"(camouflage)一词来表达神圣隐秘不被一部分人所识别,却可以被另一部分人感知到的存在方式。因此,相对于特定"圣显"而无所知的人,就是非宗教人,但并不意味着他永远都是非宗教人,因为他依然保留着对"圣显"开放的潜能。

伊利亚德关于"伪装"或"隐藏"的标志性理解,可以从他的小说和日记中获得。早在1937年出版的《蛇》中,他就已经描写过"神圣(divine)的伪装"。在他和读者讨论《蛇》中的片段里,我们读到了这一段:

> 化身之后的超验者伪装(camouflage)在世界或历史中,因此变得"不可识别"。在《蛇》中,陈腐的气氛和平庸的人物逐渐被美化。但是"超越"之后的故事以及故事结尾的所有天堂图景从一开始就已经存在,然而由于它们被日常生活的平庸化所掩盖(camouflage),因此也无法识别。①

从这段早期的思考来看,神圣是长期存在的,不会被消亡,只可能在平庸的世俗生活中被遗忘。造成遗忘的原因在于神圣"隐匿的""伪装的",或者被掩盖。关于"伪装的神圣"(camouflaged sacred)的另一段思考出现在伊利亚德的1976年3月份的回忆,他写道:

---

① Mircea Eliade, *Journal* II, *1957–1969*, p. 191.

第四章
"圣显"与"宗教人"意识结构的辩证关系

> 在重读我写的内容时,我从一个发现到另一个发现。为什么我总是要以不同的方式和极大的热情去强调那些我在日记和其他著作中大量讨论过的主题?例如,神秘的辩证法将神圣伪装在世俗中。人们会认为这是一个让我着迷的话题。我不满意在我的宗教史著作和最近几年的文学著作中对这个问题的理解,我仍然必须努力在自己的笔记中以自己方式来解决这个问题。①
>
> 我重读自己的作品是为了更好地反思神圣在世俗中的伪装所表现出来的更深层的含义,而我对此才刚刚有所了解。这种伪装的辩证法比迄今为止我所能说的所有内容都更加广阔。"伪装的奥秘"(mystery of the mask)是整个形而上学的基础,因为这是人类境遇的奥秘。②

可见,"神圣的伪装"是一直引起伊利亚德热烈关注的话题之一,而且还在伊利亚德晚年的思考中被拔高到"形而上学的基础"的地位。如果"神圣的伪装"成为形而上学的基础,那么就意味着"伪装了的神圣"应是遍在于世间。从伊利亚德由古及今的宗教史学推演中,我们确实能看到神圣伴随人类诞生以来一直普遍存在着。在上古社会中,人与神的交往非常接近,可谓"民神杂糅",到了近代社会,人与神之间的距离越来越远,神灵越来越不显明。不显明却又一直存在,人类的宗教生活在本质上并没有间断过,而是伪装于人的日常生活中。为什

---

① Mircea Eliade, *Journal* Ⅲ, pp. 220 – 221. 实际上,伊利亚德晚年并没有持续地思考这个问题。

② Mircea Eliade, *Journal*, III, p. 221.

么神圣要以普遍伪装的形式存在以及它是如何伪装的呢?

伊利亚德的神圣"伪装"的概念来自印度与基督教的思想。因为在基督教的思想中,上帝以道成肉身的方式出现于历史,在印度哲学中就更多了,各种神灵总是伪装成日常动物或人有意地出现在世俗的日常生活中,比如湿婆各种化身就是隐蔽的神圣。化身的问题在许多神学理论中都是谜一样的存在,它涉及神圣的意旨、安排和能力范围的解释。可见在宗教的解释系统中,神明总是有意地伪装起来,又向人们不断散发出超自然力展现自身的存在。但是在比较宗教学家伊利亚德的眼中,神圣的显现或伪装与否不取决于神圣难于预测的意志,而是受到神圣辩证法的影响。神圣辩证法揭示的重要宗旨就是神圣通过世俗事物展示自身,又隐藏自身。伦尼指出这种既揭示存在又隐藏本质的特性是伊利亚德分析神圣时的一个不可或缺的要素。① 神圣辩证法和圣显辩证法的细微差别仅仅在于"圣显"是在神圣辩证法的基础上显现的。按照神圣辩证法的理解,当平凡的世俗之物开始展现出神圣性一面时,神圣的属性不变,世俗之物的外观不变,只是神圣的存在方式有所改变——神圣和世俗两个面向对立共存。对立共存是一种怎样的混合状态呢?伊利亚德给出的答案就是神圣的"伪装":"世间奇妙的东西总是在伪装中表现,渎神—神圣—渎神。"神圣伪装成世俗之物,凭借外在的物体、仪式、象征等人能够看得见、摸得着的方式表现出来。当人感知到平凡事物中的神圣性

---

① Bryan S. Rennie, "Mircea Eliade's Understanding of Religion and Eastern Christian Thought", *Russian History*, Vol. 40, 2013, pp. 264–280.

第四章
"圣显"与"宗教人"意识结构的辩证关系

一面时,那么"神圣"也就由此显现。

但是伊利亚德又补充说:"并不是简单地说神圣在平常庸俗事物中出现,例如,耶稣自己是一个普通人,隐藏着神性的一方面,神圣道成肉身隐藏着神性的一方面,而是说平凡隐藏着神圣的伪装。"① 这里,伊利亚德有意提醒我们,神圣进入世俗之物不是指有超自然的神明进入世俗之物,赋予其神圣性,而是世俗之物本身就普遍地具有神圣性,只不过这种神圣性是伪装着的、隐藏着的。如果人们能够发现世俗之物的神圣性一面,那么"圣显"就发生了,"圣显"发生的时刻就成了"伪装"的辩证时刻。伊利亚德说:"实际上,这种现实与虚构的混杂物非常适合作者的中心思想,即'伪装'是辩证性的时刻(我可能还记得,任何圣显都揭示了世俗的客体或实体中隐藏的神圣)。"②

前文提到,"圣显"的发生主要依赖于人的意识结构。因此可以推断,伪装的辩证时刻同样受到意识结构的影响。人们总能在平凡的事物中找到其所认为的神圣,比如电脑也曾被部分人视作神圣的,并有与其结婚的计划和行为。人的想象力可以让任何普通事物都有成为"圣显"的机会,把神圣从凡俗的特性中独立出来,形成"神—俗"的意义结构。所以说,神圣的伪装仅仅是人未意识(想象)到事物的独特性,但不是说人不能意识到神圣,也不是说人意识到神圣的虚假,而是指人有选择性地觉察出凡俗中的神圣。

---

① Moshe Idel, *Mircea Eliade: From Magic to Myth*, p. 32.
② Mircea Eliade, *Two Tales of the Occult*, trans., W. A. Coates, New York: Herder and Herder, 1970, p. x.

寻找哲人石

伊利亚德曾说过类似的话,"圣显"意味着选择。伪装的神圣依然是由人来选择并揭示的,人有自由选择将其视为神圣、非神圣或者渎神的权利。因选择之故,它还能激发人的洞察力,这就反向表明宗教性无处不在,无时不有,因为"神圣"总是隐蔽的,需要凭借外在的物体、仪式、象征等以人们能够看得见、摸得着的方式表现出来。神圣并不总是主动地显现,如果人为抗拒,它就无法显现,始终伪装成普通之物潜伏在世界的角落中。

接下来必须解释的问题是,为什么不是所有的人都随时能够揭示"圣显"呢?反而仅有一部分人能够觉解伪装的神圣。是因为现代的人们普遍选择抗拒"圣显"吗?如果说有人抗拒"圣显"而使得神圣不能发生,这是可能的。但需要注意的是,某些人抗拒的仅仅是部分特定的"圣显"。而拒绝某些"圣显"并不代表就拒绝所有"圣显"。根据伊利亚德的说法,神圣是人的先天的意识构件,人总是要寻求意义的生活,因此人不可能完全脱离"圣显"的社会。伊利亚德说,任何宗教现象都是"圣显"的,是要将世俗的物体或行为转变为神圣的东西(即重要、珍贵和范式的东西)的辩证过程。换句话说,神圣对于该特定宗教团体之外的其他所有人,都是伪装的。[①] 实际上,这不仅适用于宗教,甚至类似宗教的生活,或者没有脱离宗教习俗。因为神圣(sacred)不专门指神鬼精灵,如伊利亚德所言"重要、珍贵和范式的

---

① David Carrasco and Jane Marie Law, eds., *Waiting for the Dawn: Mircea Eliade in Perspective*, p. 22.

第四章 "圣显"与"宗教人"意识结构的辩证关系

东西"都可以称为"神圣"。我们能够认识并接受的"圣显"只能是对自身而言可理解的、有相关知识背景的"圣显"。一个土生土长的中国人不会因为自己遇到的奇特事件,而创造性地诠释成真主安拉或者耶稣基督的"力显"。但基督徒、穆斯林或者生长在基督教、伊斯兰教文化中的人若遇到奇特的事件,就会天然地认为这是真主安拉或者耶稣基督旨意的显现。然而伊利亚德说过让他一生为之迷恋的神圣辩证法的远不止如此简单。神圣的"伪装"遗留的问题是,即便主体具有相关知识、选择能力、渴望有意义的生活,能够从世俗事物中认识到"圣显",但是依然不能够认识到神圣是什么?这似乎让"神圣"陷入了如"物自体"一般的不可知论中。神圣虽然由人的先天认识结构所决定,但是它是什么,我们不知道,信仰者也不能完全知道。在此意义上,每一次神圣启示自己的同时又隐藏自己,成了神圣与人类相遇之奥秘的一次功败垂成的尝试。[①]"圣显"让神圣暴露,但其真容又隐而不彰,让人们无法普遍准确地捕捉到唯一确定的内容,其向来都是缥缈不定,又让人们眼中有光。事实上,信仰者同样只能根据自身有限的经验揣测神圣的启示。这意味着神圣困于人的有限性而无法真实唯一的显观,只能透过人的有限性而部分的开放。因此,"圣显"和神圣的意向性不仅取决于人的普遍的认识结构,也取决于相应的知识背景。即便神圣处于伪装的存在方式中,人也总是选择凡俗社会中能够给其带来意义的面向让其"显圣"。无论主体的意向性对象显现得多

[①] Mircea Eliade, *Patterns in Comparative Religion*, p. 29.

么的怪诞离奇，它的显现总是能给主体带来指引和启示。伊利亚德曾提道："我很久以来就了解世俗事物和神圣行为中神圣的神秘和看似荒谬的表现。在我看来，这种'圣显辩证法'虽然构成了伪装，但也构成了每个人类生存的典范。"① 因此，虽然神圣是伪装的，但宗教人又无法逃避"圣显"，需要"圣显"赋予其生命的意义与超越力量，同时又成为"圣显"的结构性意识源泉。由此可见，从伊利亚德早年对"圣显""伪装""辩证法"的疑惑到后来意识到人本身所具有的二元认识方式以及寻求神圣意义的意识结构，他的宗教思考越来越朝着宗教人的主体性迈进。

·第三节·
"宗教人"与"圣显"的互生互构

无论是主动地拣选和创造性地诠释"圣显"，还是被"圣显"启示为真实经验，宗教人始终都是神圣事件的唯一参与者。"宗教人"对应的英文为"homo religiosus"，而不是宗教徒或有信仰者。伊利亚德认为："所谓宗教的人（homo religiosus），简单地说，即个体的一种潜在的宗教情结，是一种具有宗教情结的人格存在。"② 该词是伊利亚德考察古代宗教时假设的原始模型，可以助其同情地理解人类的宗教现象，而不只

---

① Mircea Eliade, *Autobiography Vol. II: 1937 – 1960: Exile's Odyssey*, p. 131.
② ［美］米尔恰·伊利亚德：《神圣与世俗》，中译本导言第3页。

第四章　"圣显"与"宗教人"意识结构的辩证关系

是一位不涉入信仰的"客观"研究者的身份从事研究，如此，他既可以在真切地剖析个别的宗教现象的同时，又可以鸟瞰普遍宗教的象征结构和神圣经验的本质。①

但"homo religiosus"并非伊利亚德的独创，从其构词来历来看，明显受到林奈在生物分类时对人命名法的影响。自从瑞典植物学家林奈（Carl Linnaeus，1707—1778 年）提出了现代生物分类学中二名法命名法后，便称人为智人（homo sapiens），即有意识的人；并且命名了另一人种——"homo troglodytes"或"homo nocturnus"，即山洞人或夜人。不久，随着浪漫主义运动和早期人文科学对人的理性之外其他维度的重点强调，林奈所创造的术语也开始被用于表述人类模式的各个方面，例如，荷兰学者约翰·赫伊津哈在 1938 所著的《游戏的人》（*Homo Ludens*），亨利·伯格森在《创造进化论》（1907年）中提到的"造物之人"（Homo Faber）。"homo religious"（宗教人）同样在反对以人的理性为主要内容的情况下被运用。20 世纪的宗教学家舍勒、列欧、约阿希姆·瓦赫（Joachim Wach，1898—1955 年）都有对"homo religious"表达过自己的观点。舍勒认为宗教人是"一个在心中和行动中有上帝的人，一个以自己精神图腾改造灵魂的人，一个能够用新的方式将上帝的圣言注入柔软服从的心灵的人"②。瓦赫认为，宗教人不是内在的品质或者人格活动，而是受其个人或官

---

① ［美］米尔恰·伊利亚德：《圣与俗：自然宗教的本质》，第 289 页。
② Max Scheler, *On the Eternal in Man*, London: Bernard Noble, 1960, p. 127.

方魅力的历史和社会学影响。① 列欧则将宗教人置于舍勒的相反面,认为人类在两个极端之间的张力下生存,一方面,人有完整的集体认同,将其个性淹没在原始思维和神秘主义的维度中;另一方面,人又饱受主客二重性的折磨,总想让一切成为技术客体,最终让自己也变成了技术客体。可见,"homo-"(某类型的人)是浪漫主义运动后流行的说法,每一位学者都赋予了"人"不同的独特的含义,伊利亚德在《神圣和世俗》中使用该词时也借鉴了前人的观点。

在伊利亚德的表述中,"宗教人"概念主要运用于以下两个方面:一是用于表达作为宗教原型的原始人和古代人;二是用于指称蕴含宗教性的现代人。

首先,何谓宗教"原型"。"宗教人"代表了生活各方面都与神(圣)密切关联的早期人类,具有完全认识"圣显"的能力。这一特征被伊利亚德视为"原型"(archetype)。伊利亚德的"原型"不同于荣格的"原型"。由于当时荣格名声和其"原型"理论备受推崇,伊利亚德不免陷落在荣格的闪耀光环下。但是伊利亚德再三明确表示,荣格的"原型"指的是集体无意识的结构,而他的"原型"与尤金尼尔·德欧斯和奥古斯丁的用法一样②,是指人与神圣第一次相遇,后人的宗教仪式和宗教生活不断模仿的对象。舍勒对于信仰的原初形态有过这样的描述:古代人和原始人总是处在与神圣事物的

---

① Joachim Wach, *Sociology of Religion*, Chicago: the University of Chicago Press, 1944, p. 311.

② [美]米尔恰·伊利亚德:《宇宙与历史:永恒回归的神话》,杨儒宾译,联经出版事业公司2000年版,第12—13页。

第四章 "圣显"与"宗教人"意识结构的辩证关系

紧密联系中,他们生活的各方面都离不开与神灵(圣)的沟通,周遭充满了神圣的事物("圣显"),且万事万物都是神灵(圣)的意旨("圣显")。伊利亚德对"原型"的理解,在一定意义上保留了舍勒的理解方式,认为无论是在外部的历史表现上,还是从其内在的思维模式上,原始人和古代人都无法摆脱"宗教性","圣显"在原始人的日常行为生活中无处不在,唯有他们才能够最真切、最纯正地体验神圣。因此,"原始人"(古代人)在很多时候就被理解成"宗教人"的理想原型。因此,我们若想更完整与真切地了解"宗教人"的精神世界,就不得不怀着同情心去研究处于原始社会中的宗教性生活——与神圣完全交织的时光。

其次,现代人是否可称"宗教人"?在瓦赫的影响下,伊利亚德也承认现代人不是在文化意义上彻底的"新人",还是由传统宗教人所塑造出来的人,与传统宗教性文化处于逃离却缠绕的关系中。伊利亚德坚持"凡俗人是宗教人的后裔,而且他不能彻底摧毁自己的历史,也就是说,他的宗教性祖先的行为已塑造了他成为今日的样子。这显得格外真实,因为大部分人的生活方式,乃是以来自他存在的深度"[①]。换言之,虽然现代人凭借自己在生产力上的提高而逐渐摆脱了对神(圣)的完全依赖,鲜有认识"圣显"的能力,但现代人不可能无视和否认塑造现代文化的历史性前提,正如不能彻底清除带着宗教信仰的祖先行为。因此,现代人不知不觉地在文化潜意识中保留着源于先辈们的宗教痕迹。这种宗教行为的痕迹总在默

[①] [美]米尔恰·伊利亚德:《圣与俗:自然宗教的本质》,第248页。

默地滋养着现代社会和生活，塑造着现代人思维以及对意义世界的追问。人不再是单独存在于世界中的孤零零的个体，而是"社会关系的总和"，他既是经济的人，也是伦理的人，更是文化的人。在人类文化根源处，人类生命本身就是一种宗教行为。换言之，"人之作为人或者人之成为人，就意味着他带有宗教性"[①]。

以上两点让我们注意到，无论是在认识结构上，还是对生活的诉求中，今人都保留有古代宗教人（homo religiosus）的特征，所以我们可以引申出一种推断：在伊利亚德的概念中，人人都是宗教人（homo religiosus），宗教就是人类学常数。然而，仅就该推断的结论来看，很容易遭到无信仰者的排斥，误以为伊利亚德所言暗指人人都是宗教徒。这种误读显然是脱离了"宗教人"和"圣显"关系的背景。因此，我们有必要再细致地讨论"宗教人"和"圣显"之间的互构性。

人，正如我们前文谈论到，或被命名于"智人""山洞人"，或被命名为"生物人""理性人"。但人仅仅就是如此吗？这些名称和我们所理解的"人"有何区别？我们总是本能地拒绝将自身降低到如动物一般的生物水平，也拒绝被贴上单一的标签。因为我们相信自己绝不只是这样，人有自己的智慧和高贵。在坊间流传的各种创世神话中，我们被告知人由神所造，为神所庇护，独享神的恩宠，于是人仿佛有了天然的高贵性、自主性和超越性。若按《圣经》的解释，人因享有上帝的形象，故不仅拥有超越的特性，而且还有实现超越的可

---

① 参见 [美] 米尔恰·伊利亚德《宗教思想史》，第3页。

第四章 "圣显"与"宗教人"意识结构的辩证关系

能。据语言学的解释,当人获得语言的能力时,人就已经获得了指示超越意义的禀赋。因为人的言说,除了描述实存的情况,还会带动主体继续追问现实何以存在、缘何如此的色彩,所以人的超越性也就由此显现。按照伊利亚德界定:

> 不论宗教的人所处的历史背景是什么样,他总是坚信有一个绝对的现实,即神圣。它超越这个尘世而存在,但是又在这个尘世上表证着自己,因此它使这个世界得以圣化和现实化。宗教的人还进一步地相信,生命有着一个神圣的起源,而且相信,由于这种起源是宗教性的,所以人类的存在就相应地实现了他的所有潜力,也即是说它参与了现实的存在。①

也就是当人开始坚定地相信神圣,愿意寻找超越的意义、追求绝对真实的时候,"圣显"就开始了。人因神圣的介入不再浑浑噩噩,而是感受到了真实、超越和意义。这种意义不是目的性的、功利主义的,而是使人有了神圣一般的超越和自由,让人感到自身在浩渺宇宙中的独特性和高贵性。所以"圣显"给人带来了意义和价值,使人成为宗教人。此外,伊利亚德还说:"由于对意义的关注,他也会是一个现象学家——最终会发现一些并不总是显而易见的东西:神圣是人类意识结构中的一个元素……一个人简单地发现自己在世界上,他的意识结构是这样的,在他的经验中,有一些绝对真实和有

---

① [美]米尔恰·伊利亚德:《神圣与世俗》,第118页。

意义的东西，这是他的价值源泉。"① 可见，给人带来真实、超越和意义的"圣显"本身就是人的意识结构，人的意识结构决定了他们无法摆脱宗教人的方程式，故当神圣的意识发生时，"圣显"还向人们揭示出"人是宗教人"的先决条件——作为追求意义和超越的人。

反言之，人若要追求意义的世界，渴望参与神圣的事件，那么就需要依靠"圣显"，这点明确地体现在从古至今的节庆仪式中。伊利亚德解释道："人类通过对神圣历史的再现，通过对诸神行为的模仿，而把自己置于与诸神的亲密接触之中，也即置自己于真实的和有意义的生存之中。"② 原始人和古代人的生活就已经开始通过象征和模仿，定期举行仪式、舞蹈、表演再现神圣时刻，或者通过符号、象征与神灵直接对话，从而定期地进入神圣的时空，不断享有神圣带来的真实感和可供栖身的意义世界。这种模拟神圣的事件与重建"圣显"的行为从未断绝，延续至今。虽然如今的形式已经有所简化，但是现代人的新年节庆、婚丧嫁娶、莺迁乔木等仪式无疑是"圣显"的现代变式。毕竟没有"圣显"，这些仪式的原初形态就不会发生，其后传承的变式也不会有意义。同样，如果今天从这些仪式中抽离掉当初的"圣显"以及当下从事者对仪式意义的感受——感觉爱情的神圣（"圣显"），那么开展这些仪式的必要性和可能性都将丧失殆尽。伊利亚德说道："当代世俗化的人仍然占据着神圣的维度，只要现代人对发现生命的意义

---

① Mircea Eliade, "The Sacred in the Secular World", *Cultural Hermeneutics*, p. 101.
② ［美］米尔恰·伊利亚德：《神圣与世俗》，第118页。

第四章 "圣显"与"宗教人"意识结构的辩证关系

感兴趣,这种意义就可以作为人类生活的典范,这与古代神话在一个家庭中呈现出仪式重复的典范模式一样。"[1]不仅如此,重复过去具有神圣意蕴的行为方式多种多样,如伊利亚德认为即使是非宗教的西方男人也仍然阅读小说和诗歌、听音乐、去剧院、爱自然等等。此举皆意味着人们正在无意识地与神圣交流。随着时代的进步,现代的宗教人还能够借助科技领域创新发展"圣显"的方式——如VR模拟、4D影视、借助神话题材的剧本杀、展示"力显"的穿越剧等激发人对于神圣世界的想象力。无论是现代人还是古代人,总在寻找并建构有意义的、有秩序的生存和生活方式,而经过神圣介入的生活可以使人的生存世界变得井然有序。这种从混沌中寻找到并建构起神圣意义世界的过程就是"圣显辩证法"的过程,而人类有意义的生活和死亡则是"圣显"的结果。所以人无法拒绝"圣显",因为他是宗教人。简言之,宗教人渴慕"圣显",渴望参与神圣,只不过是让其生存与死亡变得有意义,让其短暂的世俗生活融入永恒的意义世界中,呈现出生命的不朽。

综上所言,无论古今中外,人总会因为"圣显"而流露出宗教人的特质,因对神圣和意义世界的渴慕而主动参与"圣显"。"圣显"使人成为宗教人,同样,若人不是宗教人,"圣显"也无处发生。宗教人和"圣显"是典型的互生互构关系。而这种关系也正是讨论"人人都是宗教人""宗教是人类学常数"等说法的前提。人人都有主动建构超越性意义世界

---

[1] Mircea Eliade, "The Sacred in the Secular World", *Cultural Hermeneutics*, p. 102.

的必要性和可能性,所以"圣显"总是随着意义世界的诞生而潜进人类的生活中,并以文化的方式凝固和流淌在人类的历史长河中。如此,人人都变成了宗教人,宗教也就以意义世界的方式伴随着人类进化史,成为人类学常数。纵观人类历史上,宗教人和"圣显"的一切互生互动和所有遗存,伊利亚德在其日记感慨道:"越学宗教史越觉得,人不是为宗教而生的,宗教却是因人而生。"[①]

---

① Mircea Eliade, *Journal I, 1945 – 1955*, p. 13.

第五章

"圣显"理论对中国传统文化的解释及其成就

在现代社会中，数以百万计的人正在淡化父母和祖先的宗教传统。在欧洲，无论是新教国家还是天主教国家，不参加宗教组织和活动的人数也在不断地增加。虽然古老社会中显性的宗教本色逐渐去圣化，但是新的或非传统的宗教形式却正在以另一种形式神圣化。人们已经有了更多的自由和智慧在世俗生活中寻找、构筑和认定令其感受神圣（意义）的时刻、事件和地点，创造出令人感受到意义甚至超越性的符号、象征和图像。现代生活中的传统宗教形式虽已式微，但人们对神圣的感受、对意义的追求、对超越性的渴慕却从未褪色，也未曾冷落，只不过其形式变得更加隐晦、幽远，所以作为这些意象和行动的宗教式基因——"圣显"也将以更为隐蔽的、幽邃的方式出现在现代世俗生活中。然而，一个重要的变化将值得注意，现代生活中的"圣显"将不像在传统宗教中那般表现出更多体制化、集体化、承袭化、结构化的倾向，而是愈加个体化、个性化、境遇化、随机化,每个人都在或者都将以各自的方式遭遇"圣显"——与生生不息的宇宙本源照面与回流,绽显生命的超越意义。这同时也意味着今后"圣显"的形式与内容将更加多样化,而对其解释与理解也将更加丰富多彩。接下来,我们将透过"圣显"对中国宗教文化及生活的解释来探讨其理论效用,进而分析该理论的学术成就,并在此基础上讨论"圣显"理论在当代社会将可能面临的挑战。

·第一节·
在中国宗教文化和生活中的表现及其解释

目前,学界已经出现了不少利用"圣显"理论解释现当代生活现象①,所以探讨"圣显"在中国宗教文化及生活中的表现及其解释并非不可行。伊利亚德发现从当代人身上依然能够找到古代人的身影,在日记中记道:"我如此热衷于破译象征,分类社会中的神圣形态的原因是我从中重新发现了现代人身上被削弱和内化的怀旧和热情。"② 同样,本着小心谨慎的态度,对我国典型宗教领域和非典型宗教的神圣现象展开"圣显"因素的分析与讨论。

一 传统宗教领域——以"天人合一"为例

现今,我国的宗教种类繁多,除了五大宗教外,还有许多

---

① 更多详情可参阅本书前言中关于"圣显"在现代生活中运用问题的讨论。
② Mircea Eliade, *Journal I, 1945 – 1955*, p. 24.

第五章　"圣显"理论对中国传统文化的解释及其成就

民间宗教信仰，比如城隍庙系统、关公庙、妈祖庙等。在伊利亚德对中国道教、儒教和佛教均有讨论，尤其是对儒、道思想的创造性解释值得重视。在伊利亚德看来，道教炼金术无论是炼制材质的选择，还是炼制流程和技艺，都充斥着一种神秘的与宇宙（或称自然、道）合一的精神气质。对于中国道教（家）文化的精神追求而言，这种观察可谓妥帖恰当。而事实上，不只是道家（教）文化追求天人合一、道法自然，这其实可视为中国传统文化共同的精神追求。在中国传统文化（宗教）中，人——任何样式的在世存在者——的终极的或本源意义上的存在境界都应该是人与自然（抑或称天、道、宇宙等）协调统一，形成内部同质异形的整体，即所谓"天人合一"，正如《中国哲学大辞典》所说："关于天人合一的各种学说，都力图追索天与人的相通之处，以求天人之协调、和谐与一致，此实为中国古代哲学的特色之一。"[①]这点得到了诸多现代学者的认同。熊十力讨论中国传统学术与思想的特点时，就曾指出"吾儒体用不二、天人合一，此为探究宇宙人生诸大问题者不可违背之最高原理也"[②]。钱穆也认为："中国人是把'天'与'人'和合起来看。中国人认为'天命'就表露在'人生'上。离开'人生'，也就无从来讲'天命'。离开'天命'，也就无从来讲'人生'……所以中国人，认为一切人文演进都顺从天道来。违背了天命，即无人文可言。……我认为'天人合一'观，是中国古代文化最古老最

---

① 张岱年主编：《中国哲学大辞典》，上海辞书出版社2010年版，第66页。
② 熊十力：《体用论》，上海古籍出版社2019年版，第264页。

有贡献的一种主张。"① 季羡林也称赞以"天人合一"为代表的东方文化可以救济西方的分析思维模式之不足，而认为"天人合一"主要是讲人与大自然合一。② 李慎之同样承认："'天人合一'是中国哲学以至中国文化中最古老、最广泛的概念。它不但是中国国家哲学（也不妨称之为国家宗教）的儒家的基本概念，而且是一切其他的思想体系，不论是属于大传统还是小传统，如道家、中国化了的佛家、法家、阴阳家、兵家、农家、医家，以至风水、气功、武术、房中术……的出发点与归宿点。"③ 蒙培元也曾指出"仁学是'天人合一'之学的实质所在。天以'生生'为德，而人以'仁'为德，这是自《周易》以来的儒家哲学的一条生命主线"④。而在伊利亚德这位外国学者看来，中国的学子士人喜爱把盆景作为微缩的景观世界，建置于自己房中，以便"参与到这种浓缩的神秘力量中，并通过对它的冥想，使自己再次达到天人合一的境界"⑤。如果"天人合一"的理念被视为中国传统文化的共同精神基因，那么这一事实至少应该体现中国传统宗教（儒、释、道）中，因此，下文将列举部分引文以便更好地申论。

首先，在儒教（家）传统中，"天人合一"的思想理念持

---

① 钱穆：《中国文化对人类未来可有的贡献》，载刘梦溪《中国文化》1991年第1期。
② 季羡林：《"天人合一"新解》，《传统文化与现代化》1993第1期。
③ 李慎之：《天人合一的一些思考——在德国特里尔大学"中国与西方对话"会上的发言》，《文汇报》1997年5月13日。
④ 蒙培元：《人与自然：中国哲学生态观》，人民出版社2004年版，第391页。
⑤ [美]米尔恰·伊利亚德：《神圣与世俗》，第87页。

第五章 "圣显"理论对中国传统文化的解释及其成就

续存在,或者不断演进。① 《周易·乾卦·文言》说:"'大人'者与天地合其德,与日月合其明,与四时合其序,与鬼神合吉凶,先天而天弗违,后天而奉天时。"② 这无疑是论"大人"(品性优异的人)可以达至"天人合一"的境界。《中庸》说:"能尽人之性,则能尽物之性;能尽物之性,则可以赞天地之化育,则可以与天地参矣。"③ 这里论人可以通过尽性工夫参与天地创化生生的工程。《孟子·尽心上》说:"尽其心者,知其性也;知其性则知天矣。"④ 人们可以在心性上达至对天的完全感知与彻底遵循。《春秋繁露·人副天数》中说:"人有三百六十节,偶天之数也;形体骨肉,偶地之数也;上有耳目聪明,日月之象也;体有空窍理脉,谷川之象也。"⑤《阴阳义》中说:"天亦有喜怒之气,哀乐之心,与人相副,以类合之,天人一也。"⑥《深察名号》中说:"事各顺于名,名各顺于天,天人之际合而为一,同而通理,动而相益,顺而相受,谓之德道。"⑦ 这里通过"天人同类"与"同类相动",最终证成"天人感应"式的天人合一。⑧ 张载曰:

---

① 萧振邦:《天人合一的实义探究》,《宗教哲学》2015年第72期。
② (宋)朱熹:《周易本义》,中华书局2009年点校本,第41页。
③ (清)阮元校刻:《十三经注疏》《礼记正义·中庸》,中华书局2009年版,第3542页。
④ (清)戴震:《孟子字义疏证》,中华书局1982年整理本,第64页。
⑤ (汉)董仲舒:《春秋繁露·人副天数》,上海书店出版社2012年整理本,第173页。
⑥ (汉)董仲舒:《春秋繁露·阴阳义》,第169页。
⑦ (汉)董仲舒:《春秋繁露·深察名号》,第160页。
⑧ 周桂钿:《中国传统哲学》,北京师范大学出版社1990年版,第7—8页;周桂钿:《董仲舒天人感应论的真理性》,《河北学刊》2001年第3期。

"儒者则因明致诚,因诚致明,故天人合一,致学而可以成圣,得天而未始遗人。"① 儒者可以挖掘人本有的诚明之性,使其生命至诚无昧而上达天道,实现人天合一。

其次,在道教(家)传统,"天人合一"的思想也有不少体现。庄子曰:"天地与我并生,万物与我为一。"②《吕氏春秋》中说:"成齐类同皆有合,故尧为善而众善至,桀为非而众非来。《商箴》云:'天降灾布祥,并有其职。'"③又说:"山云草莽,水云鱼鳞,旱云烟火,雨云水波,无不皆类其所生以示人。"④《黄帝内经》强调人"与天地相应,与四时相副,人参天地"⑤,"人与天地相参也"⑥,"与天地如一"⑦。这些文献都认为作为独立于人的精神意识之外的客观存在的神圣性的"天"与作为具有精神意识主体的"人"有着统一的本原、属性、结构和规律。在道教中,"将无涯之元气,续有限之形躯",筑结灵丹,点化阳神,进而炼神还虚,与道合真,合于自然无为之道,道通为一,是最为究竟的"天人合一"。

最后,关于佛教"天人合一"思想的专论在学界较为少见。其实,天人合一之"天"只不过是超越性的指称,而佛教经义中人在世存在的最终超越当是成佛,所以佛与天在引领

---

① (宋)张载:《张载集·正蒙》,中华书局1978年点校本,第65页。
② 朱谦之:《老子校释》,中华书局1984年版,第5页。
③ (秦)吕不韦:《吕氏春秋集释》,中华书局2009年整理本,第287页。
④ (秦)吕不韦:《吕氏春秋集释》,第285页。
⑤ (唐)王冰注:《黄帝素问灵枢经》卷11《刺节真邪》,四部丛刊景明赵府居敬堂本。
⑥ (唐)王冰注:《黄帝素问灵枢经》卷12《经水》,四部丛刊景明赵府居敬堂本。
⑦ (明)吴崑:《黄帝内经素问吴注》卷5《脉要精微论》,明万历刻本。

第五章 "圣显"理论对中国传统文化的解释及其成就

人们超越世俗的指向上可谓等同。佛教基本教义认为现实世界集因缘所生,故虚幻不真,倘若人执着虚幻,便滋生苦痛,故当离苦得乐,证得涅槃,得悟成佛。涅槃成佛就是指"消灭了一切烦恼所达到的神秘精神境界。这种境界的实际情况如何,各派各有自己不同的解释"[1]。无论是小乘的有余涅槃,还是大乘的实相涅槃和无住涅槃,无非就是一种超越现实处境的精神状态和行为模式。若涅槃成佛依然因缺乏超越的外部性,难于被理解成"以人合天"的天人合一,那么大乘的"净土"概念或可弥补这一缺憾。佛教提倡人在世时修德积福,离世时就可往生极乐净土(世界)。据《无量寿经》所说:"彼极乐界,无量功德,具足庄严,永无众苦,诸难、恶趣、魔恼之名。亦无四时、寒暑、雨冥之异,复无大小江海、丘陵、坑坎、荆棘、砂砾、铁围、须弥、土石等山。唯以自然七宝,黄金为地,宽广平正,不可限极。微妙奇丽,清净庄严,超逾十方一切世界。"[2] 与儒、道语境中的"天"一般,净土世界也明显表现出对人生现实世界的外部超越性。在佛教中,如何实现这种解脱式的超越呢?佛教各派均有各自的理论主张和修行方式,其中较为基础和常见的有以

---

[1] 任继愈:《中国佛教史》第二卷,中国社会科学出版社1985年版,第644页。
[2] 《无量寿经》应称《佛说大乘无量寿庄严清净平等觉经》,简称《无量寿经会集本》或《会集本》,是民国年间夏莲居老居士,会集后汉支娄迦谶译的《佛说无量清净平等觉经》、吴支谦译的《佛说阿弥陀三耶三佛萨楼佛檀过度人道经》、曹魏康僧铠译的《佛说无量寿经》、唐菩提流支译的《无量寿如来会》、赵宋法贤译的《佛说大乘无量寿庄严经》而成。参见《佛说大乘无量寿庄严清净平等觉经科注》,夏莲居会经,释净空科判,黄念祖注解,线装书局2012年版,第607—618页。

下两个层面：第一，心诚坚信；第二，信而实行，而常见的实修法门有"戒定慧"三学。通过调整与操练修佛者的心、行样态和模式，就可以洞悉"诸法因缘和合而生灭"，退转对虚幻尘世的执着，获得自由，从而实现对现实人生的超越。

事实上，"天人合一"式的超越性追求浸润在中国文化方方面面，比如茶道、书画、建筑、园林等。明代茶学家朱权（朱元璋之子，第一代宁王，1378—1448年）在《茶谱》中指出饮茶之道在于"探虚玄而参造化，清心神而出尘表"[1]。中国的书画之术在于"上法圆象，下参方载"[2]，"意与灵通，笔与冥运"[3]，"笼天地于形内，挫万物于笔端"[4]，"达其性情，形其哀乐"，讲求将书画形式之美和气息与天地人之自然属性融谐而一。在园林创作中，中国古人讲究人与自然（天）的亲和共融，人在景中，景入人眼，如"观烟波浩渺而思其意境，仰崴嵬嵯峨而感其气势"，移天缩地，收摄入怀，致人入幻，从有限园林中领略无限空间，比如"修竹数竿，石笋数尺"而生"风中雨中有声，日中月中有影，诗中酒中有情，闲中闷中有伴"之感；由观赏落霞孤鹜，秋水长天而进入"天高地迥，觉宇宙之无穷"的幻境；从"衔远山，吞长江，浩浩荡荡，横无际涯"的自然实境中升华为"先天下之忧而

---

[1] 转引自林珍莹、施拓全《茶道与养生——综论朱权〈茶谱〉中的茶学特点》，《育达科大学报》2014年39期，第114页。《茶谱》一书可见以下两个版本：中国农业出版社1979年版和中华书局2012年版。
[2] （清）董诰等编：《全唐文》卷146，中华书局1983年版，第1476页。
[3] （清）董诰等编：《全唐文》卷146，第4398页。
[4] （唐）卢照邻：《卢照邻集校注》，中华书局1998年版，第321页。

第五章
"圣显"理论对中国传统文化的解释及其成就

忧，后天下之乐而乐"的道德美境。① 西方人的建筑乃人之庇护所，"凝固的音乐"，而中国人主张"夫宅者乃阴阳之枢纽，人伦之轨模"②，"工不曰人而曰天，务全其自然之势"③，"因其自然之性"，"天道必赖于人成"④，强调建筑沟通和调节人与自然的关系，重视建筑的社会功能。⑤

中国"天人合一"式的超越与西方"神我合一"式的超越存在着本质上差异。中国人认为"合一"的主动者是人，亦是人在世存在展现超越精神与意志的过程，故而需要人在世的不断付出与操练；而西方"合一"的主动权在神或神的代理人——具有特殊能力的人（sorcerer），比如古希腊人就认为具备特殊能力的人——法师是普通人超越解脱的中间人；基督教则认为只有相信并接受基督救赎的人才可获得永生，其他方面的主动性——如接近神、成为神的儿女等对"人神合一"并不构成必要的前提；伊斯兰教认为只有严格遵从《古兰经》所显示的良善行为，就可以获得安拉的祝福，进入天国。

伊利亚德说过宇宙就是一个巨大的"圣显"，而无论这个"宇宙"是客观的外部世界，还是涵盖一切主观、客观因素的

---

① 陈念慈：《天人合一观与中国古典建筑、园林美学思想渊源探微》，《东岳论丛》2002年第2期。
② 佚名：《黄帝宅经》，《正统道藏（第四册）·洞真部·众术类》，文物出版社、上海书店、天津古籍出版社1988年版，第979页。
③ （魏）管辂：《管氏地理指蒙九·因形拟穴第八十三》，《古今图书集成·博物汇编·艺术典》（第475册），中华书局1934年版，第24页。
④ （魏）管辂：《管氏地理指蒙八·天人交际第七十四》，《古今图书集成·博物汇编·艺术典》（第475册），第21页。
⑤ 韩永红、刘一可：《中国古代建筑中天人合一的思想》，《当代艺术》2008年第2期。

整全，都与中国传统文化中"天"在概念的涵盖上极其相似。董仲舒笔下的"天人同类""同类相动"而最终"天人感应"中的"天"，与《庄子·齐物论》所言"天地者，万物之父母也""天地与我并生，而万物与我为一"中的"天"都通常被理解成客观的外部世界；而宋明儒者一贯主张的"仁者天地万物一体""天即人，人即天"①中的"天"应该可以对应为涵盖一切的无限实体。在许多关于"天人合一"理念的解释中，经常由人提及的一种便是人与自然和谐共存的生态观。这种理解剥离了"天"的超越性和神圣性，最大程度上将"天"客观化和外在化。如果"天"丧失了超越性和神圣性，那么所谓的"自然"也就失去了约束和改造人类局限性的力量。作为外在客观的"自然"为何以及如何可以让"人"与其和谐共存——"合一"呢？一个极容易想到，也是最常想到的回答就是为了人类自身的长期利益和长远发展。这种回答极其危险地滑向了人类中心主义式的"人本主义"，或者是伊利亚德所反对的建立在迷恋科学意义上的"新人文主义"。在这种"天人"关系中，"天"无疑是一个静止的、无力量的、等待人类为了自身长远利益而给予照料的"婴孩"，然而不显现力量的"天"无法成为左右人类命运的精神实体，甚至根本就无法作为人类的精神对象。为了人类自身世俗利益的"天人合一"，那么"天"要么没有必要出现，要么只是人类精神朝向自我的中转站。然而，结合上文关于"天人合一"的相关引文，我们不难发现无论是儒教的"天生蒸民，有物有则"，

---

① （宋）黎靖德编：《朱子语类》，中华书局1986年版点校本，第387页。

第五章 "圣显"理论对中国传统文化的解释及其成就

还是道教的"天降灾布祥",抑或是佛教的"往生西天(净土)","天人合一"中的"天"从来都是超越性和神圣性的代名词。在伊利亚德的思想中,"天"/宇宙/世界,作为神圣和"圣显"从来不是永恒静止的,而是要在世俗中辩证地显现出来。在这种意义上,"天人合一"首先表现为作为超越性和神圣性的"天"向人显现出其自身,并使人感受到融入其(天)中的永恒创造力和无限可能性;其次,"天"在人中显现其自身,令人参与或协助"天"的创造性活动,从而分享着"天"的超越性和永恒性,呈现为人向"天"的"永恒回归"的范式,正如儒教所言"尽心知性以知天",道教所倡导得道成(天)仙,佛教所向往的从轮回中解脱达至"寂静涅槃"。依照伊利亚德创造性诠释学的说法,中国传统文化中的"天人合一"应该就是一种"圣显"——既是"天"向人显现,也是由人显现"天"。

除了"天人合一","圣显"理念对理解我国宗教和文化还会表现出极富创造性的解释力。在伊利亚德看来,由儒家系统化地传承和组织化地传播的儒学是一种神论淡漠的宗教,故称儒教。儒教(家)的至圣先师孔子并不是神灵,而通常被视作一个学究天人、道德楷模、万世师表、儒道化身的世俗中人,从而其理念言行便成为后世儒家顶礼膜拜的典范。当孔子以圣人的超越形象显现于门徒心中,孔子便成了一种"圣显"。如今世界各地的"孔子学院"以及大学校园中的孔子雕塑,都在一定程度上被"形塑"为一种组织化的精神象征,凝聚着中华魂,向万千华夏人传递着一种文化上的信仰和归属感,成为全球华人的精神家园和文化故乡。对任何深守儒教信仰和儒家教养的人而言，孔子塑像、画像、话语、传说和文本等都会伴随着孔子的神圣性而神圣化，对圣像、圣言、圣文等发出的任何意义上的侮辱和不敬都会被视作犯禁和亵渎，而这些事物从此就成了儒者心中的"圣显"，指导和制约着他们的日常生活和行为。

与孔子一般，释迦牟尼原是释迦族的觉悟者和修行人，也是修佛者的导师，而后世被神化成法力无边的神祇。同时，这就导致成熟后的佛教为了尊崇和神化佛陀规定了各种各样的礼仪，而这些仪轨便将世界区划成世俗时空和神圣时空。在礼佛的神圣时空中，宗教禁忌成为显著的"圣显"。伊利亚德说道："任何物体、行动或人，自然地经由某些本体层次之改变，使其拥有或多或少不确定性质之力量，因而成为禁忌。"[1] 人们忌惮于神圣可能带来的力量显现（kratophany），神圣空间被赋予了敬畏和崇高感。

以儒释道为典型是为了说明中国文化几千年的砥柱之流在哪些方面、哪些内容上、哪些形式上可以成为影响我们日常生活的"圣显"。而神圣的内容既可以是无形无相的道，也可以是具体化的人，以及一些由宗教而来的衍生物（如宗教场域、宗教节日）都会被有信仰者或宗教人视作"圣显"，但对于无信仰者或非宗教人而言却难以理解。宗教人或有信仰者相信"圣显"的理由也较为简单，即"圣显"可以为宗教人或有信仰者提供生活的力量与生命的意义，他们也就可以倚仗"圣显"存身立世，无有恐怖地且满怀希望地度完一生。宗教人

---

[1] Mircea Eliade, *Patterns in Comparative Religion*, 1958, p. 15.

第五章　"圣显"理论对中国传统文化的解释及其成就

的"圣显"是可以传承、复现的。当"圣显"的原型反复被模仿时，参与模仿的后来人也就可以在实践中逐步地体验到神圣化的生活，并且可以等待时机以自身的方式重新唤醒属于自己的"圣显"。模仿"圣显"不仅可以被动地参与和传承有神圣意义的生活方式，还可以在参与中触发属己的"神圣世界"和"圣显"。这样不仅能够让宗教人以宗教人的视角和方式来认识和理解这个世界，还能给潜在的宗教人重新理解和认识这个世界的机会以及重新领悟存在的意义和生命的价值。简言之，"圣显"是宗教人和有信仰者的生活方式。

因此，在与有信仰者的交往中，需要格外注意其教义、宗教事务、场域等方面的神圣性，也需要理解这些"圣显"在其生活中所起的作用，达成相互尊重、友善对话。毕竟在宗教人或有信仰者的心中，从"圣显"中汲取的智慧和真理都是跨越时空的，并且可以成为当代生活的意义源泉。虽然古人肉身已朽，但通过象征化的效仿，后人依然可以穿越时空，与心中的神圣发生共情，让古之智慧成为其今之生活的依靠，使世俗的平庸穿上神圣的外衣，令无意义的客观历史变成有意义的神圣历史。

二　非典型的宗教领域

其实，我国的宗教信仰特点不是典型的"一神论"，乃是民间与组织化的宗教和信仰都可以在社会政治制度允许的范围内自然生长，甚至可以说任何夸张的事物（象征财富或权力的人、物、事等）都能引起追逐和崇拜，成为中国民众的信仰对象。从一定程度上来说，这一宗教特征恰好可以为现代社会中"圣显"的"祛圣化"表现提供一个前现代宗教形态的样本。在中国,任何欲求对象都可以被集体或个体塑造成超越化对象,成为信仰。这种神圣泛化的特点与伊利亚德对现代社会"去圣化"现象的圣显化(hierophanization)分析颇有相似之处。依照伊利亚德的说法,现代社会中的"圣显"不再完全以神圣甚至不再以神圣的方式出现,但这并不意味着现代人已经彻底地摆脱了神圣,对神圣无感。而事实上,出现了一个奇怪的现象——"当人堕落为现代人之后,他反而对各种力量和神圣的生活感到兴奋。"[①] 我们对此不应该视而不见,错失了充分理解这一现代生活的特殊形态。换言之,"圣显"在现代社会中不只出现在典型宗教的领域,而且还会出没在任何有意义的事物和现象中。伊利亚德将这些事物和现象归并到"小宗教"(little religions)[②]、"伪宗教"(pseudo religions)[③]和"类宗教"(又译"准宗教",quasi-religious)[④] 等概念。它们不信奉超自然的实体—主体(上帝、安拉、梵天、阿胡拉·马兹达等),也极少围绕超自然的实体—主体定期组织仪式化活动,却又能给人的生活带来意义,令人产生信念或信仰。这些非典型现象表现类似宗教的结构和形式,但并不能就此画等号。因此,挖掘和分析非典型宗教中的"圣显"因素对更好地展示"圣显"更宽阔和普遍的理论解释力,具有较

[①] Mircea Eliade, *Myths, Dream and Mysteries: The Encounter between Contemporary Faiths and Archaic Realities*, p. 137.

[②] Mircea Eliade, *The Sacred and the Profane: The Nature of Religion*, p. 206.

[③] Mircea Eliade, *The Sacred and the Profane: The Nature of Religion*, p. 209.

[④] Mircea Eliade, *Yoga: Immortality and Freedom*, p. 356.

第五章 "圣显"理论对中国传统文化的解释及其成就

为重要的作用和意义。

(一)"小宗教"中的"圣显"

古代人求问前程时,经常借助一些鬼神占卜,例如江西上饶地区的扶乩、安徽地区的筷仙、周易排盘,以及搬上银屏的问米、碟仙、笔仙等经典影视所呈现的"迷信"活动。此外,从西方传入的塔罗牌、占星术同样在中国民间文化中也有巨大的市场。因为神秘主义总是能勾起青年人的兴趣,伊利亚德说道:"古老的信仰和宗教观念(如像占星术、魔法、通灵,点金术以及秘密宗教仪式等),它都表现出复活它们的愿望,并且要从中发现和培养起非基督教的解脱方法(如瑜伽,密教以及禅,等等)。"[1] 当今已经进入计算机时代,神秘主义的行为有了全新的形式,可以在全球的网络中展开,这似乎意味着超自然力从来就可以不在乎媒介的样式和先进程度。现今在线占卜网站上的超高点击率已经很清楚地告诉我们:当代中国人对占卜的兴趣仍然未减。然而,一项调查则表明,很多青年人虽然喜欢在网上寻求此类占卜,但较少迷信其中结果,仅仅出于好奇。至于何种动机引发了趋之若鹜的好奇心却很少有人给出合理的解释。在基督教的评价体系中,此类活动属于偶像崇拜,直接被禁止。在我国,这也被定性为迷信活动,不予理睬。如果仅是虚假的骗术,为什么在 21 世纪的今天仍然有不少人对此满怀好奇,兴趣盎然?按照伊利亚德的解释,这反常现象背后的原因与"圣显"有着密切的关联。其一,20 世纪 50 年代,伊利亚德曾专门就当时欧洲流行的占星术提供一番

---

[1] [美]米尔恰·伊利亚德:《神秘主义,巫术与文化风尚》,第 127 页。

解释和说明。他认为，通过占星术可以让人们领悟到宇宙的意义以及获得自身与宇宙融合的超越之感，从此摆脱了孤独存活于世的荒芜感和虚无感。这种能够使人生感受到与宇宙直接关联的神奇体验就是一种"圣显"。对于命运的预测使人们自以为可以提前知道自己未来的处境，以便更坦然地面对。说到底，这就是人们希望在面临变化无常的人生面前，能够有一种基于超越性的确定性来应对。其二，现代人对于神秘主义的猎奇跟一个动机有关，即人总想不断超越自己的祖辈，重新发现自"原初时代"就已丧失的意义和至福，从而过上新的、创造性的、比祖辈更有意义的现世生活。①

时光瞬变无常，人类无法把握掌控，所以伊利亚德在小宗教的"圣显"研究中仅强调人们对宇宙意义的渴求，有策略地忽视无形的力量显现。这并非意味着伊利亚德未曾考虑过"力显"的问题，而在诉说历史的恐惧时已有交代，只是在小宗教领域的"圣显"中未能充分地展开时间力量的恐怖。在生产力巨大提升的当代社会，人口流动前所未有地迅速，社会复杂度也空前加剧。当一个人颠沛流离、四处迁徙时，新的落脚地也会在他欲求解除旅居之苦踏入安定的希望中成为他的神圣空间。在暂时的新家里，人们总是习惯性地依照故居的环境进行布置，让新居产生熟悉的安定感，从而令自己在心理或精神上获得依靠，缓解陌生环境所带来的压力，鼓舞人们面向新生活。由于人们本能地讨厌和躲避混乱无序与无力掌控的变动，总想寻求一种稳定的、能够在无序空间中给予定向性的存

---

① ［美］米尔恰·伊利亚德：《神秘主义，巫术与文化风尚》，第127页。

在,那么对他而言,这就是一种"圣显"。倘若没有这种"圣显",他的生活将继续在无序、无意义的空间之中漂泊,陷入被异己力量随意摆弄的恐惧之中。

(二)"伪宗教"中的"圣显"

"伪宗教"不是假宗教,正如伪经不是假经,伪狄奥尼索斯不是假狄奥尼索斯一样①,或者更准确来说,因其结构和宗教非常类似,称为"类似宗教"会更为合适些。伊利亚德在提到任何感官活动上的活动都是一种"圣显",例如电影、阅读、运动。但是伊利亚德并没有展开说明,这一项工作则交给了后来者完善。故有学者分别从电影、运动等方面对圣显的形式进行了扩充,并解释了在娱乐至死时代下为什么电影明星、足球明星会成为大家眼中的"圣显",即我们现在通常称呼的"男神""女神",而制造明星的梦工厂和他们出现的场所容易会成为"圣显"之地。研究者们都提到了很重要的结构性特征:(1)在时空方面,无论是看电视、观赏体育运动,还是阅读书籍,这些行为都能够将主体暂时带离当下的时空,在思想中或穿越到未来,或回到过去,或进入想象所构建的空间和状态。当人们通过这些方式(影视、体育运动、阅读等)从现实世界中构想出一种比现实还要真实的虚拟空间时,人们就由此跃入与现实相异的"异质时空",或者如福柯所说的"异托邦"。而这一历程表现出显著的"圣显辩证法"——人们在现实中又超越现实,在现实内又以异于现实的方式更真实地反映现实的结构和真相,以想象虚幻的方式建构起现实的本真。

---

① 何光沪:《天人之际》,中国社会科学出版社2003年版,第189、287页。

这一过程包含了"圣显"超越当下世俗的结构特征。（2）在对象方面，意向性客体能给主体带来一种真实感，并使主体愿意其融入自己的生活，比如将影视、运动和阅读所带来的超越当下世俗的意义融入自身的现实生活与思考中，甚至可以使其成为指引生命前进的定向。这充分体现了"圣显"作为批判当下世俗生活的定向与指引的特征。（3）在价值方面，主体需要意向性客体（电影电视明星、体育明星、书中的角色等）以超越的方式介入主体的世俗生活，并在世俗中不断抬高和推崇那些意向性客体，让其成为庸常生活中的特殊对象与事件。因此，这些来自世俗的意向性客体就在主体价值想象中被赋予了超越的意义，甚至神圣的意义。就其结构而言，这些意向性客体既是世俗的，如作为普通人的明星，又是超越的或神圣的，如具体符号化了人们对生活的完美想象，呈现出一种神圣感和世俗感共存的状态。

在中国，从电视进入寻常百姓家，到现在抖音快手满天下，越来越多的"圣显"成为百姓日常生活的长明灯，让其抵御空虚的、枯燥的、无意义的世俗生活。叶舒宪先生曾提醒道，21世纪正值神话的回归，很多有着神话元素的影视剧、商标、游戏书籍题材正在潜移默化地回归我们的生活。[①] 神话回归的事件远远不止于此。在人们创造性的理解下，神话中或现实生活中的人物开启了穿越模式，现代人对于古装的追捧也成为时下青年的最爱之一。简言之，这些现象已经成为人们日常生活的不可分割的一部分了。当现代人沉迷于追剧、打游

---

① 叶舒宪：《中国神话学百年回眸》，《学术交流》2005年第1期。

戏、幻想剧情发生在现实生活时,他们不知道"圣显"已经悄然发生了。这些视觉活动能使主体短暂地逃离现实生活中的残酷和混乱,并营造出属于主体能够自由掌控的个人神圣的、私密的空间。在这种空间里,主体能够找到生活的乐趣和意义,并且一直维持。

(三)"类宗教"中的"圣显"

伊利亚德总是沉浸在古代和远古宗教的探索中,相比之下对于战争期间的政治态度则不愿多谈。不少学者认为其中原因在于他早年的政治污点,故伊利亚德对此不愿意详谈,甚至选择性遗忘。但在"圣显"的讨论中,我们又可以看到他对于政治的关切。伊利亚德提到国家、社会阶层和民族能成为"圣显"。[1] 其中,为了人类事业进步而牺牲的人也被伊利亚德统合到"圣显"的原型中。那些甘愿为理想信念而牺牲的人,通常有着伟大的奋斗目标——追求正义、解决人间苦难与压迫、创造理想社会等。他们的信念让牺牲和死亡变得截然不同,死亡只是生物学意义上的不复存在,而牺牲则是通过肉体换取永恒的精神存在。牺牲者的肉体虽然死亡,但其精神永存,成了共同体心目中的"圣显"。因此,我们常常可以看到牺牲者被视为光荣的,他的精神已经与心中的神圣——如替天行道、匡扶正义、理想社会、美丽新世界等——一样永恒地激励着后来的志同道合者。正如每当我们听到有人为崇高的人类事业和人间福祉而光荣牺牲时,祭奠者的脑海中无一例外地会浮现他们英勇牺牲的"圣显"时刻。

---

[1] Mircea Eliade, "Australian Religions: An Introduction, Part I", *History of Religions*, Vol. 6, No. 2, 1966, pp. 108–134.

至此，我们可以看出非典型宗教和典型宗教的最大区别在于，非典型宗教的"圣显"往往偶然地激发了人们对于超越时空和意义的想象，可以是一场顿悟，一种怀念，一次心灵的交感，通常并不具有周期性，但也正是在偶然的瞬间让人感受到一种改变现存生活状态的神圣力量，不仅给人们指引方向，而且还可以让当下存在获得超越的价值依托。

·第二节·
"圣显"的理论成就

一 叩开主体之门——新人文主义

伊利亚德从主张反化约论的宗教研究到宗教现象学的观察，再走向创造性诠释学的宗教理路，最终落脚于新人文主义。伊利亚德的"新人文主义"一词最早出现在1961年《宗教史学》的首刊，文章标题为"一种新的人文主义"（"A New Humanism"），旨在为芝加哥大学新创办的《宗教史学》期刊确定新的发展方向。① "新人文主义"不是伊利亚德的首创，美国科学史家萨顿（George Sarton，1884—1956年）在20世纪初就提出了"新人文主义"一说。萨顿认为科学是人性的产物，"人类的'机械时代'必将结束，迟早会被'科学时代'所代替；我们必须准备一种新的文化，第一次审慎地建

---

① David Cave, *Mircea Eliade's Vision for a New Humanism*, New York: Oxford University Press, 1993, p. 25.

第五章　"圣显"理论对中国传统文化的解释及其成就

立在科学——人性化的科学之上的文化，即新人文主义"①。所以萨顿的"新人文主义"应是自然界、科学和人性的统一。②"新人文主义"思潮的另一代表人物是欧文·白璧德（Irving Babbitt，1865—1933年），他认为以培根和卢梭为代表的人道主义在实践中暴露出物欲横流、道德沦丧的弊端，因此需要借助东西方文化传统中本身具备的人文主义精华——倡导理性、道德、节制的理念挽救时弊，所以"新人文主义"是源于传统文化的内在超越。③

不同的出发点导致学者对于"新人文主义"的理解不同。伊利亚德在学生时代（1927年前后）就阅读了萨顿的作品，因为他那时对科学（化学、昆虫学、植物学）怀有浓厚的兴趣，还写了一篇文章《古代印度的植物学知识》（*Botanical Knowledge in Ancient India*，1931）发表在萨顿的期刊《伊希斯》（*Isis*）上。④ 伊利亚德还曾在《词》上发表过对萨顿《科学史导论》的书评，其中指出萨顿：

> 目的是透过散落在各种形式中的毫无秩序的科学现象来理解科学的统一性。在此目的引领下，他发展出一种新的人文主义，它不同于以往基于语言学的人文主义，而是

---

① George Sarton, *The History of Science and the New Humanism*, New York: George Braziller, 1956, p. 163.
② 史现明：《反思萨顿的新人文主义思想》，《中国社会科学报》2021年3月2日第4版。
③ 于惠：《学衡派、梁实秋推介新人文主义策略之比较》，《重庆工商大学学报》（社会科学版）2021年第6期。
④ Mac Linscott Ricketts, *Romanian Roots*, *1907–1945*, pp. 316–317.

由自然科学发展所证成，其中包含着一系列可以用来调查和评价人类一切行为和现象的方法。[1]

伊利亚德认为萨顿的新人文主义虽然通过人、自然与科学的统一性试图解决人文精神与科学技术的隔离状态，但是这种新人文主义依然是科学的，或者说是以科学为中心的，与人性中本有的创造性相去甚远，故而伊利亚德提出一种基于宇宙本体论的"新人文主义"。为了更好理解他所言之"新"，我们应该优先考察"人文主义"本身的含义。

"人文主义"一词的历史极其复杂，具有十分丰富的含义和宽广的背景[2]，难以获得任何意义上的严格统一的理解，而且其名目繁多，不一而足，难以化约，诸如 15 世纪的公民人文主义（civic humanism），16 世纪的新教人文主义（Protestant humanism），17 世纪的理性主义的人文主义（rationalistic humanism）、浪漫主义和实证主义的人文主义（romantic and positivistic humanism），18 世纪革命派的人文主义（revolutionary humanism）、自由主义的人文主义（liberal humanism），20 世纪的纳粹的人文主义、反纳粹的人文主义、海德格尔式的反人文主义的人文主义（antihumanist humanism）、福柯和阿尔都塞的人文主义的反人文主义（humanist antihumanism），等等。每种人文主义均有独特的历史发展曲线、特殊的诗意语言、问题颇多的人性分析，并且都意图将自身打扮成人文主义的正统和

---

[1] Mac Linscott Ricketts, *Romanian Roots*, 1907–1945, pp. 316–317.
[2] Tony Davies, *Humanism*, New York: Routledge, 1997, p. 2.

第五章 "圣显"理论对中国传统文化的解释及其成就

主流。[1] 人文主义不仅难以被界定，而且还经常在汉译中与其他概念（如人道主义、人本主义）混用。[2] 虽然人文主义、人道主义与人本主义都可以对应英语 humanism[3]，但在中文语境中，其含义存在较大区别。事实上，"人道主义"概念重在强调无差别的一视同仁，相当于英文的 humanitarianism；"人本主义"旨在本体论上宣扬"人乃万物的尺度"，人是宇宙万物的中心和原则，反对教会专制和权威，崇尚个人自由和理性能力，以人自身为信仰对象[4]，与神本主义（theocentrism）、唯物主义（materialism）等相对，其主义色彩较浓，相当于英文的 anthropocentrism。"人文主义"存在两个层面的含义：在广义上强调人的地位与价值、关注人的精神与道德、重视人的权利与自由、追求人的旨趣与理想；狭义上是指欧洲文艺复兴以来的类似主张和思潮，相当于英文的 humanism。[5] 当透过人文主义来理解伊利亚德的"新人文主义"时，我们应该选用怎样的视角呢？换言之，伊利亚德所言之"新"应该相对于哪种"人文主义"呢？这就要求我们梳理出伊利亚德新人文主义思想是基于哪种人文主义而言其"新"？

萨顿认为"新的人文主义"可以而且应该在广泛理解和

---

[1] Tony Davies, *Humanism*, pp. 130-131.
[2] 何光沪：《三十功名尘与土》，复旦大学出版社 2010 年版，第 147—169 页。
[3] 参见冯契主编，金炳华修订《哲学大辞典》（修订本）（上海辞书出版社 2001 年版，第 1160、1161、1182—1183 页）、《中国大百科全书》（哲学卷）（中国大百科全书出版社 1998 年版，第 711 页）和台湾辅仁大学李震的《哲学大辞书》第一册（台北：辅仁大学出版社 1993 年版，第 69 页）。
[4] 罗秉祥：《西方人本主义伦理与基督教思想》，《辅仁宗教研究》2007 年第 15 期。
[5] 何光沪：《三十功名尘与土》，复旦大学出版社 2010 年版，第 156 页。

统一普遍的科学史的基础上发展，而不是像文艺复兴时期那样以语言学和文献学为基础。但伊利亚德并不完全赞同这种看法，他认为只有在宗教历史中，而不是在科学史中，才可能找到人类最深刻和最重要的统一性基础。① 这意味着伊利亚德的"新人文主义"既不是中世纪文艺复兴时期那种从收集考订古希腊、古罗马的古典文献中寻找人类精神根基的人文主义，也不是那种从科学发展中奢望人类精神统一性的新人文主义，而是一种全面整体地提升人类生存品质的宗教精神。② 由是可知，伊利亚德的新人文主义所针对的既是早期的以文艺复兴为代表的、沉浸于历史性文件中的复古式人文主义，也是神圣退避后由理性科学全面接管人类生存世界和精神世界的"新人文主义"。这种基于科学的"新人文主义"倒像是人本主义的新式变种，一切以人的科学发展为基础，人生退守到科学的外壳内，只以科学的边界作为人生意义的尽头。这种新人文主义消解了人作为创造性主体饱含无限可能性的存在方式，封堵了无穷宇宙本体向人呈现的可能性，扼杀了人类精神的永恒性追求。有鉴于此，伊利亚德的新人文主义既要摆脱历史复古主义的人文主义对人类创新的钳制，又要警惕臣服于科学的新人文主义扼杀了人类对无限性的向往与追求，所以伊利亚德说："新人文主义关注的是'事实'、自然的奥秘、假设的形成、

---

① Mac Linscott Ricketts, "The Theology and Philosophy of Eliade: A Search for the Centre by Carl Olsen; Vision for a New Humanism by David Cave", *Journal of the American Academy of Religion*, Vol. 63, No. 3, 1995, pp. 603 – 608.

② David Cave. *Mircea Eliade's Vision for a New Humanism*, Oxford University Press, 1993, p. 27.

第五章 "圣显"理论对中国传统文化的解释及其成就

实验科学的进步、'人类的完美性'以及对死亡和有限的焦虑的解决。它是一门哲学科学,因为它要求意义,谴责还原论,将直觉作为一种知识的工具,允许非经验的现实,假定人类思维的先验结构,以及在与整体的关系中理解部分。"[1] 他的新人文主义就需要"包含意义、实验、合法性、共同体和个人主动性。但如果有一个词可以用来综合那个'整全',它就是创造力。新人文主义的形而上学是一种创造性的形而上学,因为在创造中,一个人不仅投身于生活,同时也是分享了神(圣)的创造力"[2]。因此,伊利亚德的新人文主义不仅关注由主体主动性所创造出来的意义,而且还强调这种创造力存在着一种形而上的神圣根基。

由前文可知,伊利亚德认为人类关于此在意义的创造力来自对神圣无限的追求和揭示。简言之,人们对人生意义的诘问就是人类精神对神圣敞开的过程,也是神圣向人类精神显现的过程。这些过程在神圣时空中是等价,或者说在宗教人的世界观中是等同的。无疑,伊利亚德的新人文主义对人之为人、人为何而生、人因何而在等终极性问题提供了宗教式的回应。这种宗教式回应既有别于西方中世纪之前的宗教回应,又不同于反抗中世纪宗教压迫的人文主义。中世纪应运而生的人文主义主要是为了摆脱教会的专制政体,却没有完全摆脱"神本"思想。然而伊利亚德的新人文主义不是为了摆脱神(圣),让人彻底丢弃超越性的维度,将生活困守在世俗的历史时空中,

---

[1] David Cave, *Mircea Eliade's Vision for a New Humanism*, p. 185.
[2] David Cave, *Mircea Eliade's Vision for a New Humanism*, p. 194.

并最终归宿于信奉人类自身、以人为世界中心的人本主义，而是希望人类应该继续发现自身以及生命的意义。当代人不应该盲目地遵循工具理性，走向理性的自负，只会建立起以自身为对象的信仰，故而需要通过古老的宗教传统或人类自有的宗教秉性去认识到作为巨大"圣显"的宇宙与人生同频共振的统一性和无限的创造性。简言之，伊利亚德的新人文主义便是在神圣之中以及神圣向人（宗教人）们显现（圣显/显圣）之中，人从与神圣（超越性）的遭遇中分享和索要无限创造力的过程。由于"圣显"从来就是通过宗教人"自成一类"的前反思语言来表达，所以伊利亚德新人文主义并不是在某类、某些或某个宗教人所表达的神圣与"圣显"中所传达出来的人对无限性的追求以及生命价值和意义的自我贞定，而是坚持"必须以信仰者自己的方式"来阐释宗教信仰。从这一"新人文主义"出发，伊利亚德所开辟出来的第一个人类文化理念的站点，就是在坚守信仰的超越性和神圣性基础上的宗教开放——不仅是指宗教之间的相互宽容，而且是要对无宗教信仰或者无超越性信念的非宗教人保持足够的开放态度，让人们回归到对宇宙、自然等这些象征着无限性的事物抱有适当的敬意，令其生命存在着逃离历史恐惧的可能性。这种开放姿态也是一种宗教与非宗教之间的自由。对伊利亚德而言，这种自由还是非宗教人向宗教复归的自由，当然这里并不是指宗教形式上的，而是指饱含创造力的宗教精神上的。

这种从宗教精神中挖掘创造力的新人文主义对伊利亚德的历史生命和思想疑难又意味着什么呢？作为一名欧洲人，伊利亚德感受到了文艺复兴之后，人们在为了自由而冲破传统神学

第五章 "圣显"理论对中国传统文化的解释及其成就

的藩篱时,也陷入了无"家"可归的状态。伊甸园不再是大多数人追求的彼岸净土,财富、权力、名声、地位、社交等才是多数非宗教人的此生夙愿,人们从此变得愈加贪婪,精神愈加平庸。相较于宗教信仰保存较为完好的东方社会,特别是伊利亚德所见的印度和由佛教文化浸润良深的东南亚地区,西方人的内心因"上帝已死"而精神荒漠化日趋严重,继而轻易草率地抛弃了超越性的追求,又无法在科学万能、人本至上的世俗社会中找到生命意义的恒久根基,从而造成精神上的虚无主义和物质上的进化论盛行。而伊利亚德经历了两次世界大战后,目睹了战争对人类基本生存环境的破坏和精神世界的摧毁。这无不促其思考,人脱离神圣之后的生存就只能依靠自命不凡地成为万物的尺度的人文主义(或称人本主义更妥)吗?人文主义还可以如何发展?伊利亚德认为:"20世纪不会是无产阶级革命,而是非欧洲人和他们的普遍精神的复兴。"[1]

作为一名比较宗教学家,伊利亚德试图通过解释古代东方生活世界的象征和神话结构重新唤醒当代西方人对于意义生活的警觉和回忆。但是这种意义生活不是局限性地恢复基督教神学的生活,祈求上帝(God)或者神灵(divine)再次成为人的主导。虽然很多人指责伊利亚德表现出这种意图,但前文已经再三申明,富有意义的神圣生活在伊利亚德的文本中不仅仅是指有"神"的宗教生活,更可能是一切关乎"神圣"(sacred)事物的生活,或者说是一切能够表现出超越性创造力的生活。用"神圣事物"(the sacred)用来表达不同于普通的世

---

[1] Mircea Eliade, *Journal I, 1945–1955*, p. 159.

俗事物的事物而成为宗教信仰、宗教禁忌和宗教仪式的对象并不来自伊利亚德，同持此说的宗教学家还有法国的涂尔干、瑞士的塞得布罗姆、英国的马雷特等。[①] 但是伊利亚德跟这些宗教学家的区别也很明显：其一，这些宗教学家认为"宗教即神圣"，而伊利亚德的意图不在于讨论宗教的普遍定义，而是把重心放在所有宗教和类似于宗教现象中的共同的、不可化约的因素——神圣（sacred）。其二，在内容方面，伊利亚德谈及的"神圣"包含深刻的宇宙本体层面的意义。从宇宙本体层面思考人在宇宙中的定位能对重估世俗生活中的符号、象征、神话等提供源源不断的可能性。所以有理由认为，虽然基督教神学对西方社会的约束效力有所降低，但是伊利亚德无意维护旧的神学体系，更无意让现代人回到民神杂糅的古代社会，而是不断提醒现代西方人应该放弃西方文化中心论的思想，尝试与古老东方构筑意义世界的技艺展开对话，借助古代和东方生活的宗教状态重新认识神或神圣。如此一来，伊利亚德的"新人文主义"（new humanism）便在"崇拜神——反对神——重新认识神（圣）"的不断否定中建立起来。

在否定之否定的阶段，也即"重新认识神圣"的阶段，由于"圣显"是源自主体的认识结构，神圣处于隐匿的状态。需要行为主体主动地认识自身的处境，通过对此在生活的反思和反叛找到超越的神圣。这一点是可能的。人有对超越性的认识，在人的认识中，世界不是一种绝对的存在

[①] 吕大吉：《宗教学通论新编》，中国社会科学出版社 2007 年版，第 42—43 页。

第五章
"圣显"理论对中国传统文化的解释及其成就

(absolute),而总是在对立共存中运动。绝对的静止存在只可能通过超越一切的运动来寻求。这一点类似于佛教教义中超越于六界轮回而得到永生解脱——寂静涅槃。人,不仅仅是技术人、经济人、社会人、理性人……在精神方面总是本能地渴望突破现存的局限性,表现出朝着高于与后于现实世俗世界的方向超越。总言之,"圣显"是一次对世俗生活的反叛,是对人类局限的一次超越,其落脚处依然是人类对生命无限性和创造力(无论是个体还是群体)的永恒追求。"圣显"——与无限的神圣本体遭遇与照面——为人类新的生活方式提供定向,从而将其生命进程融入神圣秩序和时空中,达到无限延展其生命的可能。当下的宗教活动与宗教理解更应该是出于这种目的——对人的现实生命的关怀,企图呼吁迷茫的人重新寻找生活的意义,所以宗教主要关心的不是事实,乃是意义。[①]

二 补充了宗教现象学的新理解

正如前文所言,伊利亚德的思想形成得益于许多思想资源的滋养,如现象学、东方神秘主义和罗马尼亚民族文化等。仅从"圣显"理论的展现方法而论,伊利亚德亦毋庸讳言地接受了宗教现象学的洗礼。正如流行的现象学口号——"回到现象(事实)本身",宗教现象学也强调尽可能完整地呈现宗教历史的实事,从而获得对在宗教现象的历史中具有决定的重要性的观念和动机的全面考察,并从中寻找到规律、结构和特

---

① [美]休斯顿·史密斯:《人的宗教》,第13页。

殊意义,在此基础上破译和诠释人与神圣相遇的每一种意识经验。① 可以说,伊利亚德"圣显"理论就是在这种方法和志愿的指引下诞生的,正如他直接体验和反思了一些宗教形式(如修行瑜伽)以及以克制中立的方式明察了大量宗教历史中的宗教现象(如撰写《神圣的存在:比较宗教的范型》《宗教思想论》等)。而且在"圣显"理论阐释的历程中,伊利亚德充分利用了典型的宗教现象学方法,如历史学和比较学②,也遵循了现象学的两个原则——悬置价值判断和获得对宗教本质的理解。伊利亚德这一学术实践让宗教现象学展现了一种新的样貌,为宗教现象学的丰富性和明晰性提供了不容忽视的参照。

海德格尔继承了胡塞尔的现象学,他认为现象从来不是任何别的东西,而是构成存在的东西,任何情况下的存在都是某种实体的存在,但这里的实体指的是人,因为现象只是人的现象,自然物只有相对于人才显现为现象。③ 海德格尔特别解释道:现象是"在个人中自己所显示的样子或者证明的东西"。由此可见,海德格尔认为人的存在本身就是一种显现自身的现象,因此现象学的任务就应该对于人的存在的重新解释和诠释工作,揭示人的存在的意义。海德格尔说:"此在的现象学就是诠释学(Hermeneutik)。这是就诠释学这个词的原始含义来说的,据此,诠释学标志着这项解释工作。"④ "此在"指的既

---

① 参见[意]马利亚苏塞·达瓦马尼《宗教现象学》,高秉江译,人民出版社2006年版,第26页。
② 参见[意]马利亚苏塞·达瓦马尼《宗教现象学》,中文版序言第4页。
③ 参见涂成林《现象学的使命:从胡塞尔、海德格尔到萨特》,广东人民出版社1998年版,第145页。
④ [德]马丁·海德格尔:《存在与时间》,第47—48页。

第五章 "圣显"理论对中国传统文化的解释及其成就

不是现实客观存在,也不是外在规定精神的存在,而是能够询问并追究存在意义的存在。《存在与时间》中明确指出:"现象学的现象概念意指这样的显现者:存在者的存在和这种存在的意义、变式和衍化物。"① 可见,现象学在海德格尔那里经历了本体论上的转折,被赋予了一种全新的哲学含义,这就是阐释人的存在意义的现象学的诠释学。② 这种诠释学是生存论意义上的诠释学,也是狄尔泰等人所说的具有历史学性质的人文科学的方法论,所以分析人的生存价值和意义被视为诠释学的首要工作。③ 人是历史中的人,而历史中一些重要的板块,如宗教,在此在的意义探寻中扮演着极其重要的角色。在对宗教生活和现象展开此在的探问中,海德格尔指出当下的宗教现象学更应该远离新柏拉图主义与经院主义,重返"源始基督教的宗教性",即基督教的"事实性生命体验",恢复被遮蔽的源始福音信息,并向多元、异质的事实性生活敞开更多空间。④ 海德格尔充满解构筹划的宗教现象学的确为人们摆脱"基督教帝国主义的殖民"⑤ 提供有益的思考方向,但是如何在宗教现象学研究中具体展示出差异化的宗教事实以及不同于基督教的多元化"事实性生命体验"呢?

虽然海德格尔始终坚持宗教现象学无关乎信仰,并将所有

---

① [德]马丁·海德格尔:《存在与时间》,第45页。
② 涂成林:《现象学的使命:从胡塞尔、海德格尔到萨特》,第148页。
③ 参见[德]海德格尔《存在与时间》,第48页。
④ 胡继华:《宗教现象学与历史性的悖论——读海德格尔〈宗教生活现象学〉》,《基督教文化学刊》2018年第40辑,第2—26页。
⑤ 詹姆斯·史密斯、吴三喜:《让宗教摆脱神学:马里翁与海德格尔论宗教现象学的可能性》,《基督宗教研究》2016年第20辑,第375—390页。

献身都清理"出局",但在其宗教现象学中著述中并没有让人们看到回归宗教经验本身的各类事实性生命体验,这使得海德格尔的宗教现象学变成了"悬空之路"。伊利亚德如何在宗教现象学中替这条"悬空之路"架上了楼梯呢?在透析宗教现象与经验事实过程中,伊利亚德同样悬置了信仰,摒弃了价值偏好,并发现宗教现象的核心是"圣显"(hierophany)。关于如何完整地理解和展现"圣显",伊利亚德借鉴了海德尔格的说法,"圣显"并不是特定信仰对象的显现,而是此在追寻神圣意义中遭遇的ontophany(本体的显现)。伊利亚德在《神圣与世俗》中强调,对"圣显"的探讨不是泛神论,也不是一般意义上的偶像崇拜,而是一种"泛本体论"。这与海德格尔的态度几乎是一致的。同时,伊利亚德还弥补了海德格尔在本体论上直接跨越而余留下的宗教现象的"真空"。结合前文对于创造性诠释学的分析,可以看出,伊利亚德在方法论上的创新之处在于要经过人的前反思语言结构抵达宇宙象征层面的本体论。如果说胡塞尔的现象学和狄尔泰的诠释学造就了海德格尔的本体论的解释学[①],那么伊利亚德的创造性诠释学则就是对海德格尔解释学添补上了具体方法论。在本体论上,伊利亚德认为人与宇宙不仅是认识性的关系,而且还是人在理解与冥合宇宙的过程中绽显自身生命意义的生存性关联。然而人对宇宙的理解与冥契则依赖于个人经历、群体历史以及在历史中的创造性诠释。

这里以伊利亚德对占星术的宗教现象学分析为示例,展示

---

① 潘德荣:《西方诠释学史》,第294页。

第五章 "圣显"理论对中国传统文化的解释及其成就

他对事实性生命体验的创造性诠释。正所谓"存在的唯一密度是找到存在的意义"①，那么（宇宙）存在的意义又该如何寻找呢，或者说又该如何诠释呢？伊利亚德经常以占星术为例来探讨宇宙意义如何潜隐在世俗之中。世俗人生充满了偶然性。如果我们承认自己是偶然的产物，那么我们的人生完全就是间断的、不完整的，其意义的一致性也无迹可寻。然而占星术的价值就是让人们可以在宇宙中寻到绝对（absolute）的意义，使人生受限于必然性中，从而在根源上抚慰人们对偶然性和无常的恐惧，因为自己的守护神内嵌于宇宙的神圣性中。自此，人不再是凡尘中游离孤立的个体，而是因神圣的纷繁勾连将自身纳入宇宙整体与永存系列中。

概言之，伊利亚德对"圣显"的宗教现象学与诠释学呈现出整体性、超越性和创造性的特点。第一，"整体性"表现在他将信仰者置于宇宙意义的巨大背景下来理解"圣显"。在《神圣与世俗》中，伊利亚德就反复强调自己与奥托的思想区别：奥托在宗教非理性方面的研究做出不可低估的贡献，但自己将要在"整体的神圣"或作为"整体的宇宙"中去把握宗教，感受"圣显"，从而强调宗教现象的"整体性"研究。第二，"超越性"是指个人在体验神圣时所感受到的神圣对于世俗的介入，使得自我的认识存有超越此在的可能，正如伊利亚德所说："一方面，神圣高踞人类之上，既超越人格，又超越万有；另一方面，神圣又是楷模，也就

---

① 转引自 Livia Durac, "Mircea Eliade: the Hermeneutics of the Religious Phenomenon", paper delivered to *the 4th International Conference on Human Being in Contemporary Philosophy*, p. 1。

是说，它树立了模范以供效仿：正是由于它是超越者和楷模，所以它总是迫使宗教人打破个人藩篱，超越偶性和特性，去守护普遍的价值，并去遵循那种普世性。"① 第三，"创造性"体现在信仰主体通过自身前反思语言（特殊诠释学）对于真实、存在、意义世界的自我认知方面。每个人或群体的生存背景不一样，因而绽显出不同的意义世界和神圣世界，正如伊利亚德常常提到的同一宗教象征物可以在历史演化中不断被赋予新的含义。当新的巫师赋予当地圣树的含义时，圣树原有的象征义要么被渐渐地淡忘，要么被融进新的含义中。这种意义世界的演化表现反映出人类生存状态和历史条件的变化。

其实在中国宗教的象征图腾中，龙的形象变化与合成史可以很好地说明第三点。《说文解字》对"龙"的解释是"鳞虫之长。能幽，能明，能细，能巨，能短，能长；春分而登天，秋分而潜渊。从肉，飞之形，童省声。凡龙之属皆从龙"②。这除了表明龙有鳞之外，其他特征并不明确。而东汉王符则直接指出，龙具有兔眼、鹿角、牛嘴、驼头、蜃腹、虎掌、鹰爪、鱼鳞、蛇身，有着九种动物合而为一的形象，又称"九不像"。③ 与此相似，闻一

---

① Mircea Eliade. *Myths, Dreams and Mysteries: The Encounter between Contemporary Faiths and Archaic Realities*, p. 18.

② （东汉）许慎：《说文解字新订》，臧克和、王平校订，中华书局2002年点校本，第775页。

③ 参见（明）李时珍《本草纲目》卷四十三："《尔雅翼》云：'龙者鳞虫之长。'王符言其形有九似：头似驼，角似鹿，眼似兔，耳似牛，项似蛇，腹似蜃，鳞似鲤，爪似鹰，掌似虎，是也。其背有八十一鳞，具九九阳数。其声如戛铜盘。口旁有须髯，颔下有明珠，喉大有逆鳞。头上有博山，又名尺木，龙无尺木不能升天。呵气成云，既能变水，又能变火。"（《本草纲目（校点本）》，人民卫生出版社1975年版，第2375页。)

第五章 "圣显"理论对中国传统文化的解释及其成就

多在《伏羲考》一文也认为，龙是一种只存在于图腾中的虚拟生物，是由许多图腾融合而成，而其主干与基本形态是蛇，这可能表示当时以蛇为图腾的势力最强大，兼并、同化了其他的图腾。[1] 综合来看，龙的形象开始时并不是不固定的，而所谓龙拥有鹿、鹰、鱼、蛇等形象其实也都是上古部落的图腾，后来因漫长的兼并战争使得各个部落的图腾逐渐融合，慢慢形成了现今复合形态的"龙"。而此时的"龙"在新的历史条件下又被赋予了新的历史意义。这就体现了在龙之形象的历史整合过程中，中国历代先民充分利用其关联的历史图腾展开了创造性的想象。

艾伦说："伊利亚德打算通过象征符号的结构来抓住宗教现象的意义。"[2] 但艾伦只说对了一半。宗教现象的意义不仅要通过符号的结构，而且需要通过符号的发展史来认识不同时期的宗教现象及人的需求。同样，只要我们稍加回顾一下中国真武图像的发展史，就会发现，不同时期的符号发展对应着人们对于神圣的具体需求，从最初只是对符号的满足到后期符号逐渐演变成人的形象，表明出人的现实需求在不断发生变化。[3] 类似案例亦可见于其他宗教图像的发展。为何如此发展？这是因为宗教图示符号（图腾、器物、仪式、习俗等）皆是以象征方式指引宗教人利用想象追寻超越自身的意义。反过来，宗

---

[1] 闻一多：《伏羲考》，田兆元导读，上海古籍出版社2006年版，第25—26页。

[2] Mircea Eliade, "preface", *Structure and Creativity in Religion: Hermeneutics in Mircea Eliade's Phenomenology of Religion and New Directions.*

[3] 参阅肖海明《真武图像研究》，文物出版社2007年版。

教人对超越意向的想象也需要落实到宗教图示符号上。这一双向流通的结构使得流通的两端（宗教图示符号与超越性想象）便在宗教人超越性的追寻中不断地演化。

因此，宗教史上的"圣显"是一个创造性不断累进的过程。这种创造性体现为不断赋予"圣显"新的解释和意义。虽然讨论宗教发展史非常有意义，但是伊利亚德认为历史考察极度烦琐且充满争议，需要不同学科背景的学者长期研究，故而这项工作并不在他的工作安排之内。这也使得伊利亚德的诠释理论并非完成意义上的理论体系，终究未能提供充足的宗教史证据。

三 对于现代/后现代生活的启迪

当维特根斯坦将人们认识并理解世界的问题转到了语言的用法和规则后，人类的理解活动不可避免地陷落在语言的牢笼之内。此后哲学家开始讨论理论是否只不过是语言的游戏以及真理是否只能回到语言中寻找等问题。在一些语言哲学家看来，语言不仅具有塑造现实观念的作用，还能帮助人们在定义事物的同时塑造自身。于是，人不再是语言的中心，不是我们控制语言，而是语言控制我们。我们只能说那些我们能说的事情，正所谓"凡是能够说的事情，都能够说清楚，而凡是不能说的事情，就应该沉默"[1]。而伊利亚德的宗教史研究似乎要想办法说出那些"不能说的事情"，故提出"圣显"存在前反思语言的环节，无法用语言确切描述，却可以被真实感知。

---

[1] ［奥］维特根斯坦：《逻辑哲学论》，郭英译，商务印书馆1985年版，第20页。

第五章 "圣显"理论对中国传统文化的解释及其成就

与此相近,保罗·利科也承认,存在着一个无法用语言表达的人类生活领域。因此,语言的结构和概念框架并不能对人类的经验过程进行全景化镜像式的文字描述。至少利科相信,存在于生活经验中的复杂的结构过程与文字所表述的意义以及语言的结构是不同的。[①] 也就是说,如果我们仅从语言中寻找"圣显",那很可能只能找到"why",而无法获得关于"圣显"给人带来"what"。在伊利亚德看来,这些内容的获取之路依然存在。虽然每个宗教人在"圣显"中所得到的启示并不完全相同,其感受程度也不完全一样,但伊利亚德依然努力地给出宗教学者探索"圣显"的方向和方法。他认为,当现代人面临着理性语言所带来的各种矛盾时,前文所述的启示、象征和选择便是"圣显"再度跨入现代生活的切入口和路标。

(一)启示。是否存在区别古代人和现代人的概念的技术方法和恒定标准?如果从时间上判定,先祖称为古代人,其子孙(也就是当代的我们)称为现代人。同理,我们较之于后代不也是古代人?虽然从生产技术上看,现代人已经拥有了较之于古代人更为简便高产的能力,但在科技的进化中,谁能声称自己永远掌握了最先进的技术?一方面,一些现代人讥讽古代人的愚昧无知。另一方面,我们又潜移默化地继承了古代人的认知。有人偏执地认为,只有古代人会经历各种神秘的体验,接受神明的直接启示,而事实上,一部分现代人仍然会感受到令科学知识无法解释的神秘现象。如果将直接感受到又无

[①] 杨韶刚:《人性的彰显:人本主义心理学》,山东教育出版社2009年版,第117—118页。

法解释的神秘现象视为启示，那么启示应该会是普遍的、永恒的，毕竟人类的理性和语言终将无法穷尽一切。因此，只要存在新奇、不可知、不易知、有意义等特征的现象，那么在人类理性的穷尽处就会不可避免地迎来启示的指引。在启示中，人们将会摆脱混沌、不可知、无意义、失序等生命状态，由此踏入神灵庇佑的、充满秩序的、富有意义的、永恒的生活境界，至此"圣显"将会不断地绽入人类生活和历史中。

（二）象征。卡西尔认为"我们应该当把人定义为符号的动物（animal symbolicum）"[1]。肯尼斯·伯克也指出"人是使用象征的动物"[2]，同样，伊利亚德的宗教研究中也注意到宗教人的"圣显"充满了象征活动，所以可以简述为"人是象征的动物"。这句话放在现代人的生活中依然不过时。作为一种间接启示，象征通过实物、图像、仪式和符号等象征物揭露"圣显"流入凡俗的路径。虽然没有神灵的直接启示，但是在象征生活中，人们也可以找到超越的精神力量和启迪自身的意义世界，如遗存于伟大的文学和艺术中的奇幻神话、腐朽神韵和稳定图腾。这些退化的图像向现代人展示了精神更新活动中极其重要的出发点，正如伊利亚德所说："最重要的是重新发现整个神话，即使不是神学，也仍然隐藏在当代人最平常的日常生活中。这将取决于他自己是否可以回到源头，并重新发现

---

[1] ［德］恩斯特·卡西尔：《人论》，甘阳译，上海译文出版社2004年版，第37页。

[2] Kenneth Burke, *Language as Symbolic Action: Essay on Life, Literature, and Method*, University of California Press, 1966, p. 3.

第五章 "圣显"理论对中国传统文化的解释及其成就

所有这些褪色的图像和受损的神话的深刻含义。"[1] 这意味着"圣显"依然可以通过人性本具的象征活动二度降生于现代/后现代生活中,参与人们生活意义的构建。

（三）选择。"圣显"标志着主体的选择,标志着主体在历史时空下的边缘性危机。[2] 因此,一次"圣显"不仅体现了主体的意志自由,而且改变了主体的生活方向。现代人在个人危机发生时同样要面临选择,但世俗的选择和神圣启示下的选择存在差别。世俗的选择对主体来说,可以是有价值的,也可以是完全无价值的,而且这种选择通常比较偶然,比如当一个人选择结束自己的生命正是选择了一种无价值的方向；相比之下,神圣的选择则有一种来自宇宙本体论的力量,主体可以从中汲取到源源不断的生命力。自从主体有了这种对生命的体悟,其人生方向便朝向宇宙本体,从此人生获得了超越性的意义。进而人们对于生活的构建也不再是偶然地、零散的,而是具体且整体性的、始终如一的。这也是为什么在正常的宗教教义中,即便对此世再怎样厌恶、失望、贬低和否定,也不会主张通过自杀的方式来超越此生,魂归天国（象征任何宗教中理想的生存模式和生活环境）。基督教认为自杀是对上帝的玷污,佛教认为自杀者死后会下地狱,道教也认为自杀者极难修道成仙……绝大部分宗教都不会教人自杀,甚至明令禁止自杀。在宗教的世界观中,人和世界都是由神所造,所以在超越的视角下,人无权掌握自身命运,甚至生命,其与世界都依赖

---

[1] Mircea Eliade, *Images and Symbol: Studies in Religious Symbolism*, p. 18.
[2] Mircea Eliade, *Images and Symbol: Studies in Religious Symbolism*, p. 34.

于神（圣）而存在。因此，宗教徒与宗教人很少会有虚无感。当他选择在神圣维度下展开生活时，就是在生存和生活的意义危机中选择了富有秩序的、有价值依靠的定向。这种定向可使其拥有充沛的信心与力量立足于世，而不是厌世。因此，"圣显"可以让人们获得超越性的生命定向来辅弼和约束其生活选择。

按照利奥塔（Lyotard）的解释，后现代社会是以计算机产业为基础的社会，知识作为生产力，体现为权力象征，谁掌握了知识，谁就决定了生产力的发展方向。知识成为后现代生活中的"资本"。这种知识中心论的文化正在以计算机、智能设备为载体广泛地渗透到社会各个领域。文化成为一种商品，满足人们的精神需求，而知识也成为一种资本，决定着文化的不同内容。随着各种文化思潮风起云涌，为了适应商品的供求关系，这些文化商品就要不断地变换形式以满足大众消费的需求，因此，一种消解中心、无确定性、无深度感、平面化的后现代艺术和文化应运而生。所谓反者道之动，针对后现代文化的精神主张也会随之而起，人们开始滋生出一种寻求确定性的、中心的、有深度的、立体的文化艺术精神。而这一主张正好贴合"圣显"的基本特征——对于永恒生活的创造性规定，即主体能够创造性地发展对自己生活有超越意义的事物，并将其确定为神圣不变的事物。因此，即便进入了后现代社会，"圣显"也不会消失，反而以另一种形态迫切地呈现在人们面前。

伦尼在《重构伊利亚德》一书中列举了十条理由来论证

第五章
"圣显"理论对中国传统文化的解释及其成就

伊利亚德宗教思想和后现代哲学思想的亲和性（affinities）。[1] 伦尼认为伊利亚德在思想上应该引领了后现代主义的发生，但是伦尼的论证遭到了卡尔·奥尔森（Carl Olson）的质疑。奥尔森将伦尼的十条亲和性论据按照历史论、本体论和知识论三个方面重新归类，指出伊利亚德确实触碰到了若干后现代主义的主题，但这并不必然使他成为后现代主义的先驱或代表，反倒是主张伊利亚德的思想实际上更接近于康德主义。[2] 的确，"圣显"理论在结构似乎更容易偏向康德式的认识论，认为人认识世界的方式总是受制于人自身感官条件的限制，这是因为如果没有身体的限制，或者说人无须通过极易造成理解歧义的语言而直接用意念沟通，"圣显"就不会发生或者不需要发生。更为极致的间接批评则可能来自后现代主义的代表人物之一雅克·德里达，他认为"任何意义都是虚假的，因为没有什么事可以不知道，没有什么东西可以被最终掌控"[3]，这就直接击碎了伊利亚德苦心经营的、由"圣显"建起来的意义世界。

当然，思想家们在面对人类共同的生存的问题时，意见相左，其实并不少见。但是脱离语境而直接批判伊利亚德的思想与后现代主义毫无关联，则不免有失公允。伊利亚德无意讨论未来人的生理演变，而是基于对人类宗教历史的观察，预判从

---

[1] 参见 Bryan S. Rennie, *Reconstructing Eliade: Making Sense of Religion*, pp. 232 – 238。

[2] 参见 Carl Olson, *Mircea Eliade, Postmodernism, and the Problematic Nature of Representational Thinking*, pp. 357 – 385。

[3] Carl Olson, "Mircea Eliade, Postmodernism, and the Problematic Nature of Representational Thinking", *Method and Theory in the Study of Religion*, Vol. 11, No. 4, 1999, p. 364.

古至今人类面临生存和生命困境时,"圣显"总会表现出来某种功能和效用。如果我们承认古人和今人的意识发展具有历史继承性,那么为何我们需要极力否认在面临类似困境时,现代人或后现代人不可能甚至绝不可能汲取古代宗教的思维方式和智慧形式呢?对此,伊利亚德的宗教研究无疑是承认古代智慧形式的有效性,所以"圣显"所揭露的思想与智慧也应该可以继续指导现代和后现代生活。具言之,在以人的理性为主导的现代社会与反对主流方案、单一理性和二元对立以及更反对功能主义和实用主义的后现代社会中,即使人们的生活越来越远离传统社会的灵魂观、神灵观和神性观,逐渐摆脱了神圣支配的世界观,但人们在日常生活中培养的习惯仍然保留着神圣的结构和内容,用来应付不断发展和快速变化的外部世界对内在精神的冲击。

·第三节·
有待进一步探讨的问题

在伊利亚德思想中,"圣显"是由人的认识结构和诠释能力决定的一种普遍宗教现象,故而探索"圣显"在当代生活中的表达情况还需要诠释学理论的支撑。可是,伊利亚德将"圣显"转向宗教现象学的诠释学后,便没有为"圣显"提供更多的诠释学内容,这一点他已在波士顿学院讲座时有所承认。[①] 在日记

[①] 参见 John D. Dadosky, *The Structure of Religious Knowing: Encountering the Sacred in Eliade and Lonergan*, pp. 1–2。

第五章
"圣显"理论对中国传统文化的解释及其成就

中,他承认:"在我的著作中,我试图阐述这种诠释;但是我已经根据材料进行了实际说明。现在还需要我或者其他人来系统化这种诠释。"① 正是出于"圣显"理论有待继续发展和充实的可能性,才有了后来学者用荣格心理学、洛内甘的意识理论和福柯的"异托邦"学说等来补充"圣显"理论的必要和理论实践。这就导致关于"圣显"理论的实际运用会面临着许多挑战,故下文欲探讨"圣显"可能会遇到的问题与相关的质疑,并究其因而应之。

一 不同"圣显"系统的价值冲突

当宗教人认同"圣显"的真实性及其开示的价值观念时,他们就会遵循"圣显"的启示而构建有意义的宗教性生活,或者以"圣显"为中心升华其世俗生活,比如以承载对亲人深沉记忆的遗物为中心布局自己的房屋或者中国古代家族祠堂设置在宗室的中心位置。对信仰者或宗教人而言,"圣显"已经成为一种生存和生活方式。具有共同信仰的成员会以"圣显"为核心,展开相应的仪式活动,并制定禁忌规范来区分神圣与世俗。每一种宗教都有属于自身的独特的"圣显"系统。在常见宗教中,佛教有关于丛林、殿堂、传戒、度牒、清规、课诵、俗讲、浴佛、行像、赞呗、水陆法会、忏法、盂兰盆会、焰口等方面具体详细的仪轨制度;道教也有关于身、心、灵、命方面的服药、练气、导引、炼丹、功德等修仙规范;基督教同样有圣礼、礼拜、弥撒以及偶像崇拜的禁忌;等

---

① Mircea Eliade, *Journal II, 1957–1969*, p. 313.

等。而在交往过程中,一神论的宗教(比如基督教)会认为,佛教、道教充满了偶像崇拜,甚至在同一宗教不同教派也会产生认识冲突。为什么会出现宗教内外关于争夺信徒和领地的冲突、宗教与世俗之间的观念冲突,这些冲突在伊利亚德的"圣显"理论中又应该如何看待与解决呢?

每一种宗教都有自身所认定的"圣显"。不同的"圣显"构建了信仰者或宗教人不同的精神世界和生活方式,所以每种或每次"圣显"都相应地拥有或占有不同的信仰者。并且在他们心中成为赖以生存的生命本源和价值源泉,也是绝对唯一的真理,正如基督徒在生活中遇到任何困难或做出任何重大决定都会聆听上帝的启示或者遵循上帝的话语——《圣经》。对基督徒而言,《圣经》无疑是不言自明的唯一真理,而《古兰经》对穆斯林来说也是不可违背的神圣意志与永恒不变的真理。然而当这两套真理对同一世俗领域表达旨意时,基督徒与穆斯林如何面对"圣显"价值的唯一性和绝对性?他们各自会不会都借助神圣之名通过消灭肉体来铲除信仰,从而捍卫自我心中"圣显"的真实性和唯一性呢?毕竟每一种宗教信仰者都认为自己所仰仗的"圣显"系统才是真理。

对于这一问题,"圣显"理论显然缺少有效的解决力和改善冲突的行动力。因为伊利亚德宗教研究仅仅从不同的宗教现象、宗教行为、宗教观念中找出相同的结构——"圣显",是一种中立的客观描述,并不尝试从客观描述的结构中推导不同宗教或教派的价值优劣。即便伊利亚德曾经在语词上对"圣显"进行过级别分类(如"高级圣显""基础圣显"),那也只不过为了迎合普通读者进化论的惯性思维。而事实上,其本

第五章 "圣显"理论对中国传统文化的解释及其成就

人拒斥进化论的态度极为坚决。[①] 换言之，虽然"圣显"作为伊利亚德解释宗教现象效用显著的理论工具，但其带来的各宗教体系与各信仰体系之间的价值序列与价值冲突的问题却是"圣显"理论无法回避的现实。就纯粹的理论而言，作为宗教现象学的概念，"圣显"本身可以无涉价值判断，仅对所有的宗教现象做客观的描述。但如果一定要找出不同价值序列的"圣显"造成宗教冲突的原因，那么由于任何宗教的"圣显"都是由人的意识结构和诠释能力所决定的，所以不同宗教的冲突实质上是人选择性理解的结果，而人选择性的理解又深受其所处的经济、政治、文化和自我价值观念的影响。

在现代生活中，由于人的认知方式和诠释能力不完全相同，"圣显"在现代生活中的表达也就更加个性、随机。但这种个性化、随机化、境遇化的表达也很可能会暴露价值观上的冲突。"圣显"理论可以解释、分析这种冲突产生的原因，并向我们揭示：如果要化解不同"圣显"的冲突，那么则可以从改变文化认同和经济基础，转变意识形态等途径，寻找新的、可替代的"圣显"，同时这也意味着将是一项漫长的神圣改造工程。

二 彻底的宗教性问题

伊利亚德提到人类的宗教史由无数的"圣显"组成，所以"圣显"近似于宗教。若有人发生了"圣显"，那么其人至少可以在此刻获得了宗教性，成为宗教人，甚至过上宗教性生

---

① 相关内容可参见本书"前言"第二节第一点。

活。在伊利亚德理论中,"圣显"是人先天的意识结构,所以每个人都是潜在的宗教人,具有宗教人的特质。察觉到"圣显"的人已然成了宗教人,而没有察觉到"圣显"的人则依然是潜在的宗教人。对于潜在的宗教人而言,"圣显"是伪装着的、等待被发现的状态。所以由上述条件可以推出这样的结论:人类的历史始终是"圣显"的历史,也是宗教的历史。当人类先民在混沌的宇宙中找到了定向,选择了秩序和神圣的一方时,人类世界自此便永恒地矗立于神圣意义的根基之上。不仅先民最初的选择是神圣事件,而且连后人生存的时空和历史也因此带有神圣性。在近代历史事件中,我们仍然可以发现这一"原型"的身影:

> 西班牙和葡萄牙的殖民地征服者,以耶稣基督之名占领了他们所发现并征服的领土。十字架的竖立,便相当于祝圣了这个国家,使这块领土具有某种"新生命"。因为透过基督,"旧的已成为过去,一切都成了新的"。藉著十字架,这新发现的领土被"更新",并"重新受造"。①

西班牙和葡萄牙征服处女地的情节象征着先民发现了混沌未知的世界,征服者竖立十字架象征初人在混沌世界中确立定点,新领土以耶稣之名被更新,象征着人类生存的世界将一直受到神圣的祝福。从伊利亚德的视角来看,人类社会的建立就是一场神圣事件,人类的历史始终是"圣显"的历史,无

---

① [美]米尔恰·伊利亚德:《圣与俗:自然宗教的本质》,第82页。

第五章
"圣显"理论对中国传统文化的解释及其成就

论承认与否,人类历史和生存环境自先祖时就已烙上了宗教的印记。进一步讲,我们的已知世界之所以是"我们的"世界,是因为祖先已经重新创造、祝圣了它,因而现在生活的土地、自然和宇宙中的一草一木、一花一世界都是"圣显"的展开。也就是说,我们正处于"圣显"的世界中,正经历的每一件事、所见的每一种物都可能成为"圣显"。但这样一来,"圣显"理论就可能遭到"圣显"泛化的指责,进而陷入彻底宗教性的诘难中。

然而我们为什么要担忧"圣显"泛化呢?"圣显"泛化真的可以被视为彻底宗教性吗?在读完伊利亚德的著作后,我们基本上会有这样一种感受——伊利亚德似乎在利用"圣显"理论为泛神论或者偶像崇拜做辩护,所以有人才会担心"圣显"将重回泛神论或者偶像崇拜的老路。而伊利亚德在《范型》中对这一疑惑作了解释:

> 显然,这并不是我们所理解的那种"泛神论",我们可以称之为"泛本体论(panontism)"。在布洛瓦看来,基督就像印度传统的自我——大梵一样,可以存在于一切有(is),或者说一切以绝对方式存在的事物,正如我常常证明的那样,在远古时代的本体论中,真实(real)主要等同于"力量""生命"、丰产、富足,但是也等同于一切生疏的或者独特的事物,换言之,等同于一切充分存在或者表现一种特别的存在模式的事物。神圣首先就是真实。一个人的宗教性越强,就越真实,就越能摆脱无意义变化的非真实性。因此,人类倾向于"祝圣"他的生活。神

显（圣显）祝圣宇宙；仪式祝圣生命。这种祝圣可以通过一种间接的方式，通过将生命本身转变成为一种仪式而发生作用。①

从伊利亚德的解释可以看出，他并不认为"圣显"泛化就是泛神论。泛神论是"解释上帝与世界关系的一种理论，其基本特征是主张神即自然界，神存在于自然界一切事物中，不存在什么超自然的主宰或力量"②。"圣显"泛化则是伊利亚德指出的"泛本体论"，也就是说每一种能够证明人类真实存在的模式都有其终极本体的依据，它却不是神灵或者超自然力，而是能够给人的生存带来意义、真实、力量、生命的本体，或者意义、真实、力量、生命的本身就是人类真实存在的终极依据。因此，无需借助神灵，人也可以从不同的信仰对象、行为活动、生活方式乃至心理感受中找到其认可的"圣显"。因为"圣显"是人类意识结构下的意义世界③，只要人们觉得某事物对其有意义，能够让其感受到价值和真实性，那么该事物就可以成为属于他/她的"圣显"。因此，"圣显"泛化如果只是提醒人不断追求自我突破、寻找生存的意义现象，那么我们就无须担忧"圣显"会回到泛神论或偶像崇拜的论调上。

既然"圣显"不太可能会成为泛神论，还会引起彻底宗

---

① ［美］米尔恰·伊利亚德：《神圣的存在：比较宗教的范型》，第429—430页。
② 冯契主编，金炳华修订：《哲学大辞典》（修订本），第341页。
③ 相关内容参见本书第三章第三节。

第五章 "圣显"理论对中国传统文化的解释及其成就

教性的问题吗？这一假设成立的前提在于"圣显"取代宗教。之所以认为"圣显"会取代"宗教"，是因为"圣显"源于伊利亚德对于宗教现象的描述以及定义宗教的核心概念。如果说"圣显"是宗教现象的标志，且宇宙万事万物都可能成为"圣显"，那么就意味着任何事物都可以具备超越性。这便是"圣显"可能会引起彻底宗教性的由来。

若想消除这类误解，那么可以从两方面展开：第一，从相对性而言，当任何事物都具有宗教性时，其实也就不具有宗教性了。因为"圣显"的特征是"圣俗二分"，神圣和世俗是对立又共存的关系，有了世俗的标准才会有神圣，有了俗显才会产生圣显，正所谓"有无相生，难易相成，长短相形，高下相倾，音声相和，前后相随"。如果一切事物都是"圣显"，就无所谓"圣俗二分"的界限，那么"圣显"也就不复存在了。同理，事物的宗教性和非宗教性亦是相互衬托的，所有事物都具有宗教性，那它们也就不具有宗教性了，反之亦然。因此，"圣显"理论若指人类的所有行为活动都会成为"圣显"，那么该理论最终将解构自身，更遑论彻底的宗教性。第二，"宗教"一词没有约定俗成的定义。宗教为何、何为宗教的问题一直在困扰着宗教学家。虽然"圣显"几乎见于所有的宗教现象，但它本身不是宗教，而只是反映宗教现象的共同点。这种特点还被伊利亚德推到了人类的固有属性中，使得神圣（圣显）成为人类学常数。"圣显"不等于宗教的观点，就连伊利亚德的批评者乔纳森·史密斯也承认："'圣显'是变形了的神圣性的显现，伊利亚德却在略显滑稽的段落中（参见《范型》第一章第四节）将各种各样的事物都称之为'圣显'，这显然是徒劳的；因为他几乎将宗教学指向了对一切事物的研究，我们有什么能力将所有的对象和活动都定义为'宗教'？"[1] 所以史密斯的观点是"圣显"只是变了形的"神圣性"，不能仅靠"圣显"来定义"宗教"，不然宗教学的研究对象就会变得无限广阔。如果"圣显"不完全等同于"宗教"，自然也就不会陷入彻底宗教性的指责。但如果"圣显"不能等同于"宗教"，那么伊利亚德的思想体系也将被严厉拷问，如"什么是宗教？""宗教的核心是什么？""伊利亚德难道不是在研究宗教吗？"等一系列问题将会再次摆在台前等待宗教学者们去思考。[2]

---

[1] Jonathan Z. Smith, "Acknowledgments: Morphology and History in Mircea Eliade's 'Patterns in ComparativeReligion' (1949 - 1999), Part 2: The Texture of the Work", *History of Religions*, Vol. 39, No. 4, pp. 333 - 334.

[2] Jonathan Z. Smith, "Acknowledgments: Morphology and History in Mircea Eliade's 'Patterns in Comparative Religion' (1949 - 1999), Part 2: The Texture of the Work", pp. 334 - 335.

结语

▼

在基督教神学依旧控制宗教学话语的西方学界，伊利亚德的"圣显"理论从提出、传播到被人接受的过程实属不易。在某种程度上，伊利亚德对于神圣的解释与基督教的理念背道而驰，因为在他看来，宇宙万事万物均可成为"圣显"，每一种"圣显"都是在各自本体上的显现，并且"圣显"未必需要一个绝对唯一的至上神的指引。因此，"圣显"理论一度遭到基督教神学家们的激烈批评。虽然也有部分神学家和研究者认同伊利亚德在比较宗教学的视阈下创造性地提出本体论意义上的"圣显"，但他们终究还是主张"圣显"源于基督教的"主显"，其终极指向必是上帝，依旧难逃维护基督教立场。然而，当仔细梳理伊利亚德提出"圣显"理论前后的人生经历，我们就会发现"圣显"的表达对象丰富多样，并非只是在基督教的背景下才得来的灵感。根据伊利亚德重要的人生经历及其著作内容，我们认为"圣显"理论源于：（1）宗教现象学，"圣显"是从意识结构上蕴含着主体理解和洞察的"神圣主动地自我显现";(2)罗马尼亚的独特文化,罗马尼亚东正教和民间传奇为伊利亚德观察令人敬畏的神圣事物提供了有力的素材;(3)瑜伽,瑜伽让伊利亚德有机会通过沉思、冥想的方式亲身感受东方文化中人与宇宙合二为一的神秘体验。正是修习瑜伽让伊利亚德获得了有关"圣显"的明悟。因此,"圣显"的适用范围摆脱了专指上帝显现的狭窄领域,也就无法认同"圣显"只能在基督教背景下才能被理解的独断论,此为本书结论之一。

不仅如此,我们还从"圣显"的词源上发现这个具有希腊风格的组合词实际上是指一切神圣事物的显现,契合了伊利亚德对于"圣显"范围的强调——"一切事物均可以成为圣显"。但"一切神圣事物"这样宽泛的抽象概念在具体运用时,常常使人误以为"圣显"就是形容具有神圣属性的事物,如名山大川、神石巨木或者宗教仪式中的服饰、法器、场所等。虽然"圣显"可以表示空间上具有广延性的静态存在物,但它不能清楚地解释神圣发生的效力及如何显现的问题。该问题的答案需要回到形成"圣显"理论的宗教现象学中去寻找。当我们把"圣显"置于宗教现象学的框架后,便能解释"圣显"的特点、存在条件及存在方式。具言之,"圣显"普遍地具有圣俗二分的矛盾性,这被伊利亚德表达为圣俗的"对立冥合"。但它不是简单地指不同属性的"对立统一",也不是指从神圣到世俗,再由世俗入神圣的宗教史观,而是截然不同的两种属性总是朝着神圣且超越的方向迈进。而推动"静态"变"动态""凡俗"变"神圣"的原因在于"神圣(圣显)辩证法"。"神圣(圣显)辩证法"是"圣显"的本质属性,

结语

它总是将人的意识朝神圣的方向转化,并主动地赋予世俗事物以神圣属性和超越意义。在"神圣(圣显)辩证法"的作用下,"圣显"呈现出动态的、超越的特点,通过象征和符号的方式出现在表象的世界,又寄托于想象的世界。由于象征的隐晦性,还需要特殊的诠释语言,即为了主体的认知和实践,以自我合理化的解释性语言将"圣显"的意义呈现出来。至此,可以得出这样的结论:"圣显"的前提是主体具有诠释神圣、意义与价值的前反思语言能力;"圣显"发生的原因在于人本能地渴望秩序、安全、圣洁、纯净的意义世界,而这种意义世界能够让人体验到自身与宇宙万物的紧密联系,在感受到生机勃勃的宇宙同时,则会为短暂的灵性生命带来永恒的动力和信心,自此,进出于"双向门"——神圣向主体显现("圣显")与意识揭露出神圣("显圣")的宗教人就不再是独立的、封闭的、破碎的个体,而是向宇宙开放的、融入神圣世界的一分子。此为本书结论之二。

由于伊利亚德认为"圣显"是人类固有的意识结构,认识主体又总是有意无意地渴望超越性和神圣性,使主体不可避免地根据自身的经历赋予"圣显"多姿多彩的含义,所以出于这种寻找生存意义的先天的意识本能和禀赋,人们实际上一直生活在寻找"圣显"、建构"圣显"、感受"圣显"的人生旅途中。神圣从未远离了人们,只不过是人们很少察觉,或者是隐蔽在现代生活中的某些角落。但现代人和古代"宗教人"一样,都在奔着自己认定的有意义、有价值、有动力的目标前进。人类和"圣显"的关系好比生活在水里的鱼。鱼整日生活在水中,感受不到水的存在,可一旦离开水后又无法独活。

我们也一直生活在古人遗留下来的文化传统中，在行为表现上有：新年庆典、乔迁之礼、婚礼仪式等；在思想继承上有：思考宇宙的存在、人生真谛、幻想时光穿梭等；在情感表达上有：渴望超越、惧怕孤独、对未知者的敬畏等。虽然在 21 世纪的今天，系统神学正在衰落，整个世界也都处于世俗化的浪潮中，但是根据伊利亚德的"圣显"理论，我们完全可以保持足够的乐观，不必过于担心世俗化的进程会使我们离开神圣超越的意义世界，因为我们无时无刻不在生活中模拟"圣显"。此为本书结论之三。

"圣显"固有的认识结构和灵活的诠释能力不仅意味着"圣显"方式的多样性、"圣显"内容的丰富性，同时也意味着"圣显"价值的多元性。因而它还告诉我们在实际生活中，价值取向的不同、"朝圣"方式的不同都可能会造成伦理上的冲突。在此绝非指"圣显"造成了这一系列的矛盾，而是说"圣显"理论作为比较宗教学视阈下的产物，为人类普遍的、相似性的现象起到解释说明的作用，解释了为什么一些人会这样选择，另一些人会那样行动的原因。如果我们能够掌握"圣显"的原理，那么就可以"扭转乾坤"，用新的"圣显"革旧的观念，进而导向符合时代价值的轨道上，重新建立符合整体生存和恒久发展的意义世界。此为本书结论之四。

根据以上结论，可以提供一个操作性的"圣显"定义："圣显"即在主体（宗教人）向往生存秩序和期许生命意义的意向性活动中涌现神圣性的事物、行为和现象。故而只要这种期许和向往存在，那么"圣显"就会成为主体天然认识这个世界以及与此交往的结构。而伊利亚德提出"圣显"的概念

结语

有内、外两个方面的原因。就外因而言，经历过两次世界大战的西方世界，传统神学的权威性和约束力日渐式微。在传统信仰普遍缺失的现当代社会中，世俗化现象越来越普遍，人们广泛地运用各种世俗化手段（如消费）肆意宣泄内心的恐惧、快乐、不安、焦虑的情绪。任何有着圣洁和神圣感的人都会对生活日渐世俗化的趋势感到挫败与沮丧。有鉴于此，20世纪宗教神学最显著的发展方向之一便是超越具体的宗教形式，坚持信仰（faith）的普遍性。当代神学家们，如巴特、布尔特曼都认为信仰应该成为宗教生活中最强具力量的表达。然而，尽管神学家们努力挽回宗教的原有地位，但效果并不显著。伊利亚德和其他东方学研究者已经预见到恢复神学建设的不可能性，因而从世俗化现象中提取了"圣显"理论——神圣来自世俗，世俗生活中的许多事物、行为和现象其实都或直接或间接地与远古宗教的原型发生或浅或深的联系，如饮食、游戏、情爱等。在宗教原型的加持下，日常生活不再只是世俗的，也不是自然主义的物质运动，更不是随机偶然、无序混乱的，而是充满神圣意味的、秩序井然的、有超越意义的。这种由宗教性绽显于世俗生活的思想，便是伊利亚德"圣显"理论遵循的。因此，"圣显"所表达的只不过是由普遍的神圣（由宗教历史而悬设的本体）而不是由上帝信仰来重建人们的精神家园。但可惜的是，由于"圣显"不考虑价值序列的问题，所以不同主体认定的"圣显"不同，表达方式也不同，因而注定无法通过构建"圣显"意义世界来保证世俗世界获得统一的秩序与毫无摩擦的价值交往。

就内因而言，伊利亚德发现古今中外许多重要的历史都有宗教参与的身影，没有哪一个国家不受宗教文化的熏陶，人类历史始终与宗教相辅相成，所以宗教是观察人类历史活动不可或缺的维度。但伊利亚德作为一名客观中立的研究人员，其职责在于从所有宗教现象中找到普遍性，进而揭示人类生存中宗教特性的秘密和事实基础。伊利亚德认为神圣是所有宗教现象的核心，在人意识结构和诠释能力的加工下，神圣向人们显现出其真实性和超越性。由于神圣无法以确定性的方式被认识，但"圣显"又实实在在地出现在人类的历史进程中，成为伊利亚德观察宗教和人类社会历史的工具。可是，伊利亚德并不想只停留于客观的观察和叙述，而要揭示人之为人以及人之为新人的秘密。因此，"圣显"理论早已超越对典型宗教的解释，其解释空间扩张到任何具有超越结构的事实现象中，而这种超越性彰显了人们对现实生活的否定，表达了不断自我突破和创新的渴望，最终汇集于人们寻求意义世界的意图与行为中，于是对这种超越性极富表现力的"圣显"无疑不是人类渴望意义世界之本能的凝聚。

无论人文学者如何强调人的价值和意义，但在实际的社会发展中依然存在着人的价值、地位和意义被忽略的现象。当社会生存的压力愈加沉重，打工人、内卷、躺平等充满调侃和自嘲的网络流行词在戏谑中透露出无尽辛酸。一些备受折磨的抑郁者最终走向自毁自杀之路，其理由也不过是一句"活着也没有什么意思"，而此时结束生命、终结意识就变成了生命意识为其自身所作的一种背叛式超越。有鉴于此，"圣显"思想给人的启示可能会是人完全可能在世俗中显现神圣，在平凡中超越，并在这段追寻神圣的时空旅途中，人不再只是生物学上的自然人,也不是社会学里的工具人,也不是哲学中的主体,而是生活在神圣中的人,成为参与神圣创造("圣显")与创造神圣("显圣")的人。如果说宇宙是一个巨大的"圣显",那么理解和融入这份"圣显"的只能是人,是创造性的生命意志。与其说宇宙下的万事万物皆可"圣显",毋宁说人正是"圣显"本身。因此,伊利亚德提出"圣显"并不是为人们拣回一副神圣的枷锁,而为人的生活插上神圣的翅膀,让其飞得更高更远。

参考文献

一 伊利亚德著述
(一) 伊利亚德著作（按出版年份整理）
1. 学术著作

Mircea Eliade, *A History of Religious Ideas I: From the Stone Age to the Eleusinian Mysteries*, trans., W. R. Trask, Chicago: The University of Chicago Press, 1978.

Mircea Eliade, *A History of Religious Ideas II: From Gautama Buddha to the Triumph of Christianity*, trans., W. R. Trask, Chicago: The University of Chicago Press, 1982.

Mircea Eliade, *A History of Religious Ideas III: From Muhammad to the Age of the Reforms*, trans., Alf Hiltebeitel and Diane Apostolos-Cappadona, Chicago and London: The University of Chicago, 1985.

Mircea Eliade and Joseph M. Kitagawa, *The History of Religions:*

参考文献

Essays in Methodology, Chicago: University of Chicago Press, 1959.

Mircea Eliade, *Australian Religions: An Introduction*, London: Cornell University, 1973.

Mircea Eliade, *Birth and Rebirth: The Religious Meanings Of Initiation in Human Culture*, trans., W. R. Trask, New York: Harper & Brothers Publishers, 1958.

Mircea Eliade, *Cosmos and History: The Myth of the Eternal Return*, trans., W. R. Trask, New York: Harper Torchbooks, 1959.

Mircea Eliade, *Cultural Fashions and History of Religions*, Middletown: Wesleyan University, 1967.

Mircea Eliade, *Death, Afterlife, and Eschatology*, New York: Harper and Row, 1974.

Mircea Eliade, *Fragmentarium*, Bucharest: Vremea, 1939.

Mircea Eliade, *From Medicine Men to Muhammad*, New York: Harper and Row, 1974.

Mircea Eliade, *From Primitives to Zen: A Sourcebook in Comparative Religion*, New York: Harper & Row, 1967.

Mircea Eliade, *Gods, Goddesses, and Myths of Creation*, New York: Harper and Row, 1974.

Mircea Eliade, *Images and Symbols: Studies in Religious Symbolism*, trans., Philip Mairet, London: Harvill Press, 1961.

Mircea Eliade, *India*, Bucharest: Cugetarea, 1934.

Mircea Eliade, *Man and the Sacred*, New York: Harper and Row,

1974.

Mircea Eliade, *Myth and Reality*, trans., W. R. Trask, New York: Harper and Row, 1963.

Mircea Eliade, *Myth, Dreams and Mysteries: The Encounter between Contemporary Faiths and Archaic Realities*, trans., Philip Mairet, New York: Harper&Row, Incorporated, 1967.

Mircea Eliade, *Occultism, Witchcraft, and Cultural Fashions: Essays in Comparative Religions*, Chicago and London: University of Chicago Press, 1976.

Mircea Eliade, *Oceanografie*. Bucharest: Cugetarea, 1934.

Mircea Eliade, *Patanjali and Yoga*, trans., C. L. Markmann, New York: Funk and Wagnalls, 1969.

Mircea Eliade, *Patterns in Comparative Religion*, trans., Rosemary Sheed, London: Sheed and Ward, 1958.

Mircea Eliade, *Rites and Symbols of Initiation: the Mysteries of Birth and Rebirth*, New York: Harper & Row Publishers Inc., 1975.

Mircea Eliade, *Shamanism: Archaic Techniques of Ecstasy*, Foreword by Wendy Doniger, Princeton: Princeton University Press, 2004.

Mircea Eliade, *Shamanism: Archaic Techniques of Ecstasy*, trans., W. R. Trask, London: Arkana, 1989.

Mircea Eliade, *Soliloquii*. Bucharest: Carte cu Semne Cugetarea, 1932.

Mircea Eliade, *Technici Yoga*, București: univers enciclopedic, 2000.

Mircea Eliade, *The Forge and the Crucible* (second edition), trans., Stephen Corrin, Chicago and London: The University of Chicago Press, 1978.

Mircea Eliade, *The Quest: History and Meaning in Religion*, Chicago and London: The University of Chicago Press, 1969.

Mircea Eliade, *The Sacred and the Profane: The Nature of Religion*, trans., W. R. Trask, London: Harcourt Brace Jovanovich, 1959.

Mircea Eliade, *Yoga: Immortality and Freedom*, trans., W. R. Trask, London and New York: Routledge and Kegan Paul, 1958.

Mircea Eliade, *Zalmoxis, the Vanishing God: Comparative Studies in the Religions and Folklore of Dacia and Eastern Europe*, trans., W. R. Trask, Chicago: The University of Chicago Press, 1972.

Mircea Eliad, *Myths, Rites, Symbols: A Mircea Eliade Reader*, edited by W. C. Beane and W. G. Doty, New York: Harper and Row, 1976.

2. 文学作品

Mircea Eliade and Mihai Niculescu, *Fantastic Tales*, trans., Eric Tappe, London: Dillons, 1969.

Mircea Eliade, *Bengal Nights*, trans., Catherine Spencer, Chicago: University of Chicago Press, 1994.

Mircea Eliade, *Diary of a Short-Sighted Adolescent*, trans., Christopher Moncrieff, London: Istros Books, 2016.

Mircea Eliade, *Isabel şi apele Diavolului*, Bucharest: Naţională Ciornei, 1930.

Mircea Eliade, *Mystic Stories*, Bucharest: East European Monographs, 1992.

Mircea Eliade, *Tales of the Sacred and Supernatural*, trans., William Ames Coates, Philadelphia: Westminster Press, 1981.

Mircea Eliade, *The Forbidden Forest*, trans., M. L. Ricketts and Mary Park Stevenson, Notre Dame: University of Notre Dame Press, 1978.

Mircea Eliade, *The Old man and The Bureaucrats*, trans., Mary Park Stevenson, Notre Dame and London: University of Notre Dame Press, 1979.

Mircea Eliade, *The Two and the One*, London: Harvill Press, 1965.

Mircea Eliade, *Two Strange Tales*, Boston and London: Shambala, 1986.

Mircea Eliade, *Two Tales of the Occult*, trans., W. A. Coates, New York: Herder and Herder, 1970.

Mircea Eliade, *Youth Without Youth*, trans., Mac Linscott Ricketts, Columbus: Ohio State University Press, 1988.

3. 回忆录

Mircea Eliade, *Journal I, 1945 – 1955*, trans., Mac Linscott Ricketts, Chicago: University of Chicago Press, 1990.

Mircea Eliade, *Journal II, 1957 – 1969*, trans., Fred H. Johnson Jr., Chicago: University of Chicago Press, 1989.

Mircea Eliade, *Journal III, 1970 – 1978*, trans., Tersa Lavender Fagan, Chicago: University of Chicago Press, 1989.

参考文献

Mircea Eliade, *Journal IV, 1979 - 1985*, trans. , Mac Linscott Ricketts, Chicago: University of Chicago Press, 1990.

Mircea Eliade, *Autobiography Vol. I: 1907 - 1937, Journey East, Journey West*, trans. , Mac Linscott Ricketts, San Francisco: Harper & Row, 1981.

Mircea Eliade, *Autobiography Vol. II: 1937 - 1960, Exile's Odyssey*, trans. , Mac Linscott Ricketts, Chicago: University of Chicago Press, 1988.

Mircea Eliade, *Ordeal by Labyrinth: Conversations with Claude-Henri Rocquet*, trans. , Derek Coltman, Chicago: University of Chicago Press, 1982.

Mircea Eliade, *The Portugal Journal*, trans. , Mac Linscott Ricketts, Albany: State University of New York, 2010.

（二）伊利亚德的文章

Mircea Eliade, "Shamanism", in V. Ferm ed. , *Forgotten Religions*, New York: Philosophical Library, 1949.

Mircea Eliade, "Witches, Demons and fertility Magic. Analysis of their significance and mutual relations in west-european folk Religion (《Societas ScientiarumFennica, Commentationes Humanarum Litterarum》, XIV, 4) by Arne Runeberg", *Revue de l'histoire des religions*, Vol. 136, No. 1, 1949.

Mircea Eliade, "Shamanism and India Yoga Techniques", in P. A. Sorokin ed. , *Forms and Techniques of Altruistic and Spiritual Growth*, Boston: Beacon Press, 1954.

Mircea Eliade, "Psychology and Comparative Religion: A Study of the Symbolism of the Centre", in C. Hastings and D. Nicholl ed. , *Selection*, New York and London: Sheed and Ward, 1954.

Mircea Eliade, "The Problem of the Origins of Yoga", in P. A. Sorokin ed. , *Forms and Techniques of Altruistic and Spiritual Growth*, Boston: Beacon Press, 1954.

Mircea Eliade, "Smiths, Shamans And Mystagogues", *East and West*, Vol. 6, No. 3, 1955.

Mircea Eliade, "Time and Eternity in India Thought", in J. Campbell ed. , *Man and Time*, New York: Patheon Books, 1957.

Mircea Eliade, "The Yearning for Paradise in Primitive Tradition", *Daedalus*, Vol. 88, No. 2, 1959.

Mircea Eliade, "Spiritual Thread, Sūtrātman, Catena Aurea", Paideuma: Mitteilungen zur Kulturkunde, Bd. 7, H. 4/6, 1960.

Mircea Eliade, "Structures and Changes in the History of Religion", in Carl Kraeling and Robert Adams eds. , *City Invincible*, Chicago: University of Chicago Press, 1960.

Mircea Eliade, "The Structure of Religious Symbolism", *Proceedings of the IXth International Congress for the History of Religions*, Tokyo: Maruzen, 1960.

Mircea Eliade, "Recent Works on Shamanism: A Review Article", *History of Religions*, Vol. 1, No. 1, 1961.

Mircea Eliade, "History of Religions and a New Humanism", *History of Religions*, Vol. 1, No. 1, 1961.

Mircea Eliade, "The Myths of the Modern World", *Jubilee*,

Vol. 8, 1961.

Mircea Eliade, "Two Spiritual Traditions in Rumania", *Arena*, Vol. 11, 1963.

Mircea Eliade, "Survivals and Camouflages of Myths", *Diogenes*, Vol. 41, 1963.

Mircea Eliade, "Yoga and Modern Philosophy", *The Journal of General Education*, Vol. 15, No. 2, 1963.

Mircea Eliade, "Mythologies of Memory and Forgetting", *History of Religions*, Vol. 2, No. 2, 1963.

Mircea Eliade, "The Quest for the 'Origins' of Religion", *History of Religions*, Vol. 4, No. 1, 1964.

Mircea Eliade and Harry B. Partin, "Crisis and Renewal in History of Religion", *History of Religions*, Vol. 5, No. 1, 1965.

Mircea Eliade, "Australian Religions: An Introduction. Part Ⅰ", *History of Religions*, Vol. 6, No. 2, 1966.

Mircea Eliade, "Australian Religions: An Introduction. Part Ⅱ", *History of Religions*, Vol. 6, No. 3, 1967.

Mircea Eliade, "Cosmogonic Myth and 'Sacred History'", *Religious Studies*, Vol. 2, 1967.

Mircea Eliade, "Australian Religions. Part Ⅲ: Initiation Rites and Secret Cults", *History of Religions*, Vol. 7, No. 1, 1967.

Mircea Eliade, "Cultural Fashion and the History of Religions", in J. M. Kitagawa eds., *The History of Religions: Essays on the Problem of Understanding*, Chicago: University of Chicago Press, 1967.

Mircea Eliade, "Australian Religions. Part IV: The Medicine Men and Their Supernatural Models", *History of Religions*, Vol. 7, No. 2, 1967.

Mircea Eliade, "Australian Religions. Part V: Death, Eschatology, and Some Conclusions", *History of Religions*, Vol. 7, No. 3, 1968.

Mircea Eliade, "The Forge and the Crucible: A Postscript", *History of Religions*, Vol. 8, No. 1, 1968.

Mircea Eliade, "South American High Gods. Part I", *History of Religions*, Vol. 8, No. 4, 1969.

Mircea Eliade, "Notes for a Dialogue", in J. B. Cobb ed. , *The Theology of T. J. J. Altizer: Critique and Response*, Pheladelphia: Westminster Press, 1970.

Mircea Eliade, "The Meaning of Myth", in R. Cavendish ed. , *Man, Myth and Magic: An Illustrated Encyclopedia of the Supernatural*, London: Purnell, 1970.

Mircea Eliade, "South American High Gods. Part II", *History of Religions*, Vol. 10, No. 3, 1971.

Mircea Eliade, "Spirit, Light, and Seed", *History of Religions*, Vol. 11, No. 1, 1971.

Mircea Eliade and W. R. Trask, "Zalmoxis", *History of Religions*, Vol. 11, No. 3, 1972.

Mircea Eliade, "The Sacred in the Secular World", *Cultural Hermeneutics*, Vol. 1, 1973.

Mircea Eliade, "With the Gypsy Girls", *Denver Review*, Vol. 8,

No. 2, 1973.

Mircea Eliade, "Occultism and Freemasonry in Eighteenth-Century Europe", *History of Religions*, Vol. 13, No. 1, 1973.

Mircea Eliade, "The Comparative Study of Religions", in C. D. Kernig ed., *Marxism, Communism and Western Society*, New York: Herder and Herder, 1973.

Mircea Eliade, "The Dragon and the Shaman. Notes on a South American Mythology ", in E. J. Sharpe and J. R. Hinnells eds., *Man and his Salvation*, Manchester: Manchester University Press, 1973.

Mircea Eliade, "On the Terror of History", in H. P. Simonson and J. B. Magee eds., *Dimensions of Man*, New York: Harper and Row, 1973.

Mircea Eliade, "On Prehistoric Religions", *History of Religions*, Vol. 14, No. 2, 1974.

Mircea Eliade, "Some Observations on European Witchcraft", *History of Religions*, Vol. 14, No. 3, 1975.

Mircea Eliade, "Mythologies of Death: An Introduction", in F. E. Reynolds and E. H. Waugh eds., *Religious Encounters with Death: Insights from the History and Anthropology of Religions*, University Park: Pennsylvania State University Press, 1977.

Mircea Eliade, "Literary Imagination and Religious Structure", *Criterion*, Vol. 17, No. 2, 1978.

Mircea Eliade, "Speculum Spinozanum: 1677 – 1977 by Siegfried Hessing", *The Journal of Religion*, Vol. 59, No. 4, 1979.

Mircea Eliade, "Some Notes on 'Theosophia Perennis': Ananda K. Coomaraswamy and Henry Corbin Coomaraswamy by Roger Lipsey", *History of Religions*, Vol. 19, No. 2, 1979.

Mircea Eliade, "History of Religions and 'Popular' Cultures", *History of Religions*, Vol. 20, No. 1/2, Twentieth Anniversary Issue, 1980.

Mircea Eliade, "Notes on the Symbolism of the Arrow", in Jacob Neusner ed., *Religions in Antiquity*, Leiden: E. J. Brill, Reprinted in Rennie, 2006.

二 英文参考文献
(一) 专著

A. Barbosa cia Silva, *The Phenomenology of Religion as a Philosophical Problem*, Lund: CWK Gleerup, 1982.

Arata Isozaki, *Japan-ness in architecture*, Cambridae, Mass: MIT Press, 2006.

Arnold Toynbee, *An Historian's Approach to Religion*, London: Oxford University Press, 1957.

Brent Smith, *Religious Studies and the Goal of Interdisciplinarity*, New York: Routledge, 2020.

Bryan S. Rennie, *Changing the Religious Worlds the Meaning and End of Mircea Eliade*, State University of New York Press, 2001.

Bryan S. Rennie, ed., *Mircea Eliade: A Critical Reader*, London and Boston: Equinox Publishing Ltd., 2006.

参考文献

Bryan S. Rennie, *Reconstructing Eliade: Making Sense of Religion*, New York: State University of New York Press, 1996.

Bryan S. Rennie, *The International Eliade*, Albany: State University of New York Press, 2007.

Carl G. Jung, ed., *Man and his Symbols*, New York: Anchor Press, 1964.

Christian K. Wedemeyer and Wendy Doniger, eds., *Hermeneutics, Politics, and the History of Religions: The Contested Legacies of Joachim Wach and Mircea Eliade.* New York: Oxford University Press, 2010.

Daniel Dubuisson, *The Western Construction of Religion: Myths, Knowledge, and Ideology*, trans., William Sayers, Baltimore: Johns Hopkins University Press, 2003.

Daniel Dubuisson, *Twentieth Century Mythologies: Dumézil Lévi-Strauss, Eliade*, trans., Martha Cunningham, London & Oakville: Equinox Publishing Ltd, 2006.

Daniel L. Pals, *Eight Theories of Religion*, New York: Oxford University Press, 2006.

David Carrasco and Jane Marie Law, eds., *Waiting for the Dawn: Mircea Eliade in Perspective*, Colorado: the University Press of Colorado, 1991.

David Cave, *Mircea Eliade's Vision for a New Humanism*, New York: Oxford University Press, 1993.

Diane Apostolos-Cappadona, ed., *Symbolism, the Sacred, and the Arts*, New York: Continuum, 1992.

Donald Wiebe, *Religion and Truth*, Hague: Mouton Publishers, 1981.

Donald Wiebe, *The Politics of Religious Studies: The Continuing Conflict with Theology in the Academy*, New York: St. Martin's Press, 1998.

Douglas Allen and Dennis Doeing, *Mircea Eliade: An Annotated Bibliography*, New York and London: Garland Publishing Inc., 1980.

Douglas Allen, *Myth and Religion in Mircea Eliade*, New York: Routledge, 2002.

Douglas Allen, *Structure and Creativity in Religion: Hermeneutics in Mircea Eliade's phenomenology of religion and New Directions*, The Hague: Mouton, 1978.

George Sarton, *The History of Science and the New Humanism*, New York: George Braziller, 1956.

Guilford Dudley III, *Religion on Trial: Mircea Eliade and His Critics*, Philadelphia: Temple University Press, 1977.

Hans Thomas Hakl, *Eranos: An Alternative Intellectual History of the Twentieth Century*, trans., Christopher McIntosh, Montréal: McGill-Queen's University Press, 2014.

Henri Poincare, *The Value of Science*, New York: Dover Publications, 1958.

Ivan Strenski, *Four Theories of Myth in Twentieth-Century History: Cassirer, Eliade, LéviStrauss, and Malinowski*, Iowa City: University of Iowa Press, 1987.

参考文献

J. B. Schneewind, *Moral Philosophy from Montaigne to Kant*, Cambridge University Press, 2002.

Joachim Wach, *Sociology of Religion*, Chicago: the University of Chicago Press, 1944.

John D. Dadosky, *The Structure of Religious Knowing: Encountering the Sacred in Eliade and Lonergan*, Albany: State University of New York Press, 2004.

Jonathan Z. Smith, *Map is Not Territory*, Leiden: E. J. Brill, 1978.

Joseph Mitsuo Kitagawa and Alles Gregory D., *The History of Religions: Retrospect and Prospect: A Collection of Original Essays*, New York: Macmillan, 1985.

Joseph Mitsuo Kitagawa, *The History of Religions: Understanding Human Experience*, Atlanta: Scholars Press, 1987.

Joseph M. Kitagawa and Charles H. Long, eds., *Myths and Symbols: Studies in Honor of Mircea Eliade*, Chicago and London: University of Chicago Press, 1969.

Kenneth Burke, *Language as Symbolic Action: Essay on Life, Literature, and Method*, University of California Press, 1966.

Mac Linscott Ricketts, *Mircea Eliade the Romanian Roots, 1907-1945*, New York: Columbia University Press, 1988.

Maitreyi Devi, *It Does Not Die: A Romance*, Connecticut: Inter-Culture Associates, 1976.

Marjorie Stone and Judith Thompson, eds., *Literary Couplings: Writing Couples, Collaborator, and the Construction of Author-*

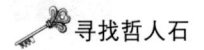

ship, Wisconsin: The University of Wisconsin Press, 2006.

Max Scheler, *On the Eternal in Man*, London: Bernard Noble, 1960.

McCutcheon, *Manufacturing Religion: The Discourse on Sui Generis Religion and the Politics of Nostalgia*, New York: Oxford University Press, 1997.

Mihaela Gligor, ed. , *Mircea Eliade Between the History of Religions and the Fall into History*, Cluj-Napoca: Presa Universitară Clujeană, 2014.

Mika Aaltola, *Sowing the Seeds of Sacred: Political Religion of Contemporary World Order and American Era*, Leiden · Boston: Martinus Nijhoff Pub. , 2008.

Mircea Eliade and Joseph Kitagawa, eds. , *History of Religions: Problems of Methodology*, Chicago: Chicago University Press, 1959.

Moshe Idel, *Mircea Eliade: From Magic to Myth*, New York: Peter Lang Publishing, Inc. , 2014.

Nicolae Babuts, ed. , *Mircea Eliade: Myth, Religion, and History*, London and New York: Transaction Publishers, 2014.

Richard A. Schoenherr, *Goodbye Father: the Celibate Male Priesthood and the Future of the Catholic Church*, New York: Oxford University Press, 2002.

Robert Baird, *Category Formation and the History of Religion*, The Hague: Mouton, 1971,

Robert S. Ellwood, *The Politics of Myth: A Study of C. G. Jung*,

参考文献

Mircea Eliade, and Joseph Campbell, Albany: State University of New York Press, 1999.

Roland Clark, *Nationalism, Ethnotheology, and Mysticism in Interwar Romania*, Pittsburgh: University of Pittsburgh, 2009.

Rudolf Otto, *The Idea of the Holy*, New York, Oxford University, 1958.

Rudolf Otto, *The Sacred*, in Romanian by Ioan Milea, Cluj-Napoca: Dacia Press, 2002.

Russell T. McCutcheon, *Manufacturing Religion: The Discourse on Sui Generis Religion and the Politics of Nostalgia*, New York: Oxford University Press, 1997.

Sheila J. Nayar, *Sacred and the Cinema: Reconfiguring the "Genuinely" Religious Film*, New York: Continuum, 2012.

Thomas A. Idinopulos and Edward A. Yonan, eds., *the Sacred and Its Scholars: Comparative Methodologies for the Study of Primary Religious Data*, New York: Brill, 1996.

Thomas J. J. Altizer, *Mircea Eliade and the Dialectic of the Sacred*, Philadelphia: Westminster Press, 1963.

Tim Murphy, *The Politics of Spirit: Phenomenology, Genealogy, Religion*, Albany: State University of New York Press, 2010.

Tony Davies, *Humanism*, New York: Routledge, 1997.

William Douglas Powers, *An Eliadean interpretation of Frank G. Speck's account of the Cherokee booger dance*, Portland: Edwin Mellen Press, 2003.

William James, *The Varieties of Religious Experience*, London: Fontana, 1960.

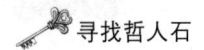

(二) 学位论文

Ahmed Afzaal, the "One True God" In History and Society: A Meta-Hermeneutical Critique of Rodney Stark's sociology of Monotheism, Ph. D. dissertation, Drew University, 2006.

Anca Popoaca-Giuran, Mircea Eliade: Meanings (the apparent dichotomy: scientist/writer), Ph. D. dissertation, University of London, 1998.

Christian Jochim, the "Nostalgia for paradise" in Mircea Eliade's Quest for Homo Religiosus, B. A. dissertation, University of British Columbia, 1974.

Dennis Doeing, A Biography of Mircea Eliade's Spiritual and Intellectual Development From 1917 to 1940, Ph. D. dissertation, University of Ottawa, 1975.

Douglas Allen, The History of Religions and Eliade's Phenomenology, Ph. D. dissertation, Vanderbilt University, 1971.

Guilford Dudley III, Mircea Eliade and the Recovery of Archaic Religions. A Critical Assessment of Eliade's Vision and Method for the History of Religions, Ph. D. dissertation, University of Pennsylvania, 1972.

Guy Richard Welbon, Mircea Eliade's Image of Man: An Anthropogeny by a Historian of Religions, M. A. dissertation, Northwestern University, 1960.

John D. Dadosky, The Structure of Religious Knowing: A Dialectical Reading of Eliade's Notion of the Sacred Through Lonergan's

Theory of Consciousness, Ph. D. dissertation, University of St. Michael's College, 2001.

Patrick Pagano, Ephemeral Hierophanies, M. A. dissertation, University of Florida, 2005.

Robert. W. Kraay, Symbols in Paradox: A Theory of Communication Based on the Writings of Mircea Eliade, Ph. D. dissertation, University of Iowa, 1977.

Simon Peter Hemingway, Hierophany and Heterotopia: Magic, Moving Picture Theaters and Churches, 1907—1922, Ph. D. dissertation, University of Texas at Austin, 2001.

Stanley Orton Yarian, Mircea Eliade and a "New Humanism", Ph. D. dissertation, Brown University, 1970.

Thomas Christopher Seay, *Friedrich Schelling: Soteriological Redemption and Ontological Renewal in the Intellectual Intuition of the Life of Life*, University of Arkansas, 2017.

(三) 文章

Adrian Marino, "Mircea Eliade's Hermeneutics", in Norman J. Girardot and Mac Lincscott Ricketts, eds. , *Imagination and Meaning: The Scholarly and Literary Worlds of Mircea Eliade*, New Tork: Seabury Press, 1982.

A. F. C. Webster, "Orthodox Mystical Tradition and the Comparative Study of Religion: An Experimental Synthesis", *Journal of Ecumenical Studies*, Vol. 23, 1986.

Anca Ceausescu, "Considerations on the sacred space in the traditional Romanian culture", *Journal of Humanities, Culture and*

Social Sciences, Vol. 2, No. 1, 2016.

Ansgar Paus, "The Secret Nostalgia of Mircea Eliade for Paradise: Observations on Method in the Study of Religion", *Religion*, Vol. 19, 1989.

Bo Gustavsson, "Ted Hughes Quest for a Hierophany: A Reading of River", in Leonard M. Scigaj, ed, *Critical Essays on Ted Hughes*, New York: Macmillan Publishing Co. 1992.

Bryan S. Rennie, "Caveat Lector: On Reading Eliade's Fiction as Corroborating an Understanding of Religion", *Storia, antropologia e scienze del linguaggio* XXXI (2-3), 2016.

Bryan S. Rennie, "Mircea Eliade and the Perception of the Sacred in the Profane: Intention, Reduction, and Cognitive Theory", *Temenos*, Vol. 43, No. 1, 2007.

Bryan S. Rennie, "Mircea Eliade: 'Secular Mysticism' and the History of Religions", *Religion*, Vol. 38, No. 4, 2008.

Bryan S. Rennie, "Mircea Eliade's Understanding of Religion and Eastern Christian Thought", *Russian History*, Vol. 40, 2013.

Bryan S. Rennie, "New Directions for Philosophy of Religion: Introduction and Acknowledgements", *Studies in Religion/Sciences Religieuses*, Vol 41, No. 1, 2012.

Bryan S. Rennie, "The Sacred and Sacrality from Eliade to Evolutionary Ethology", *Religion*, Vol. 47, 2017.

Caius Cuțaru, "Eliadian Reflections on the Spirituality of the Romanian People", *TEO*, Vol. 79, No. 2, 2019.

Carl Olson, "Mircea Eliade, Postmodernism, and the Problematic

参考文献

Nature of Representational Thinking", *Method and Theory in the Study of Religion*, Vol. 11, No. 4, 1999.

Carmen Rueda, "A Solar hierophany at the Iberian sanctuary of Castellar (Jaén)", *Archivo Español de Arqueología*, Vol. 87, 2014.

Charles J. Adams, "The History of Religions and the study of Islām", in Joseph M. Kitagawa, eds., *The History of Religion: Essays on the Problem of Understanding*, Chicago: University of Chicago Press, 1967.

Charles Long, "The Significance for Modern Man of Mircea Eliade's Work", in Christopher Derrick, ed., *Cosmic Piety, Modern Man and the Meaning of the Universe*, New York: P. J. Kenedy and Sons, 1967.

Cristina Scarlat, "APPENDIX 1 – Mircea Eliade: Preamble to the Hermeneutics of Reception. The Transposition of Eliade's Literary Works into Other Artistic Languages. A Short History", *Postmodern Openings*, year 2, No. 8, 2011.

Cézar Enia, "La dimension historique du sacré et de la hiérophanie selon Mircea Eliade", *Laval Theologique et Philosophique*, Vol. 62, No. 2, 2006.

Daniel L. Pals, "Is Religion a Sui Generis Phenomenon?", *Journal of the American Academy of Religion*, Vol. 55, No. 2, 1987.

Douglas Allen, "Eliade and History", *The Journal of Religion*, Vol. 68, No. 4, 1988.

Douglas Allen, "Mircea Eliade's Phenomenological Analysis of Religious Experience", *Journal of Religion*, Vol. 52, No. 2, 1972.

Douglas Allen, "Mircea Eliade's Vision for a New Humanism by David Cave", *The Journal of Religion*, Vol. 74, No. 4, 1994.

"Eliade, Mircea (1907 – 1986), An Introduction to", in Lawrence J. Trudeau, eds., *Twentieth-Century Literary Criticism*, Vol. 243, 2011.

E. R. Leach, "Sermons by a Man on a Ladder", *New York Review of Books*, Vol. 7, 1996.

Flavio A. Geisshuesler, "A Parapsychologist, an Anthropologist, and a Vitalist Walk into a Laboratory: Ernesto de Martino, Mircea Eliade, and a Forgotten Chapter in the Disciplinary History of Religious Studies", *Religions*, Vol. 10, 2019.

Guilford Dudley III, "Mircea Eliade as the 'Anti-Historian' of Religions", *Journal of the American Academy of Religion*, Vol. 44, No. 2, 1976.

Hammad B. Qureshi, "A Hierophany Emergent: The Discursive Reconquest of the Urban Landscape of Jerusalem in Latin Pilgrimage Accounts from the Twelfth Century", *Historian*, Vol. 76, No. 4, 2014.

Ivan Strenski, "Eliade's Theory of Myth and the History of Religions", in Lawrence J. Trudeau ed., *Twentieth-Century Literary Criticism*, Vol. 243, 2011.

Ivan Strenski, "Mircea Eliade, Some Theoretical Problems", in A. Cunningham, ed., *Theories of Myth*, London: Sheed and

Ward, 1974.

Jay J. Kim, "Hierophany and History", *Journal of the American Academy of Religion*, Vol. 40, No. 3, 1972.

Jonathan Z. Smith, "Acknowledgments: Morphology and History in Mircea Eliade's 'Patterns in Comparative Religion' (1949 – 1999), Part 1: The Work and Its Contexts", *History of Religions*, Vol. 39, No. 4, 2000.

Jonathan Z. Smith, "Acknowledgments: Morphology and History in Mircea Eliade's 'Patterns in Comparative Religion' (1949 – 1999), Part 2: The Texture of the Work", *History of Religions*, Vol. 39, No. 4, 2000.

Joseph M. Kitagawa, "Primitive, Classical, and Modern Religions: A perspective on Understanding the History of Religions", in J. M. Kitagawa eds., *The History of Religions: Essays on the Problem of Understanding*, Chicago: University of Chicago Press, 1967.

Karen An-hwei Lee, "On hierophany", *Poetry*, Vol. 204, No. 1, 2014.

Lawrence E. Sullivan, "Sacred Music and Sacred Time", *The World of Music*, Vol. 26, No. 3, Sacred Music II, 1984.

Livia Durac, "Mircea Eliade: the Hermeneutics of the Religious Phenomenon", paper delivered to the *4th International Conference on Human Being in Contemporary Philosophy*, Volgograd, May 28 – 31, 2007.

Liviu Bordaş, "Mircea Eliade as Scholar of Yoga: A Historical

Study of His Reception (1936 – 1954)", in Irina Vainovski-Mihai, ed., *New Europe College Ştefan Odobleja Program Yearbook 2010 – 2011*, Bucharest: New Europe College, 2012.

Mac Linscott Ricketts, "The Theology and Philosophy of Eliade: A Search for the Centre by Carl Olsen; Mircea Eliade's Vision for a New Humanism by David Cave", *Journal of the American Academy of Religion*, Vol. 63, No. 3, 1995.

Madeea Axinciuc, "Elements Towards a Creative Hermeneutics: Methodological precautions in the Study of Religion", *European Scientific Journal*, Vol. 9, No. 5, 2013.

Matthew T. Evans, "The Sacred: Differentiating, Clarifying and Extending Concepts", *Review of Religious Research*, Vol. 45, No. 1, 2003.

Michael Bird, "Film as Hierophany", *Horizons*, Vol. 6, No. 1, 1979.

Michael Stausberg, "The sacred, the holy, the numinous-and religion: on the emergence and early history of a terminological constellation", *Religion*, Vol. 47, No. 4, 2017.

Mircea Popescu, "Eliade and Folklore", in Joseph M. Kitagawa and Charles H. Long, eds., *Myths and Symbols*, Chicago: The University of Chicago Press, 1969.

Ninian Smart, "Beyond Eliade: The Future of Theory in Religion", *Numen*, Vol. 25, No. 2, 1978.

Noriyoshi Tamaru, "Some Reflections on Contemporary Theories of Religion", *Japanese Journal of Religious Studies*, Vol. 2, 1975.

Northrop Frye, "World Enough without Time", *Hudson Review*, Vol. 12, 1959.

Raul Carstocea, "Breaking the Teeth of Time: Mythical Time and the 'Terror of History' in the Rhetoric of the Legionary Movement in Interwar Romania", *Journal of Modern European*, Vol. 13, No. 1, 2015.

Robert A. Segal, "In Defense of Reductionism", *Journal of the American Acadamy of Religion*, Vol. 51, No. 1, 1983.

Stephen J. Reno, "Eliade's Progressional View of Hierophanies", *Religious Studies*, Vol. 8, 1972.

Steven R. Thomsen, Quint Randle, and Matthew Lewis, "Pop Music and the Search for the Numinous: Exploring the Emergence of the 'Secular Hymn' in Post-Modern Culture", *Journal of Media and Religion*, Vol. 15, No. 3, 2016.

Terence Thomas, " 'The sacred' as a Viable Concept in the Contemporary Study of Religions", in Steven Sutcliffe, ed. , *Religion: Empirical Studies: A Collection to Mark the 50th Anniversary of the British Association for the Study of Religions*, Farnham: Gower Publishing, Ltd. 2004.

Thomas J. J. Altizer, "Mircea Eliade and the Recovery of the Sacred", *Christian Scholar*, Vol. 45, 1962.

William E. Paden, "Before 'The Sacred' Became Theological: Durkheim and Reductionism", in Thomas A. Idinopulos and Edward A. Yonan, eds. , *Religion and Reductionism: Essays on Eliade, Segal, and the Challenge of the Social Sciences for the*

Study of Religion, Leiden: Brill, 1994.

W. L. Bennett, "Imitation, Ambiguity, and Drama in Political Life, Political Religion and the Dilemmas of Public Morality", *The Journal of Politics*, Vol. 41, No. 1.

(四) 工具书

James Hastings and Selbie John Alexander, eds., *Encyclopœdia of Religion and Ethics*, New York: C. Scribner's sons, 1928.

Lindsay Jones, ed., *Encyclopedia of Religion (2nd Edition)*, New York: Macmillan Publishing Company, 2005.

Mircea Eliade, editor in chief, *The Encyclopedia of Religion*, 16 vols, New York: Macmillan, 1987.

Robert A. Segal and Kocku Von Stuckrad., eds., *Vocabulary for the Study of Religion*, Leiden and Boston: Koninklijke Brill, 2015.

三 中文参考文献

(一) 专著

(秦) 吕不韦编:《吕氏春秋集释》,中华书局 2009 年整理本。

(汉) 董仲舒:《春秋繁露》,上海书店出版社 2012 年整理本。

(汉) 刘安:《淮南子集释》,何宁撰,中华书局 2009 年版。

(东汉) 许慎:《说文解字新订》,臧克和、王平校订,中华书局 2002 年点校本。

(魏) 管辂:《管氏地理指蒙》,《古今图书集成·博物汇编·艺术典》(第 475 册),中华书局 1934 年版。

(唐) 柳宗元:《柳宗元集》,中华书局 1979 年版。

（唐）卢照邻：《卢照邻集校注》，中华书局1998年点校本。

（唐）王冰注：《黄帝素问灵枢经》，四部丛刊景明赵府居敬堂本。

（宋）黎靖德编：《朱子语类》，中华书局1986年点校本。

（宋）朱熹：《四书章句集注》，中华书局1983年版。

（宋）朱熹：《周易本义》，中华书局2009年点校本。

（宋）张载：《张载集》，中华书局1978年点校本。

（明）吴崑：《黄帝内经素问吴注》，明万历刻本。

（明）朱权：《茶谱》，中国农业出版社1979年版。

（清）董诰等编：《全唐文》，中华书局1983年版。

（清）戴震：《孟子字义疏证》，中华书局1982年整理本。

（清）阮元校刻：《十三经注疏》，中华书局2009年版。

陈麟书、陈霞主编《宗教学原理》，宗教文化出版社2003年版。

何光沪：《三十功名尘与土》，复旦大学出版社2010年版。

何光沪：《天人之际》，中国社会科学出版社2003年版。

黎志添：《宗教研究与诠释学：宗教学建立的思考》，中文大学出版社2003年版。

李宁来：《在多瑙河流过的地方 罗马尼亚散记》，世界知识出版社1982年版。

刘开铭：《罗马尼亚农业》，中国农业出版社1985年版。

吕大吉：《宗教学通论新编》，中国社会科学出版社2007年版。

罗竹风主编：《人·社会·宗教》，上海社会科学院出版社1995年版。

蒙培元：《人与自然：中国哲学生态观》，人民出版社2004年版。

潘德荣：《西方诠释学史》，北京大学出版社2013年版。

任继愈：《中国佛教史》，中国社会科学出版社1985年版。

任继愈主编：《儒教问题争论集》，宗教文化出版社2000年版。

汤芸：《以山川为盟：黔中文化接触中的地景，传闻与历史感》，民族出版社2008年版。

唐启翠：《礼制文明与神话编码〈礼记〉的文化阐释》，南方日报出版社2010年版。

涂成林：《现象学的使命：从胡塞尔、海德格尔到萨特》，广东人民出版社1998年版。

闻一多：《伏羲考》，田兆元导读，上海古籍出版社2006年版。

吴广平：《宋玉研究》，岳麓书社2004年版。

夏莲居：《佛说大乘无量寿庄严清净平等觉经科注》，夏莲居会经，释净空科判，黄念祖注解，线装书局2012年版。

肖海明：《真武图像研究》，文物出版社2007年版。

熊十力：《体用论》，上海古籍出版社2019年版。

杨韶刚：《人性的彰显：人本主义心理学》，山东教育出版社2009年版。

叶舒宪：《金枝玉叶——比较神话学的中国视角》，复旦大学出版社2012年版。

叶舒宪：《诗经的文化阐释——中国诗歌的发生研究》，湖北人民出版社1994年版。

叶舒宪：《图说中华文明发生史》，南方日报出版社 2015 年版。

佚名：《黄帝宅经》，《正统道藏（第四册）·洞真部·众术类》，文物出版社、上海书店、天津古籍出版社 1988 年版。

周桂钿：《中国传统哲学》，北京师范大学出版社 1990 年版。

朱东华：《从"神圣"到"努秘"：鲁道夫·奥托的宗教现象学抉微》，宗教文化出版社 2007 年版。

朱东华：《宗教学学术史问题研究》，清华大学出版社 2016 年版。

朱谦之：《老子校释》，中华书局 1984 年版。

卓新平：《基督教文化百问》，今日中国出版社 1995 年版。

［奥］弗洛伊德：《自我与本我》，林尘等译，上海译文出版社 2011 年版。

［奥］维特根斯坦：《逻辑哲学论》，郭英译，商务印书馆 1985 年版。

［德］恩斯特·卡西尔：《卡西尔论人是符号的动物》，石磊编译，中国商业出版社 2016 年版。

［德］恩斯特·卡西尔：《人论》，甘阳译，上海译文出版社 2004 年版。

［德］汉娜·阿伦特：《人的境况》，王寅丽译，上海人民出版社 2009 年版。

［德］鲁道夫·奥托：《神圣者的观念》，丁建波译，九州出版社 2007 年版。

［德］马丁·海德格尔：《存在与时间》，陈嘉映、王庆节译，

333

生活·读书·新知三联书店 2014 年版。

［法］爱弥尔·涂尔干：《宗教生活的基本形式》，渠东、汲喆译，上海人民出版社 1999 年版。

［法］昂利·彭加勒：《科学的价值》，李醒民译，光明日报出版社 1988 年版。

［法］德日进：《人的现象》，范一译，译林出版社 2012 年版。

［加］达琳·M. 尤施卡：《性别符号学：政治身体/身体政治》，程丽蓉译，译林出版社 2015 年版。

［美］包尔丹：《宗教的七种理论》，陶飞亚等译，上海古籍出版社 2005 年版。

［美］麦奎利：《二十世纪宗教思想》，高师宁、何光沪译，上海人民出版社 1989 年版。

［美］尼古拉斯·韦德：《信仰的本能：人类宗教进化史》，陈华译，电子工业出版社 2017 年版。

［美］休斯顿·史密斯《人的宗教》，刘述先校订，刘安云译，海南出版社 2001 年版。

［美］伊万·斯特伦斯基：《二十世纪的四种神话理论：卡西尔、伊利亚德、列维—斯特劳斯与马林诺夫斯基》，李创同、张经纬译，生活·读书·新知三联书店 2012 年版。

［瑞］卡尔·荣格等：《人类及其象征》，张举文等译，辽宁教育出版社 1988 年版。

［意］马利亚苏塞·达瓦马尼：《宗教现象学》，高秉江译，人民出版社 2006 年版。

［英］G. E. 摩尔：《伦理学原理》，陈德中译，商务印书馆 2017 年版。

［英］彼得·马歇尔：《哲人石：探寻金丹术的秘密》，赵万里等译，上海科技教育出版社2007年版。

［英］麦克斯·缪勒：《比较神话学》，金泽译，上海文艺出版社1989年版。

［英］尼古拉·克莱伯：《罗马尼亚史》，李腾译，东方出版中心2010年版。

（二）学位论文

杜娟花：《伊利亚德神圣思想与其现代性研究》，硕士学位论文，内蒙古大学，2017年。

何叶：《神圣与世俗的辩证法——伊利亚德宗教现象学研究》，博士学位论文，北京大学，2015年。

黄增喜：《伊利亚德的"神圣经验"及其文化追索》，博士学位论文，中国人民大学，2017年。

任双霞：《泰山王母池的神圣表达》，硕士学位论文，山东大学，2007年。

王镜玲：《神圣的显现：重构艾良德宗教学方法论》，博士学位论文，台湾大学，2000年。

王永海：《神圣在实在中显现："宗教人"生存的基本样式》，硕士学位论文，中央民族大学，2004年。

吴福友：《伊利亚德的宗教现象学之研究》，博士学位论文，复旦大学，2006年。

杨胜利：《伊利亚德宗教象征诠释体系研究》，博士学位论文，华东师范大学，2018年。

周红：《儒学宗教性问题研究》，博士学位论文，黑龙江大学，2010年。

（三）文章

包力维：《"神圣性"问题在宗教学中的理论演进》，《宗教学研究》2016年第1期。

蔡彦仁：《全球化与宗教研究：再思伊利雅德的"新人文主义"》，载魏泽民《觉醒的力量》，台北：宗博出版社2004年版。

陈立胜：《宗教现象的自主性：宗教现象学与化约主义的辩难及其反思》，《宗教与哲学》第一辑，社会科学文献出版社2012年版。

陈明：《儒教：作为一个宗教》，《哲学分析》2012年第2期。

陈念慈：《天人合一观与中国古典建筑、园林美学思想渊源探微》，《东岳论丛》2002年第2期。

陈威仰：《从依利亚德的理论探究布列顿歌剧〈彼得葛莱姆〉》，《艺术评论》2008年第18期。

陈玉玺：《"念佛"的宗教现象：心理分析与现代实践意涵》，《新世纪宗教研究》第13卷第1期（2014年9月）。

杜维明、陈静：《新儒家人文主义的生态转向：对中国和世界的启发》，《中国哲学史》2002年第2期。

公维军：《"结丝"何以"织史"——早期中国桑蚕丝帛神话的编码与解码》，《贵州社会科学》2020年第6期。

郭豫适：《论儒教是否为宗教及中国古代小说与宗教的关系》，《华东师大学报》1996年第3期。

韩星：《儒教是教非教之争的历史起源及启示》，《宗教学研究》2002年第2期。

韩永红、刘一可：《中国古代建筑中天人合一的思想》，《当代艺术》2008年第2期。

何钧:《印度情事——〈孟加拉之夜〉与〈永生不死〉》,《书城》2016年12月。

洪修平:《儒教问题的讨论与儒学在新时期的发展》,《孔子研究》2015年第3期。

胡继华:《宗教现象学与历史性的悖论——读海德格尔〈宗教生活现象学〉》,《基督教文化学刊》2018年第40辑。

黄怀秋:《依里亚德的仪式理论——兼论其与基督信仰的异与同》,《辅仁宗教研究》2010年第21期。

黄克剑:《儒道·儒教·儒者——我之儒学观》,《东南学术》2000年第3期。

黄丽娟:《如何定位儒学的宗教与人文》,《揭谛》2018年第35期。

黄增喜:《从神圣到世俗—伊利亚德宗教史视野中的人与自然》,《世界宗教研究》2018年第5期。

黄增喜:《历史主义的神圣解构——兼论伊利亚德的历史观》,《云南大学学报》(社会科学版)2015年第5期。

黄增喜:《伊利亚德的宗教理念及其现代意义》,《北方民族大学学报》2016年第1期。

季羡林:《儒学?儒教?》,《文史哲》1998年第3期。

季羡林:《"天人合一"新解》,《传统文化与现代化》1993年第1期。

姜德顺:《一位著名罗裔学者的十个汉文名字》,http://iea.cssn.cn/btwy/swzj/201105/t20110504_3912775.shtml,2021年5月17日。

姜德顺:《原始宗教研究领域的一部经典之作——〈萨满教——古老的癫狂术〉述评》,《世界民族》2006年第1期。

姜宗强：《论道教对李白文学创作的正面影响——以游仙诗为例》，《甘肃社会科学》2006年第1期。

蒋欢宜：《湘西苗族祭"滚年"仪式神圣空间观念解析》，《青海民族研究》2017年第3期。

蒋淼：《象征：伊利亚德宗教思想之轴纽》，《世界宗教文化》2014年第3期。

金泽：《如何理解宗教的"神圣性"》，《世界宗教文化》2015年第6期。

蓝法典：《当代儒教问题的论争、理解与反思》，《现代外国哲学》2018年第15辑。

李建欣：《宗教史家米亚科·伊里亚德》，《世界宗教文化》1997年第4期。

李庆：《"儒教"还是"儒学"？——关于近年中日两国的"儒教"说》，《深圳大学学报》（人文社会科学版）2007年第4期。

李申：《关于儒教的几个问题》，《世界宗教研究》1995年第2期。

李申：《儒教、儒学和儒者》，《中国社会科学院研究生院学报》1997年第1期。

李慎之：《天人合一的一些思考——在德国特里尔大学"中国与西方对话"会上的发言》，《文汇报》1997年5月13日。

李向平等：《对话神圣与世俗》，《世界宗教文化》2013年第5期。

李雨濛：《广宗玉皇醮会音乐文化的神圣与世俗》，《歌海》2019年第5期。

林安梧：《儒教释义：儒学、儒家与儒教的分际》，《当代儒学》2016年第2期。

林珍莹，施拓全：《茶道与养生——综论朱权〈茶谱〉中的茶学特点》，《育达科大学报》2014年第39期。

罗秉祥：《西方人本主义伦理与基督教思想》，《辅仁宗教研究》2007年第15期。

马思勷、姜虎愚：《葛洪著作中的山与早期道家》，《魏晋南北朝隋唐史资料》2018年第2期。

孟慧英：《伊利亚德萨满教研究的基本特点及其影响》，《世界民族》2010年第6期。

牛宏：《简析伊利亚德在〈神圣与凡俗〉一书中的宗教现象学理论思维》，《青海社会科学》2010年第1期。

彭耀光、孙建华：《儒学与儒教之争——儒学是否为宗教的论争过程、实质及其他》，《齐鲁文化研究》2007年第6辑。

钱穆：《中国文化对人类未来可有的贡献》，《中国文化》1991年第1期。

任文利：《儒教作为"国民宗教"的向度考察》，《原道》2017年第23辑。

史现明：《反思萨顿的新人文主义思想》，《中国社会科学报》2021年3月2日。

田海华：《"宗教乡愁"如何可能?》，《宗教学研究》2006年第4期。

王定安：《儒家的"宗教性"：儒教问题争论的新路径》，《原道》2008年第4期。

王建光：《神圣离世俗有多远：伊利亚德〈神圣与世俗〉译后感言》，《博览群书》2003年第3期。

王镜玲:《"肉身空间"的显现——淡水龙山寺普渡祭仪初探》,《辅仁宗教研究》2013年第26期。

王镜玲:《宗教学的思路启蒙》,《辅仁宗教研究》2014年第28期。

王涛:《缪勒比较宗教学与伊利亚德宗教现象学方法之比较研究——宗教研究的方法论及学科旨归》,《世界宗教研究》2009年第1期。

王义:《何为儒教?儒教为何?——当代儒教问题述评》,《当代儒学》2014年第1期。

王宗昱:《宗教经验及其文化价值——以伊利亚德〈神圣和世俗〉为例》,《北京大学学报》(哲学社会科学版)2000年第4期。

吴云贵:《评范·德·列欧的宗教现象学体系》,《宁夏社会科学》1989年第6期。

萧振邦:《天人合一的实义探究》,《宗教哲学》2015年第72期。

熊晓霜:《从伊利亚德的〈锻造和熔炉〉看炼金术的救世神学》,《宗教学研究》2012年第3期。

徐峰:《圣体的营造:对萨满服饰与玉敛葬的比较》,《社会科学战线》2017年第7期。

杨洁:《Hiérophanie/Hierophany的汉译问题及其内涵探析》,《世界宗教研究》2021年第2期。

杨儒宾:《唤醒物学——北宋理学的另一面》,《汉学研究》2017年第35卷第2期。

杨儒宾:《气的考古学——风、风气与玛纳》,《台大中文学报》2017年第57期。

叶舒宪：《创世、宇宙秩序与显圣物——四重证据法探索史前神话》，《百色学院学报》2019年第3期。

叶舒宪：《玉石：中华创世神话中的宇宙"显圣物"》，《中国社会科学报》2019年8月5日。

叶舒宪：《中国神话学百年回眸》，《学术交流》2005年第1期。

于惠：《学衡派、梁实秋推介新人文主义策略之比较》，《重庆工商大学学报》（社会科学版）2021年第6期。

余秀敏：《圣俗辩证的体现——伊理亚德的宗教象征体系之介绍》，《教育暨外国语文学报》2005年第1期。

俞吾金：《迈向意义的世界》，《天津社会科学》1992年第2期。

曾传辉：《儒教是不是宗教》，《中国民族报》2015年7月7日。

詹姆斯·史密斯、吴三喜：《让宗教摆脱神学：马里翁与海德格尔论宗教现象学的可能性》，《基督宗教研究》2016年第20辑。

张岱年：《儒学与儒教》，《文史哲》1998年第3期。

张俊：《论神圣空间的审美意涵》，《哲学与文化》2019年第1期。

张立文：《论儒教的宗教性问题》，《学术月刊》2007年第8、9期。

张丽红：《萨满女神的显圣物——东北虎崇拜的文化谜底》，《吉林师范大学学报》（人文社会科学版）2018年第1期。

张荣明：《儒学与儒教之争辨析》，《孔子研究》2007年第1期。

张志刚：《"儒教之争"反思——从争论线索、焦点问题到方法论探讨》，《文史哲》2015年第3期。

赵巧艳：《侗族萨岁安殿仪式的过程展演及文化象征》，《西南边疆民族研究》2015年第1期。

郑振伟：《埃利亚德的比较宗教学在两岸三地的接受过程》，载叶舒宪《国际文学人类学研究》，百花文艺出版社2013年版。

周桂钿：《董仲舒天人感应论的真理性》，《河北学刊》2001年第3期。

卓新平：《宗教现象学的历史发展》，《世界宗教文化》1988年第3期。

（四）工具书

冯契主编，金炳华修订：《哲学大辞典》，上海辞书出版社2001年版。

李震：《哲学大辞书》第一册，台北：辅仁大学出版社1993年版。

张岱年等编：《中国哲学大辞典》，上海辞书出版社2010年版。

《中国大百科全书》（哲学卷），中国大百科全书出版社1998年版。

卓新平：《西方宗教学研究导引》，中国社会科学出版社1990年版。

附录

伊利亚德的主要著作及译著年表[*]

年份	主要著作及译著
1919 年	*Nuvele şi povestiri*（《小说和故事》未出版的短篇小说系列）
1921—1922 年	[1] *Călătoria celor cinci cărăbu şi în ţara furnicilor ro şii*（《红蚂蚁国的五只金龟子之旅》1921 年—1922 年间未出版奇幻小说） [2] *How I Found the Philosopher's Stone*（《我如何发现哲人石》） [3] *Jurnalul*（《日记》，未出版的校园日记） [4] *Memoriile unui soldat de plumb*（《领军的回忆》未出版的小说） [5] *Romanul adolescentului miop*（《近视少年的日记》）
1923 年	*Istorie a descifrării hieroglifelor*（《象形文字破译史》未出版）

---

[*] 著作和译著年表主要参照 Douglas Allen and Dennis Doeing. *Mircea Eliade：An Annotated Bibliography*, New York and London：Garland Publishing Inc., 1980. 并在原有基础上接续了 1978 年以后欧美、大陆和台湾地区译著出版情况。由于伊利亚德的著作及其不同语言的译著再版繁富，为方便读者理解和查阅，本书尽力将大多数书名译成汉语，并将内容相同、但书名不同的各类译著统一译名。此处特别感谢李建欣先生对相关资料的补充。

续表

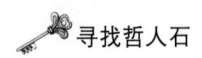

年份	主要著作及译著
1927 年	"Itinerariu spiritual, I – XII", *Cuvântul*, 1927. （12 篇论文组成的《精神之旅》，发表在 1927 年秋季的杂志《词》上）
1928 年	[1] *Gaudeamus*（《纵情狂欢》未刊的自传体小说） [2] *Jurnalul*（《日记》，时间跨度从 1928 年到 1985 年，后依次出版为 *Journal I, 1945 – 1955*; *Journal II, 1957 – 1969*; *Journal III, 1970 – 1978*; *Journal IV, 1979 – 1985*）
1930 年	*Isabel şi apele Diavolului*, Bucharest：Naţională Ciornei, 1930.（《伊莎贝尔与恶魔之水》）
1932 年	*Soliloquii*, Bucharest：Carte cu Semne, 1932.（《独白》，2003 年再版）
1933 年	[1] *Intr'o manastire din Himalaya*, Bucharest：Cartea Românească, 1933.（《喜马拉雅山上的修道院》 [2] *Maitreyi*, Bucharest：Cultura Naţională, 1933.（《弥勒意》）
1934 年	[1] *India*, Bucharest：Cugetarea, 1934.（《印度》） [2] *Întoarcerea din rai*, Bucharest：Naţională Ciornei, 1934.（《重返天堂》） [3] *Lumina ce se stinge*, Bucharest：Cartea Românească, 1934.（《熄灭的光》） [4] *Oceanografie*, Bucharest：Cultura Poporului, 1934.（《大洋广记》）
1935 年	[1] *Alchimia Asiatică*, Bucharest：Cultura Poporului, 1935.（《亚洲炼金术》） [2] *Huliganii*, Bucharest：Naţională Ciornei, 1935.（《群氓》） [3] *Şantier*, Bucharest：Cugetarea, 1935.（《工地》）
1936 年	[1] *Domni şoara Christina*, Bucharest：Cultura Naţională, 1936.（《克里斯蒂娜小姐》） [2] *Yoga. Essai sur les origines de la mystique indienne*, Bucharest：Fundaţia pentru Literatură şi Artă "Regele Carol II"; And Paris：Librairie Orientaliste Paul Geuthner, 1936.（《瑜伽：印度神秘主义的起源》） [3] Nae Ionescu, *Roza Vânturilor*, Bucharest：Cultura Naţională, 1936.（《风中玫瑰》，伊利亚德为其恩师奈伊·约内斯库写的编后记）

附录 伊利亚德的主要著作及译著年表

续表

年份	主要著作及译著
1937 年	[1] *Cosmologie şi alchimie babiloniană*, Bucharest: Vremea, 1937. (《巴比伦宇宙观和炼金术》) [2] *Şarpele*, Bucharest: Naţionalǎ Ciornei, 1937. (《蛇》) [3] Bogdan P. Hasdeu, *Scrieri literare, morale şi politice*, Bucharest: Fundaţia Regală pentru Literatură şi Artă, 1937. (《文学、道德和政治作品》, 由伊利亚德介绍并注释) [4] *Viaţă Nouă* (《新生活》, 未刊, 写于 1937 年—1941 年)
1938 年	[1] *Metallurgy, Magic and Alchemy. Cahiers de Zalmoxis*, Paris: Librairie Orientaliste Paul Geuthner, 1938. (《冶金, 魔术和炼金术: 扎莫西斯集》) [2] *Mitologiile Morţii* (《死亡神话》, 未刊, 写于 1938 年)
1939 年	[1] *Fragmentarium*, Bucharest: Vremea, 1939. (《片段》) [2] *Nuntă în Cer*, Bucharest: Cugetarea, 1939. (《天国婚礼》)
1940 年	*Secretul Doctorului Honigberger*, Bucharest: Socec, 1940. (《霍尼伯格博士的秘密》)
1941 年	*Le Labyrinthe* (《迷宫》, 未刊, 写于 1941 年)
1942 年	[1] *Apocalips* (《启示录》1942—1944 年间未出版的小说) [2] *Mitul Reintegrǎrii*, Bucharest: Vremea, 1942. (《重塑的神话》) [3] *Salazar şi revoluţia în Portugalia*, Bucharest: Gorjan, 1942. (《萨拉查和葡萄牙的革命》)
1943 年	[1] *Comentarii la legenda Meşterului Manole*, Bucharest: Publicom, 1943. (《马诺尔神话故事评述》) [2] *Insula lui Euthanasius*, Bucharest: Fundaţia Regală pentru Literatură şi Artă, 1943. (《安乐岛》) [3] *Oameni şi pietre* (《人和石头》, 写于 1943 年, 未出版的剧本) [4] *Os Romenos, Latinos do Oriente*, Lisbon: Livraria Clássica Editora, 1943. (《罗马尼亚人和东方拉丁人》)
1944 年	Bogdan P. Hasdeu, *Răzvan şi Vidra: poezii, Magnum Etymologicum*, Bucharest: Cugetarea, 1944. (该书由伊利亚德主编)

345

续表

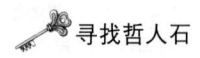

年份	主要著作及译著
1946 年	*Aventura spirituală*（《精神探险》，写于 1946 年，未出版的剧本）
1948 年	［1］*Das Mädchen Maitreyi*, trans., G. Spaltmann, Munich: Nymphenbürger Verlagsbuchhandlung, 1948.（《弥勒蒽》德语版） ［2］*Techniques du Yoga*, Paris: Gallimard, 1948.（《瑜伽术》法语版）
1949 年	［1］*Andronic und die Schlange*, trans., G. Spaltmann, Munich: Nymphenbürger Verlagsbuchhandlung, 1949.（《蛇》德语版） ［2］*Le Myth de l'éternel retour: Archétypes et répétition*, Paris: Gallimard, 1949.（《永恒回归的神话：原型和重复》法语版） ［3］*Traité d'histoire des religions*, Preface by G. Dumezil, Paris: Payot, 1949.（《宗教史论》，也即中译本《神圣的存在：比较宗教的范型》）
1950 年	*La Nuit Bengali*, trans., A. Guillermou, Paris: Gallimard, 1950.（《弥勒蒽》法语版）
1951 年	［1］*Le Chamanisme et les techniques archaïques de l'extase*, Paris: Payot, 1951.（《萨满教和古老的入迷术》，也即中译本《萨满教：古老的入迷术》） ［2］*Iphigenia*, Valle Hermoso, Argentina: Cartea Pribegiei, 1951.（《伊菲吉妮娅》，关于希腊女神的剧本）
1952 年	*Images et symboles*, Paris: Gallimard, 1952.（《形象与象征》法语版）
1953 年	［1］*Der Mythos der ewigen Wiederkehr*, trans., G. Spaltmann, Düsseldorf: Eugen Diederichs Verlag, 1953.（《永恒回归的神话》德语版） ［2］*Nächte in Serampore*, trans., G. Spaltmann, Munich and Planegg: Otto-Wilhelm-Barth Verlag, 1953.（《西兰波之夜》德语版，1940 年收入于《霍尼伯格博士的秘密》之中）
1954 年	［1］*The Myth of the Eternal Return*, trans., W. R. Trask, New York: Pantheon Books, 1954; and London: Routledge and Kegan Paul, 1955.（（《永恒回归的神话》英语版）） ［2］*Die Religionen und das Heilige. Elemente der Religionsgeschichte*, trans., M. Rassem and I. Köck, Salzburg and Munich: Otto Müller Verlag, 1954.（《神圣的存在：比较宗教的范型》德语版） ［3］*Le Yoga. Immortalité et liberté*, Paris: Payot, 1954.（《瑜伽：不死与自由》法语版）

附录 伊利亚德的主要著作及译著年表

续表

年份	主要著作及译著
1955 年	*Foret interdite*, translation of Romanian manuscript by A. Guillermou, Paris: Gallimard, 1955. （《禁林》法语版）
1956 年	[1] *Forgerons et alchimistes*, Paris: Flammarion, 1956. （《熔炉与坩埚》法语版） [2] *Minuit à Serampore*, trans., A. M. Schmidt, Paris: Librairie Stock, 1956. （《西兰波之夜》法语版，1940 年收入于《霍尼伯格博士的秘密》之中）
1957 年	[1] *Das Heilige und das Profane. Vom Wesen des Religiösen*, Translation of original French manuscript by E. Grassi. Rowohlt Deutsche Enzyklopädie, Hamburg: Rowohlt Taschenbuchverlag, 1957. （《神圣与世俗》德语版） [2] *Mythes, rêves et mystères*, Paris: Gallimard, 1957. （《神话、梦和神秘》法语版） [3] *Schamanismus und archaische Ekstasetechnik*, trans., I. Köck. Zürich, Stuttgart: Rascher Verlag, 1957. （《萨满教：古老的入迷术》德语版）
1958 年	[1] *Birth and Rebirth. The Religious Meaning of Initiation in Human Culture*, trans., W. R. Trask, New York: Harper and Brothers; and London: Harvill Press, 1958. （《生与再生》英语版） [2] *Ewige Bilder und Sinnbilder. Von unvergänglichen menschlichen Seelenraum*, trans., T. Sapper, Olten and Freiburg: Walter Verlag, 1958. （《形象与象征》德语版） [3] *Patterns in Comparative Religion*, trans., R. Sheed, New York and London: Sheed and Ward, 1958. （《神圣的存在：比较宗教的范型》英文版） [4] *Yoga. Immortality and Freedom*, trans., W. R. Trask, New York: Pantheon Books; and London: Routledge and Kegan Paul, 1958. （《瑜伽：不死与自由》英文版）

续表

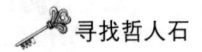

年份	主要著作及译著
1959 年	[1] *Cosmos and History. The myth of the eternal return*, New York：Harper Torchbooks, 1959. （《宇宙和历史：永恒回归的神话》英语版） [2] MirceaElide and J. M. Kitagawa, eds., *The History of Religions. Essays in methodology*, Chicago：University of Chicago press, 1959. （《宗教学入门》英语版） [3] *Naissances mystiques. Essai sur quelques types d'initiation*, Paris：Gallimard, 1959. （《生与再生》法语版） [4] *The Sacred and the Profane. The Nature of Religion*, Translation of original French manuscript by W. R. Trask, New York：Harcourt, Brace and Co., 1959. （《神圣与世俗》英语版）
1960 年	[1] *Myths, Dreams and Mysteries. The Encounter between Contemporary Faiths and Archaic Realities*, trans., P. Mairet, New York：Harper and Row; and London：Harvill Press, 1960. （《神话，梦和神秘》英语版） [2] *Schmiede und Alchemisten*, trans., E. von Pelet, Stuttgart：Ernst Klett Verlag, 1960. （《熔炉与坩埚》德语版） [3] *Yoga. Unsterblichkeit und Freiheit*, trans., I. Köck. Zürich and Stuttgart：Rascher Verlag, 1960. （《瑜伽：不死与自由》德语版）
1961 年	[1] *Images and Symbols. Studies in Religious Symbolism*, trans., P. Mairet, New York：Sheed and Ward; and London：Harvill Press, 1961. （《形象与象征》英语版）） [2] *Das Mysterium der Wiedergeburt. Initiationsriten, ihrekulturelle und religiöse Bedeutung*, trans., E. Hoffmann, Stuttgart：Rascher Verlag, 1961. （《霍尼伯格博士的秘密》德语版） [3] *Mythen, Träume und Mysterien*, trans., M. Benedikt and M. VereNo, Salzburg：Otto Müller Verlag, 1961. （《神话，梦和神秘》德语版）
1962 年	[1] *The Forge and the Crucible*, trans., S. Corrin, New York：Harper and Brothers; and London：Rider and Co., 1962. （《熔炉与坩埚》英语版） [2] *Méphistophélès et l'Androgyne*, Paris：Gallimard, 1962. （《梅菲斯特与雌雄同体》法语版） [3] *Patañjali et le Yoga*, Paris：Éditions du Seuil, 1962. （《波颠阇利和瑜伽》法语版） [4] M. エリアーデ編，J. M・キタガワ編，岸本英夫監訳，《宗教学入門》，東京大学出版会, 1962. （《宗教学入门》日语版）

附录 伊利亚德的主要著作及译著年表

续表

年份	主要著作及译著
1963 年	[1] *Aspects du mythe*, Paris: Gallimard, 1963. （《神话和现实》法语版） [2] MirceaEliade and J. M. Kitagawa, eds., *Grundfragen der Religionswissenschaft*, Salzburg: Otto Müller Verlag, 1963. （《宗教学入门》德语版） [3] *Myth and Reality*, trans., W. R. Trask, New York: Harper and Row, 1963. （《神话和现实》英语版） [4] *Nuvele*, Madrid: Destin, 1963. （《短篇小说》） [5] *Ei-en kaiki no Shiwa*, trans., I. Hori, Tokyo: Miraisha, 1963. （《永恒回归的神话》日语版）
1964 年	*Shamanism. Archaic Techniques of Ecstasy*, trans., W. R. Trask, New York: Pantheon Books; and London: Routledge and Kegan Paul, 1964. （《萨满教：古老的入迷术》英语版）
1965 年	[1] *Mephistopheles and the Androgyne. Studies in Religious Myth and Symbol*, trans., J. M. Cohen. New York: Sheed and Ward, 1965. （《梅菲斯特与雌雄同体：宗教神话和象征的研究》） [2] *Rites and Symbols of Initiation. The Mysteries of Birth and Rebirth*, New York: Harper Torchbooks, 1965. （《仪式和入会式的象征：生与再生的奥秘》英文版） [3] *Le Sacré et le profane*, Paris: Gallimard, 1965. （《神圣与世俗》法语版） [4] *The Two and the One*, Translation by Harvill Press, Chicago: University of Chicago Press, 1965. （《二和一》）
1966 年	[1] *Amintiri: I. Mansarda. Colecţia Destin*, Madrid: Destin, 1966. （《回忆 I：阁楼，命运系列》） [2] *Kosmos und Geschichte. Der Mythos der ewigen Wiederkehr*, Hamburg: Rowohlt Taschenbuchverlag, 1966. （《宇宙和历史：永恒回归的神话》德语版）
1967 年	[1] J. M. Kitagawa, ed., *The History of Religions. Essay on the Problem of Understanding*, Chicago: University of Chicago Press, 1967. （《宗教学入门》英语版） [2] *From Primitives to Zen. A Thematic Sourcebook of the History of Religions*, New York: Harper and Row; and London: Collins, 1967. （《从远古到禅》，实际上是《众神，女神和创世神话》、《人与神圣》、《死亡，来世和末世》、《从药医到穆罕默德》四本书的汇编） [3] P. Comarnescu, M. Eliade and I. Jianu, *Témoignages sur Brancusi*, Paris: Éditions d'Art, 1967. （《布朗库西的见证》） [4] Mircea Eliade, *Cultural Fashions and History of Religions*, Middletown: Wesleyan University, 1967.

续表

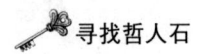

年份	主要著作及译著
1968 年	*Pe strada Mântuleasa*, Paris: Caietele Inorogului, II, 1968. (《在曼图莱萨的大街上》法语版)
1969 年	[1] *Maitreyi*, Introduction by D. Micu, Bucharest: Editura pentru Literatură, 1969. (《弥勒意》) [2] *La Țigănci și alte povestiri*, Introduction by S. Alexandrescu, Bucharest: Editura pentru Literatură, 1969. (《在吉普赛人和其他短篇小说》) [3] Mircea Eliade and M. Niculescu, *Fantastic Tales*, London: Dillon's, 1969. (《奇幻故事》) [4] *Patanjali and Yoga*, trans., C. L. Markmann, New York: Funk and Wagnalls, 1969. (《波颠阇利和瑜伽》英语版) [5] *The Quest. History and Meaning in Religion*, Chicago and London: University of Chicago Press, 1969. (《探寻》英语版) [6] *Sei to Zoku*, trans., T. Kazama. Tokyo: Hosei-daigaku-shuppankyoku, 1969. (《神圣与世俗》日语版)
1970 年	[1] *Two Tales of the Occult*, trans., W. A. Coates, New York: Herder and Herder, 1970. (《两个超自然故事》) [2] *De Zalmoxis à Gengis-Khan. Éetudes comparatives sur les religions et le folklore de la Dacie et de l'Europe Orientale*, Paris: Payot, 1970. (《从扎尔莫西斯到成吉思汗：达契亚与东欧宗教和民俗的比较研究》)
1971 年	[1] *Noaptea de Sânziene*, Paris: Ioan Cu șa, 1971. (《仙女节之夜》) [2] *La Nostalgic des origines*, *Méthodologie et histoire des religions*, Paris: Gallimard, 1971. (《怀旧的起源，宗教方法论和历史》法语版) [3] *Sei to Saisei*, trans., I. Hori. Tokyo: Tokyo-daigaku-shuppankai, 1971. (《生与再生》日语版)
1972 年	[1] *Auf der Mântuleasastrasse*, trans., E. Silbermann, Frankfurt: Suhrkamp Verlag, 1972. (《在曼图莱萨的大街上》德语版) [2] *Religions australiennes: I. Religions primitives*, trans., L. Jospin, Paris: Payot, 1972. (《澳大利亚的宗教：I. 原始宗教》法语版) [3] *Zalmoxis. The Vanishing God. Comparative Studies in the Religions and Folklore of Dacia and Eastern Europe*, trans., W. R. Trask, Chicago and London: University of Chicago Press, 1972. (《扎莫西斯：消失的神. 达契亚和东欧宗教与民俗比较研究》)

附录 伊利亚德的主要著作及译著年表

续表

年份	主要著作及译著
1973 年	[1] *Australian Religions. An Introduction*, Foreword by V. Turner. Ithaca and London: Cornell University Press, 1973.（《澳大利亚的宗教：简介》英语版） [2] *Fragments d'un journal*, trans., L. Badesco. Du Monde entier, Paris: Gallimard, 1973.（《日记：1945—1969》的法语版） [3] *Die Sehnsucht nach dem Ursprung*, von den Quellen der Humanität, trans., H. Bronold, Wien: Europa Verlag, 1973.（《怀旧的起源，宗教方法论和历史》的德语版）
1974 年	[1] *Gods, Goddesses, and Myths of Creation*, New York: Harper and Row, 1974.（《众神，女神和创世神话》） [2] *Man and the Sacred*, New York: Harper and Row, 1974.（《人与神圣》） [3] *Death, Afterlife, and Eschatology*, New York: Harper and Row, 1974.（《死亡，来世和末世》） [4] *From Medicine Men to Muhammad*, New York: Harper and Row, 1974.（《从药医到穆罕默德》） [5] *Shamanizumu*, trans., I. Hori. Tokyo: Tokyo-daigaku-shuppankai, 1974.（《萨满教：古老的入迷术》日语版）
1975 年	[1] M.エリアーデ『ヨーガ－不死と自由－』第1巻、第2巻 せりか書房 [2] M. Tachikawa，日本学者立川武藏（《瑜伽：不死与自由》的日语版分为上、下两册）
1976 年	[1] *Histoire des croyanceset des idées religieuses. 1. De l'âge de la pierre aux mystères d'Eleusis*, Paris: Payot, 1976.（《宗教思想史》第一卷） [2] *Initiation, rites, sociétés secrètes. Naissances mystiques. Essai sur quelques types d'initiation*, Paris: Gallimard, 1976.（《仪式和入会式的象征：生与再生的奥秘》法语版） [3] *Occultism, Witchcraft, and Cultural Fashions. Essays in Comparative Religions*, Chicago and London: University of Chicago Press, 1976.（《神秘主义、巫术和文化风尚》英文版） [4] *Die Pelerine*, Translation of a Romanian manuscript written 1975, which has not been published, by E. Silbermann. Frankfurt: Suhrkamp Verlag, 1976.（《斗篷》，未刊）

续表

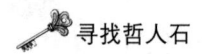

年份	主要著作及译著
1977 年	[1] *In curte la Dionis*, Madrid: Caietele Inorogului, 1977. （短故事集，《在狄俄尼索斯的宫廷》） [2] *Im Mittelpunkt——Bruchstücke eines Tagebuches*, trans., B. A. Egger. Wien: Europa Verlag, 1977. （《日记，1945—1969》德语版） [3] *No Souvenirs: Journal, 1957 - 1969*, trans., F. H. Johnson, Jr., with a new pref, New York: Harper and Row, 1977. （《日记，1945—1969》英语版，附有新前言） [4] *Le Vieil homme et l'officier*, trans., A. Guillermou. Du Monde entier, Paris: Gallimard, 1977. （《老人和官僚》法语版）
1978 年	[1] *The Forbidden Forest*, trans., M. L. Ricketts and M. P. Stevenson, Notre Dame and London: University of Notre Dame Press, 1978. （《禁林》英语版） [2] *A History of Religious Ideas. 1. From the Stone Age to the Eleusinian Mysteries*, trans., W. R. Trask. Chicago and London: University of Chicago Press, 1978. （《宗教思想史》第一卷，英语版） [3] *Mademoiselle Christina*, trans., C. Levenson, Paris: L'Herne, 1978. （《克里斯蒂娜小姐》法语版） [4] *L'Epreuve du Labyrinthe*, Entretiens avec Claude-Henri Rocquet, Paris: Belfond, 1978. （《迷宫考验》法语版） [5] *Geschichte der religiösen Ideen. 1. Von der Steinzeit bis zu den Mysterien von Eleusis*, Freiburg: Verlag Herder, 1978. （《宗教思想史》第一卷，德语版） [6] *Histoire des croyances et des idées religieuses. 2. De Gautama Bouddha au triomphe du christianisme*, Paris: Payot, 1978. （《宗教思想史》第二卷，德语版） [7] *Occultisme, sorcellerie et modes culturelles*, trans., J. Malaquais, Paris: Gallimard, 1978. （《神秘主义、巫术与文化风尚》） [8] *Phantastische Geschichten*, trans., E. Silbermann, Frankfurt: Insel Verlag, 1978. （《奇幻故事》德语版）
1979 年	*The Old man and The Bureaucrats*, trans., Mary Park Stevenson, Notre Dame and London: University of Notre Dame Press, 1979. （《老人和官僚》）

附录 伊利亚德的主要著作及译著年表

续表

年份	主要著作及译著
1981 年	[1] *Fragments d'un Journal II*, *1907 – 1978*, Paris：Gallimard, 1981. (《日记 II, 1907—1978》) [2] *Autobiography Vol. I*：*1907 – 1937*, *Journey East*, *Journey West*, trans., Mac Linscott Ricketts. San Francisco：Harper & Row, 1981. (《自传 I, 1907—1978》) [3] *Tales of the Sacred and Supernatural*, trans., William Ames Coates, Philadelphia：Westminster Press, 1981. (《神圣和超自然的故事》，收录了伊利亚德的两部短篇小说，With the gyspy girls（《吉普赛女孩》）和 Les Trois Grâces（《三种恩典》）
1982 年	*Ordeal by labyrinth*：*Conversations with Claude-Henri Rocquet*, trans., Derek Coltman, Chicago：University of Chicago Press, 1982. (《迷宫考验》英语版)
1986 年	[1] *Two Strange Tales*, Boston and London：Shambala, 1986. (《两个奇怪的故事》) [2] *Symbolism*, *the Sacred*, *and the Arts*, New York：Crossroad, 1986. (《象征主义，神圣与艺术》)
1988 年	[1] *Autobiography Vol. II*：*1937 – 1960*, *Exile's Odyssey*, trans., Mac Linscott Ricketts, Chicago：University of Chicago Press, 1988. [2] *Youth Without Youth*, trans., MacLinscott Ricketts, OH：Ohio State University Press, 1988. (《没有青春的青春》)
1989 年	[1] *Journal II*, *1957 – 1969*, trans., Fred H. Johnson, Jr., Chicago：University of Chicago Press, 1989. (《日记 II, 1957—1969》) [2] *Journal III*, *1970 – 1978*, trans., Tersa Lavender Fagan, Chicago：University of Chicago Press, 1989. (《日记 III, 1970—1978》)
1990 年	[1]《神秘主义、巫术和文化风尚》，宋立道、鲁奇译，北京：光明日报出版社 1990 年版。 [2] *Journal I*, *1945 – 1955*, trans., Mac Linscott Ricketts, Chicago：University of Chicago Press, 1990. (《日记 I, 1945—1955》) [3] *Journal IV*, *1979 – 1985*, trans., Mac Linscott Ricketts, Chicago：University of Chicago Press, 1990. (《日记 IV, 1979—1985》)

续表

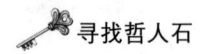

年份	主要著作及译著
1992 年	*Mystic Stories*, Bucharest: East European Monographs, 1992. (《神秘故事》)
1994 年	*Bengal Nights*, translated from the French by Catherine Spencer, Chicago: University of Chicago Press, 1994. (《弥勒蕙》的英文版)
1995 年	*Lucrurile de taină*, București: Eminescu Publishing House, 1995. (《密事》)
2000 年	[1]《圣与俗：宗教的本质》，杨素娥译，桂冠图书股份有限公司 2000 年版。(也即《神圣与世俗》) [2]《宇宙与历史：永恒回归的神话》，杨儒宾译，联经出版事业公司 2000 年版。 [3] *Tehnici yoga*. București: Univers Enciclopedic, 2000. (《瑜伽术》罗马尼亚语版)
2001 年	[1]《世界宗教理念史（卷一）：从石器时代到埃勒乌西斯神秘宗教》，吴静宜、陈锦书译，商周出版社 2001 年版。(也即《宗教思想史》第一卷) [2]《世界宗教理念史（卷二）：从释迦牟尼到基督宗教的兴起》，廖素霞、陈淑娟译，商周出版社 2001 年版。(也即《宗教思想史》第二卷) [3]《不死与自由：瑜伽实践的西方阐释》，武锡申译，中国致公出版社 2001 年版。(本书内容对应《瑜伽：不死与自由》，现中译名《瑜伽：不死与自由》系译者所创)。
2002 年	[1]《世界宗教理念史（卷三）：从穆罕默德到宗教改革》，董强译，商周出版社 2002 年版。(也即《宗教思想史》第三卷) [2]《神圣与世俗》，王建光译，华夏出版社 2002 年版。
2004 年	《宗教思想史》，晏可佳等译，上海社会科学院出版社 2004 年版。
2008 年	《神圣的存在：比较宗教的范型》，晏可佳、姚蓓琴译，广西师范大学出版社 2008 年版。(2019 年再版)
2010 年	*The Portugal Journal*, Translated from the Romanian Mac Linscott Ricketts, Albany: State University of New York, 2010. (《葡萄牙日记》英译本)

附录
伊利亚德的主要著作及译著年表

续表

年份	主要著作及译著
2011 年	[1]《宗教思想史（第一卷）：从石器时代到厄琉西斯秘仪》，吴晓群译，上海社会科学院出版社 2011 年版。 [2]《宗教思想史（第二卷）：从乔达摩·悉达多到基督教的胜利》，晏可佳译，上海社会科学院出版社 2011 年版。 [3]《宗教思想史（第三卷）：从穆罕默德到宗教改革》，晏可佳、姚蓓琴译，上海社会科学院出版社 2011 年版。
2016 年	*The Diary of a Short-Sighted Adolescent*, trans., Christopher Moncrieff, London: Istros Books, 2016. (《近视少年的日记》英文版)
2018 年	[1]《萨满教：古老的入迷术》，段满福译，社科文献出版社 2018 年版。 [2]《神圣的存在：比较宗教的范型》，晏可佳、姚蓓琴译，广西师范大学出版社 2008 年版。(2019 年再版)
2019 年	《熔炉与坩埚：炼金术的起源和结构》，王伟译，陕西师范大学出版社 2019 年版。
2022 年	[1]《永恒回归的神话》，晏可佳译，上海书店出版社 2022 年版。 [2]《探寻：宗教的历史和意义》，晏可佳译，上海书店出版社 2022 年版。 [3]《形象与象征》，沈珂译，译林出版社 2022 年版。